Mike Wienbracke **Juristische Methodenlehre**

JURIQ Erfolgstraining
Herausgegeben von JURIQ® Juristisches Repetitorium, Köln

Juristische Methodenlehre

von
Dr. iur. Mike Wienbracke, LL. M. (Edinburgh)
Professor an der Westfälischen Hochschule
Gelsenkirchen, Bocholt, Recklinghausen

Bibliografische Information der Deutschen Nationalbibliothek
Die Deutsche Nationalbibliothek verzeichnet diese Publikation in der
Deutschen Nationalbibliografie; detaillierte bibliografische Daten sind
im Internet über <http.//dnb.d-nb.de> abrufbar.

Bei der Herstellung des Werkes haben wir uns zukunftsbewusst für umweltverträgliche
und wiederverwertbare Materialien entschieden. Der Inhalt ist auf elementar chlorfreies
Papier gedruckt.

ISBN 978-3-8114-7153-5

E-Mail: kundenservice@hjr-verlag.de
Telefon: +49 6221/489-555
Telefax: +49 6221/489-410

© 2013 C.F. Müller, eine Marke der Verlagsgruppe Hüthig Jehle Rehm GmbH
Heidelberg, München, Landsberg, Frechen, Hamburg

www.cfmueller-campus.de
www.hjr-verlag.de

Dieses Werk, einschließlich aller seiner Teile, ist urheberrechtlich geschützt. Jede Verwertung
außerhalb der engen Grenzen des Urheberrechtsgesetzes ist ohne Zustimmung des Verlages
unzulässig und strafbar. Das gilt insbesondere für Vervielfältigungen, Übersetzungen, Mikroverfilmungen und die Einspeicherung und Bearbeitung in elektronischen Systemen.

Satz: TypoScript, München
Druck: Kessler Druck + Medien, Bobingen

Liebe Leserinnen und Leser,

die Reihe „JURIQ Erfolgstraining" zur Klausur- und Prüfungsvorbereitung verbindet sowohl für Studienanfänger als auch für höhere Semester die Vorzüge des klassischen Lehrbuchs mit meiner Unterrichtserfahrung zu einem umfassenden Lernkonzept aus Skript und Online-Training.

In einem ersten Schritt geht es um das **Erlernen** der nach Prüfungsrelevanz ausgewählten und gewichteten Inhalte und Themenstellungen. Neu ist die **visuelle Lernunterstützung** durch
- ein nach didaktischen Gesichtspunkten ausgewähltes Farblayout
- optische Verstärkung durch einprägsame Graphiken und
- wiederkehrende Symbole am Rand

    ↻ = Definition zum Auswendiglernen und Wiederholen

    (P) = Problempunkt

    @ = Online-Wissens-Check

Auf die Phase des Lernens folgt das **Wiederholen und Überprüfen** des Erlernten im **Online-Wissens-Check**: Wenn Sie im Internet unter www.juracademy.de/skripte/login das speziell auf das Skript abgestimmte Wissens-, Definitions- und Aufbautraining absolvieren, erhalten Sie ein direktes Feedback zum eigenen Wissensstand und kontrollieren Ihren individuellen Lernfortschritt. Durch dieses aktive Lernen vertiefen Sie zudem nachhaltig und damit erfolgreich Ihre Kenntnisse in der juristischen Methodik!

Frage 1 (Punkte: 1)

Der Grundsatz der Einheit der Rechtsordnung …

Antwort

Aussagen	Antwort	Aussagerichtigkeit und Kommentar
a) … gilt, wenn die Rechtsfolgen mehrerer einschlägiger Normen im Widerspruch zueinander stehen.	☑ ✓	Richtig. In diesem Fall ist der Konflikt aufzulösen.
b) … gilt nur im Zivilrecht.	☐ ✓	Falsch, wie die Bezeichnung bereits nahelegt, erfasst er die gesamte Rechtsordnung.
c) … gilt, um Normwidersprüche zu vermeiden.	☑ ✓	Richtig.
d) … gilt, wenn die Rechtsfolgen mehrerer einschlägiger Normen voneinander abweichen.	☐ ✓	Falsch, das genügt nicht. Denn so weichen die Rechtsfolgen von etwa § 823 Abs. 2 BGB und § 303 Abs. 1 StGB voneinander ab, stehen aber in keinem Widerspruch zueinander.

→ **Richtig**
    Punkte für diese Antwort: 1/1.

Schließlich geht es um das **Anwenden und Einüben** des Lernstoffes anhand von Übungsfällen verschiedener Schwierigkeitsstufen, die im Gutachtenstil gelöst werden. Die JURIQ **Klausurtipps** zu gängigen Fallkonstellationen und häufigen Fehlerquellen weisen Ihnen dabei den Weg durch den Problemdschungel in der Prüfungssituation.

Vorwort

Das **Lerncoaching** jenseits der rein juristischen Inhalte ist als zusätzlicher Service zum Informieren und Sammeln gedacht: Ein erfahrener Psychologe stellt u.a. Themen wie Motivation, Leistungsfähigkeit und Zeitmanagement anschaulich dar, zeigt Wege zur Analyse und Verbesserung des eigenen Lernstils auf und gibt Tipps für eine optimale Nutzung der Lernzeit und zur Überwindung evtl. Lernblockaden.

Das „tägliche Brot" des in der Rechtspraxis tätigen Juristen besteht darin, einen „Fall aus dem Leben" rechtlich zu bewerten. Hierauf soll das Jurastudium vorbereiten, in dessen Verlauf **materielles Wissen** auf den Kerngebieten des Rechts vermittelt wird. Der sachgerechte Umgang mit den hiernach „bekannten" gesetzlichen Vorschriften – und erst recht die Einarbeitung in zunächst „neue" Gesetzesbestimmungen – ist allerdings nur dann gewährleistet, wenn der Fallbearbeiter auch über die hierfür erforderlichen rechts**methodischen Fertigkeiten** verfügt. Die Vermittlung dieses rechtsgebietsübergreifend nutzbaren juristischen „Handwerkzeugs" ist Gegenstand des vorliegenden Skripts, das sich mit der Rechtsquellenlehre, der Normenhierarchie, den Kollisions- und Konkurrenzregeln (*lex superior-*, *lex specialis-* und *lex posterior*-Grundsatz), der Struktur von Rechtsnormen (Tatbestand und Rechtsfolge), den vier klassischen juristischen Auslegungskriterien (Grammatik, Systematik, Historie und Telos) sowie der Analogie wesentlichen Teilgebieten der juristischen Methodenlehre widmet.

Die zahlreichen (Kurz-)Beispiele aus dem **Privat-** und **Strafrecht** sowie dem **Öffentlichen Recht** sind bewusst so gewählt, dass sie auch für Studienanfänger ohne Weiteres nachvollziehbar sein dürften. Dies gilt ebenfalls für die ausführliche Lösung des Übungsfalls, anhand dessen Rechtsanwendung (Subsumtion) und Fallbearbeitungstechnik (Gutachtenstil) illustriert werden. Wenngleich dieser Fall dem Öffentlichen Recht entstammt, so lassen sich die juristischen Auslegungsmethoden doch modellhaft an ihm demonstrieren.

Für die kritische Durchsicht des Manuskripts sowie weiterführende Hinweise danke ich meinem Kollegen und derzeitigem Dekan des Fachbereichs Wirtschaftsrecht der Westfälischen Hochschule, Herrn Prof. Dr. *Bernhard Bergmans*, LL. M. (Louis.).

Auf geht's – ich wünsche Ihnen viel Freude und Erfolg beim Erarbeiten des Stoffs!

Und noch etwas: Das Examen kann jeder schaffen, der sein juristisches Handwerkszeug beherrscht und kontinuierlich anwendet. Jura ist kein „Hexenwerk". Setzen Sie nie ausschließlich auf auswendig gelerntes Wissen, sondern auf Ihr Systemverständnis und ein solides methodisches Handwerk. Wenn Sie Hilfe brauchen, Anregungen haben oder sonst etwas loswerden möchten, sind wir für Sie da. Wenden Sie sich gerne an C.F. Müller, Verlagsgruppe Hüthig Jehle Rehm GmbH, Im Weiher 10, 69121 Heidelberg, E-Mail: kundenservice@hjr-verlag.de. Dort werden auch Hinweise auf Druckfehler sehr dankbar entgegen genommen, die sich leider nie ganz ausschließen lassen

Recklinghausen, im Juni 2013 *Mike Wienbracke*

JURIQ Erfolgstraining – die Skriptenreihe von C.F. Müller mit Online-Wissens-Check

Mit dem Kauf dieses Skripts aus der Reihe „**JURIQ Erfolgstraining**" haben Sie gleichzeitig eine Zugangsberechtigung für den Online-Wissens-Check erworben – ohne weiteres Entgelt. Die Nutzung ist freiwillig und unverbindlich.

Was bieten wir Ihnen im Online-Wissens-Check an?

- Sie erhalten einen individuellen Zugriff auf **Testfragen zur Wiederholung und Überprüfung des vermittelten Stoffs**, passend zu jedem Kapitel Ihres Skripts.
- Eine individuelle **Lernfortschrittskontrolle** zeigt Ihren eigenen Wissensstand durch Auswertung Ihrer persönlichen Testergebnisse.

Wie nutzen Sie diese Möglichkeit?

Online-Wissens-Check

Registrieren Sie sich einfach für Ihren kostenfreien Zugang auf **www.juracademy.de/skripte/login** und schalten sich dann mit Hilfe des Codes für Ihren persönlichen Online-Wissens-Check frei.

Ihr persönlicher User-Code: 762826782

Der Online-Wissens-Check und die Lernfortschrittskontrolle stehen Ihnen für die **Dauer von 24 Monaten** zur Verfügung. Die Frist beginnt erst, wenn Sie sich mit Hilfe des Zugangscodes in den Online-Wissens-Check zu diesem Skript eingeloggt haben. Den Starttermin haben Sie also selbst in der Hand.

Für den technischen Betrieb des Online-Wissens-Checks ist die JURIQ GmbH, Unter den Ulmen 31, 50968 Köln zuständig. Bei Fragen oder Problemen können Sie sich jederzeit an das JURIQ-Team wenden, und zwar per E-Mail an: info@juriq.de.

Inhaltsverzeichnis

	Rn.	Seite
Vorwort		V
Codeseite		VII
Literaturverzeichnis		X

1. Teil
Einführung .... 1 — 1

A. Rechtsquellen .... 4 — 2
B. Auffinden der einschlägigen Rechtsnorm(en) .... 24 — 8
C. Wirksamkeit und Anwendbarkeit einer Rechtsnorm ... 31 — 10
    I. Stufenbau der Rechtsordnung .... 36 — 12
        1. Normenhierarchie .... 36 — 12
        2. Kollisionsregeln .... 50 — 14
    II. Konkurrenzregeln .... 63 — 19
D. Rechtsanwendung .... 75 — 23

2. Teil
Handhabung des Gesetzes .... 79 — 25

A. Struktur von Rechtsnormen .... 79 — 25
    I. Tatbestand .... 83 — 26
    II. Rechtsfolge .... 94 — 30
B. Gesetzesauslegung .... 120 — 39
    I. Auslegungsziel .... 128 — 43
    II. Auslegungsmittel .... 134 — 46
        1. „Klassische" juristische Auslegungskriterien ... 136 — 48
            a) Grammatik .... 141 — 50
            b) Systematik .... 154 — 55
            c) Historie .... 187 — 66
            d) Telos .... 199 — 70
        2. Verhältnis der Auslegungskriterien zueinander ... 214 — 77
        3. Übungsfall .... 226 — 83

3. Teil
Rechtsfortbildung .... 228 — 92

A. Grundsätzliche Zulässigkeit der Rechtsfortbildung ..... 234 — 94
B. Analogie als anerkannte Methode der Rechtsfortbildung ... 248 — 100
    I. Planwidrige Unvollständigkeit des Gesetzes .... 253 — 101
    II. Kein Analogieverbot .... 267 — 108
    III. Vergleichbare Interessenlage .... 268 — 108

Sachverzeichnis .... — 113

Literaturverzeichnis

Adomeit/Hähnchen	Rechtstheorie für Studenten, 6. Auflage 2012, zit. *Adomeit/Hähnchen*, Rechtstheorie
Beaucamp/Treder	Methoden und Technik der Rechtsanwendung, 2. Auflage 2011, zit. *Beaucamp/Treder*, Methoden
Butzer/Epping	Arbeitstechnik im Öffentlichen Recht, 3. Auflage 2006, zit. *Butzer/Epping*, Arbeitstechnik
Larenz/Canaris	Methodenlehre der Rechtswissenschaft, 3. Auflage 1995, zit. *Larenz/Canaris*, Methodenlehre
Muthorst	Grundlagen der Rechtswissenschaft, 2011, zit. *Muthorst*, Grundlagen
Rüthers/Fischer/Birk	Rechtstheorie mit Juristischer Methodenlehre, 6. Auflage 2011, zit. *Rüthers/Fischer/Birk* Rechtstheorie
Sauer	Juristische Methodenlehre, in: Krüper (Hrsg.), Grundlagen des Rechts, 2. Auflage 2013, zit. *Sauer*, in Krüper, Grundlagen des Rechts
Schmalz	Methodenlehre für das juristische Studium, 4. Auflage 1998, zit. *Schmalz*, Methodenlehre
Schwacke	Juristische Methodik, 5. Auflage 2011, zit. *Schwacke*, Methodik
Tettinger/Mann	Einführung in die juristische Arbeitstechnik, 4. Auflage 2009, zit. *Tettinger/Mann*, Arbeitstechnik
Vogel	Juristische Methodik, 1998, zit. *Vogel*, Methodik
Wank	Die Auslegung von Gesetzen, 5. Auflage 2011, zit. *Wank*, Auslegung
Zippelius	Juristische Methodenlehre, 11. Auflage 2012, zit. *Zippelius*, Methodenlehre

Tipps vom Lerncoach

Warum Lerntipps in einem Jura-Skript?

Es gibt in Deutschland ca. 1,6 Millionen Studierende, deren tägliche Beschäftigung das Lernen ist. Lernende, die stets ohne Anstrengung erfolgreich sind, die nie kleinere oder größere Lernprobleme hatten, sind eher selten. Besonders juristische Lerninhalte sind komplex und anspruchsvoll. Unsere Skripte sind deshalb fachlich und didaktisch sinnvoll aufgebaut, um das Lernen zu erleichtern.

Über fundierte Lerntipps wollen wir darüber hinaus all diejenigen ansprechen, die ihr Lern- und Arbeitsverhalten verbessern und unangenehme Lernphasen schneller überwinden wollen.

Diese Tipps stammen von *Frank Wenderoth*, der als Diplom-Psychologe seit vielen Jahren in der Personal- und Organisationsentwicklung als Berater und Personal Coach tätig ist und außerdem Jurastudierende in der Prüfungsvorbereitung und bei beruflichen Weichenstellungen berät.

Wie lernen Menschen?

Die Wunschvorstellung ist häufig, ohne Anstrengung oder ohne eigene Aktivität "à la Nürnberger Trichter" lernen zu können. Die modernen Neurowissenschaften und auch die Psychologie zeigen jedoch, dass Lernen ein aktiver Aufnahme- und Verarbeitungsprozess ist, der auch nur durch aktive Methoden verbessert werden kann. Sie müssen sich also für sich selbst einsetzen, um Ihre Lernprozesse zu fördern. Sie verbuchen die Erfolge dann auch stets für sich.

Gibt es wichtigere und weniger wichtige Lerntipps?

Auch das bestimmen Sie selbst. Die Lerntipps sind als Anregungen zu verstehen, die Sie aktiv einsetzen, erproben und ganz individuell auf Ihre Lernsituation anpassen können. Die Tipps sind pro Rechtsgebiet thematisch aufeinander abgestimmt und ergänzen sich von Skript zu Skript, können aber auch unabhängig voneinander genutzt werden.

Verstehen Sie die Lerntipps "à la carte"! Sie wählen das aus, was Ihnen nützlich erscheint, um Ihre Lernprozesse noch effektiver und ökonomischer gestalten zu können!

Lernthema 6
Methoden zum besseren Lernen und Behalten

Viele Lernende stellen sich die Frage, wie sie den umfangreichen Lernstoff noch besser aufnehmen, verstehen und wiedergeben können. In einem ersten Schritt geht es in den Lerntipps um die Erkenntnisse der Lernforschung zum Thema "Lernkanäle". Dann erhalten Sie praktische Tipps zu einer speziellen Lesemethode und einem System des Wiederholungslernens.

Lerntipps

Viele Aufnahmekanäle führen zum Lernen!

Die häufigsten Lernkanäle sind Lesen (Text), Sehen (natürliche Situationen, Abbildungen), Hören (Vorlesung, Diskussion) und Handeln (selbst aufschreiben, anderen erzählen). Über die genaue Nutzungseffektivität der Lernkanäle gibt es wenig gesicherte Erkenntnisse. Dennoch gibt es einen Vorteil, wenn Sie unterschiedliche Kanäle für gleiche Lerninhalte nutzen. Die unterschiedlichen Aufnahmemodi erlauben die unterschiedliche Orte der Abspeicherung des gleichen Lerninhalts im Gehirn. Der Lerngegenstand wird dem Gehirn damit zum einen "plastischer", und beim Erinnern haben wir zum anderen mehr als eine Zugriffsmöglichkeit auf das Gelernte.

Folgende Tipps dazu zusammengefasst:

- Wenn es nur irgendwie geht, machen Sie sich den Stoff auf unterschiedlichen Kanälen zugänglich.
- Wichtige Begriffe, Definitionen sollten gelesen, gesprochen, geschrieben, gehört und in einen Sinnzusammenhang gebracht werden.
- Sprechen Sie Fragen und Antworten vor sich hin – denken Sie laut!
- Schreiben Sie sich Lernmaterial auf (z.B. Karteikarten).
- Lesen Sie nach bestimmten Methoden (z.B. SQ3R-Methode).
- Nutzen Sie eLearning.
- Hören Sie Argumente, Querverbindungen von Studienkollegen, Dozenten.

Methoden zum besseren Lernen und Behalten

SQ3R – Sie werden sich wundern!

Sie erinnern sich an den letzten Roman, den Sie gelesen haben. Drama, Liebe, Spannung, Unterhaltung … . Einen Roman beginnt man üblicherweise vorn zu lesen, häufig folgt er einem Zeitstrahl, hat Höhepunkte, lebendige Charaktere, erzeugt bei Ihnen Erlebniswelten mit Gefühlen und persönliche Identifikationsmöglichkeiten. Ein Fachbuch greift nicht auf die stilistischen Mittel eines Romanautors zurück, sondern benutzt den „roten Faden der Sachlogik". Trotz allem lesen viele Lernende Fachbücher und -artikel wie Romane von vorne bis hinten (und damit häufig ohne Höhepunkt).

Die Ergebnisse des Lernforschers *Robinson* (Erfinder der Wunderformel SQ3R) zeigen:

- Mit der Romanlesemethode wird bei Fachtexten nur die Hälfte des Gelesenen inhaltlich aufgenommen.
- Das nochmalige Durchlesen nach dieser Methode erbringt kaum Verbesserungen.

Fazit:

Fachtexte müssen mit besonders dafür entwickelten Lesetechniken erarbeitet werden. Dafür wurde die Methode SQ3R von *Robinson* entwickelt. Obwohl sich das komplizert anhört, ist die Methode aber einfach anzuwenden und sehr effektiv.

Survey – Verschaffen Sie sich den Überblick!

Lesen Sie nicht, sondern erforschen Sie grob, was auf Sie zukommt.

Bei einem Buch, Artikel oder Text können Sie z.B. folgendermaßen vorgehen:

- Titel, Überschriften und Unterüberschriften, Inhaltsverzeichnis lesen
- Zusammenfassungen, Umschlagtexte eines Buches lesen
- Abbildungen, Tabellen und ihre Überschriften ansehen
- Texthervorhebungen gegebenenfalls überfliegen.

Diese Phase dauert nur wenige Minuten. Das weitere Lesen ist nicht mehr orientierungslos, sondern trifft auf eine sinnvolle Struktur. Es wird eine Erwartungshaltung und Neugier erzeugt, welche die Aufnahmebereitschaft begünstigt.

Question – Stellen Sie sich Fragen!

Sie sollten sich jetzt immer noch bremsen mit dem Lesen. Es wurde eine Erwartungshaltung bei Ihnen erzeugt, es tauchen Fragen in Ihrem Kopf auf, Ihr Gehirn ist auf aktive Suche umgeschaltet. Stellen Sie sich jetzt Fragen, die Sie bei Bedarf auch aufschreiben können:

- Was stelle ich mir unter diesem Thema vor?
- Was weiß ich bereits von dem Stoff? Was über den Autor?
- Welche Kapitel und Überschriften werden genannt?
- Welche unbekannten Fachbegriffe tauchen auf?
- Welche Verbindungen sehe ich zu anderen Themen?
- Welche spezifischen Fragen tauchen auf?

Sie werden schneller vorgegebene Strukturen des Textes erkennen, Wesentliches von Unwesentlichem unterscheiden können. Sie lernen immer spezifischer Ihre Sachfragen zu stellen, um diese später gezielter zu beantworten.

Read – Lesen Sie jetzt gründlich Abschnitt für Abschnitt!

Sie sind jetzt gut vorbereitet. Lesen den Text bitte langsam und konzentriert durch und beachten Sie folgende Hinweise:

- Erkennen Sie die vorgegebene Struktur des Textes, beachten Sie Gliederungshierarchien und ordnen Sie danach ein, was Haupt- und Unterpunkte sind.
- Schlagen Sie unbekannte Fachbegriffe direkt nach und klären Sie diese im Kontext.
- Beachten Sie grafische Hervorhebungen im Text besonders (fett, kursiv, Einrückungen).
- Beachten Sie auch sprachliche Hervorhebungen („wesentlich", von zentraler Bedeutung, kritisch ist, wie oben erwähnt, im Gegensatz zu …").
- Finden Sie die Hauptaussagen der einzelnen Abschnitte.
- Heben Sie zusätzlich für Sie Wesentliches hervor durch Markierungen im Text oder am Seitenrand mit Bemerkungen (z.B. „Theorie, Vergleiche, Kritik, Ergebnis, Bezug").
- Lassen Sie sich anfangs nicht davon verwirren, Sie werden später derartige Worthinweise und Kernideen dann immer schneller finden.

Nach dem Lesen eines Abschnittes machen Sie eine kleine Pause von 3 Minuten.

Methoden zum besseren Lernen und Behalten

Survey
Erforschen, Überblick gewinnen: Titel, Kapitel, Überschriften, Zusammenfassungen

Question
Fragen stellen: Was weiß ich bislang zum Thema, Autor?
Was möchte ich gerne wissen?

Read
Langsames Lesen des Textes/Abschnitts mit Hervorhebungen und Bemerkungen

Recall
Wiederholen und schriftliches Zusammenfassen der wichtigsten Inhalte mit eigenen Formulierungen

Review
Nacherzählen und Wiederholen des gesamten Textes mit Querverbindungen, Kritik

Die SQ3R Methode hilft vor allem beim Erlernen von Zusammenhangswissen.

Wiederholen Sie auch Ihr Faktenwissen (z.B. Definitionen) mit System!

Sie kennen vom Vokabellernen vielleicht, dass es für einen aktiven Wortschatz besonders günstig ist, Vokabeln nach individueller Schwierigkeit z.B. auf Karteikarten zu lernen und nicht nach Kapiteln. Erstellen Sie sich analog eine differenzierte Lernkartei für Definitionen, die Sie so regelmäßig wiederholen können. Vielleicht eignet sich das grundlegende Wiederholungssystem auch für Schemata. Probieren Sie es aus!

- Jede neue Definition wird auf eine kleine Karteikarte (ca. 7 x 10 cm) geschrieben. Auf der einen Seite ist der Begriff, auf der anderen Seite die Definition.
- Je nach subjektiv empfundener Schwierigkeit werden die Karten in fünf unterschiedlich große Pakete eingeteilt.
- Nehmen Sie einen Karteikasten mit fünf möglichst unterschiedlich großen Fächern.

Recall – Wiederholen Sie und fassen Sie jeden Abschnitt schriftlich zusammen!

Nachdem Sie einen Abschnitt gelesen haben, sind Sie in der Lage, die wesentlichen Inhalte ohne Vorlage wiederzugeben. Sie können die Kernaussagen im Geiste wiederholen. Bei komplexeren Lerninhalten sollten Sie sich aber schriftliche Notizen machen.

Gehen Sie wie folgt vor:

- Schreiben Sie die wichtigsten Begriffe, Kerngedanken kurz auf und gebrauchen Sie dabei Ihre eigenen Formulierungen.
- Beantworten Sie die unter „Question" gestellten spezifischen Fragen.
- Erstellen Sie eigenständig Tabellen, Abbildungen, Gliederungen und Schemata, um komplizierte Inhalte zu veranschaulichen.

Auf diese – erst einmal zeitaufwändige Weise – haben Sie nun eine aussagekräftige Sammlung wesentlicher Inhalte, die Sie möglichst gut auffindbar in Aktenordnern oder auf Karteikarten für die spätere Verwendung dokumentieren können. In der Vorbereitung der Prüfungen und Arbeitsgruppensitzungen können Sie gezielter darauf zurückgreifen.

Review – Wiederholen Sie den gesamten Text mündlich!

Jetzt kommt die Zusammenschau in einer mündlichen Wiederholung. Gehen Sie dafür noch einmal alle Überschriften, Gliederungen, Hervorhebungen und Notizen (zügig) durch, um gut auf Ihre mündliche Nacherzählung vorbereitet zu sein. Stellen Sie sich nun mündlich die wesentlichen Aussagen des Textes vor. Sie können dabei auch Vergleiche, Querverbindungen zu anderen Texten oder ähnlichen Theorien herstellen.

Üben Sie die SQ3R Methode!

Erarbeiten Sie jetzt einen einfachen nicht allzu langen Text nach der SQ3R Methode. Sie werden bei häufigerer Anwendung merken, dass diese Arbeitstechnik genial einfach ist, dank *Robinson*.

Methoden zum besseren Lernen und Behalten

- Die schwierigsten Karten kommen in das kleinste, die leichtesten in das größte Fach. Sie brauchen auf jeden Fall fünf unterschiedlich schwierige Karteipakete (können auch nummeriert sein).
- Täglich werden zehn Definitionen wiederholt, indem aus jedem Fach zwei Karten vom Anfang des Stapels abgefragt werden.
- Wird die Definition gut beherrscht, so wandert sie nach hinten in das nächst größere (leichtere) Fach.
- Die schlecht beherrschten Definitionen wandern ins nächst schmalere (schwierigere) Fach.
- „Mittelprächtig" beherrschte bleiben im gleichen Fach, wandern jedoch wieder ans Ende des Stapels.

Auf diese Weise wiederholen Sie die noch nicht erlernten Definitionen häufiger. Wenn Sie täglich konsequent zehn Definitionen in zehn Minuten wiederholen würden, hätten Sie in einem Vierteljahr ca. 900 Definitionen präsent.

Online-Wissens-Check statt Karteikasten!

Alternativ hierzu können Sie auch den zu diesem Skript gehörenden kostenlosen Online-Wissens-Check nutzen. Dabei nutzen Sie gleich mehrere „Lernkanäle". Sie beantworten einfach die dort gestellten Wiederholungsfragen, erhalten direktes feedback zum Wissensstand und sehen tagesaktuell Ihren individuellen Lernfortschritt. Einfach anmelden unter **www.juracademy.de/skripte/login**. Den user code finden Sie auf der letzten Seite dieses Skripts.

1. Teil
Einführung

Die in einer juristischen Klausur zu lösende **Aufgabe** besteht regelmäßig darin, eine in Bezug auf einen vorgegebenen Lebenssachverhalt (Tatsachen[1]) gestellte Fallfrage gutachterlich zu beantworten, d.h. eine rechtlich vertretbare Lösung zu erarbeiten.[2]

Beispiel aus dem Zivilrecht[3]   Als A kurz nach Betreten eines Restaurants seinen Mantel ablegen wollte, stieß er gegen eine neben der Garderobe aufgestellte Designerlampe (Wert: 500 €), welche daraufhin zerbarst. Hat I, der Inhaber des Restaurants, einen Anspruch gegen A auf Zahlung von 500 € als Ersatz für die zerstörte Lampe („Restaurant-Fall")? ■

Beispiel aus dem Strafrecht[4]   A hat den letzten noch freien Sitzplatz in einer Cocktailbar ergattert. Als er zum Bezahlen sein Portemonnaie aus der Tasche holt, reißt Z ihm dieses gewaltsam aus der Hand. (Wie) Hat sich Z, der hierbei auf „reiche Beute" hoffte, strafbar gemacht („Cocktailbar-Fall")? ■

Beispiel aus dem Öffentlichen Recht[5]   A hat sich mit dem Betrieb einer speziell auf Raucher ausgerichteten Eckkneipe selbstständig gemacht. Nunmehr liest A in der Zeitung vom Inkrafttreten eines Gesetzes, wonach das Rauchen in Gaststätten ohne jede Ausnahme verboten ist. A meint, dass dieses Gesetz sein Grundrecht auf Berufsfreiheit aus Art. 12 Abs. 1 GG verletze und erhebt daher in zulässiger Weise Verfassungsbeschwerde gegen das Gesetz. Wie wird das hiermit befasste Bundesverfassungsgericht entscheiden, falls A mit seiner Meinung Recht haben sollte („Eckkneipen-Fall")? ■

> **Hinweis**
>
> **Derselbe Sachverhalt** kann unter **verschiedenen Gesichtspunkten juristisch relevant sein**.[6] So könnte etwa im „Restaurant-Fall" (Rn. 2) anstatt nach – oder zusätzlich zu – einem zivilrechtlichen Schadensersatzanspruch des I gegen A auch danach gefragt werden, ob sich A durch Umstoßen der daraufhin zerborstenen Designerlampe gem. § 303 Abs. 1 StGB wegen Sachbeschädigung strafbar gemacht hat (hierzu siehe Fn. 27 in Rn. 86).
>
> Abweichend von derartigen speziell für Ausbildungszwecke konstruierten Situationen muss **in der Lebenswirklichkeit** die Fallfrage dagegen häufig erst noch herausgearbeitet werden und ist der Sachverhalt nicht selten streitig (z.B. ob der Angeklagte wirklich die maskierte Person ist, die beim Banküberfall von der Videokamera aufgezeichnet wurde), was sich in der Rechtspraxis sogar als weitaus problematischer erweisen kann als die juristische Beurteilung des Geschehen (z.B. nach § 239a Abs. 1, §§ 249, 250 Abs. 1 Nr. 1 bzw. §§ 253, 255, 250 Abs. 1 Nr. 1 StGB).[7] Auch

---
1 Im Gegensatz zu (subjektiven) Meinungen sind (objektive) – äußere (z.B. § 242 Abs. 1 StGB: „Sache [...] wegnimmt") wie innere (z.B. § 242 Abs. 1 StGB: „Absicht [...], die Sache sich [...] zuzueignen") – Tatsachen **dem Beweis zugänglich** („wahr oder falsch"), siehe *Wienbracke*, Einführung in die Grundrechte, 2013, Rn. 373, 375 m.w.N.; *Zippelius*, Methodenlehre, S. 75. Siehe auch Rn. 90 f.
2 *Butzer/Epping*, Arbeitstechnik, S. 32; *Tettinger/Mann*, Einführung, Rn. 152, 155. Siehe auch Rn. 223.
3 Nach *Wank*, Auslegung, S. 3.
4 Nach *Wank*, Auslegung, S. 5.
5 Nach BVerfGE 121, 317; *Wienbracke*, Einführung in die Grundrechte, 2013, Rn. 275.
6 Vgl. *Muthorst*, Grundlagen, § 6 Rn. 5.
7 *Vogel*, Methodik, S. 11, 101; *Wank*, Auslegung, S. 3 f.

> muss dort das rechtlich Relevante aus dem vom Mandanten etc. mitgeteilten „Rohsachverhalt" vom Juristen (z.B. Rechtsanwalt) regelmäßig erst noch herausgefiltert bzw. – bei aus juristischer Perspektive unzureichendem tatsächlichen Vorbringen – erfragt werden.[8]

A. Rechtsquellen

4 Maßstab für die Beantwortung juristischer Fragestellungen ist „weder Brauch noch Sitte, Moral, Religion oder Politik, sondern allein – das *Recht*" (vgl. auch § 313 Abs. 3 ZPO, § 267 Abs. 3 S. 1 StPO, § 39 Abs. 1 S. 2 VwVfG).[9]

5 „**Recht** ist [...] die Summe aller geltenden Rechtsnormen"[10], das sog. **objektive Recht**.[11]

6 **Normen** bestehen aus sprachlichen Sätzen, die zur Steuerung menschlichen Verhaltens allgemein (vgl. Art. 3 Abs. 1, Art. 19 Abs. 1 S. 1 GG), d.h. für eine unbestimmte Vielzahl von Fällen (abstrakt) und Personen (generell), ein bestimmtes Tun, Dulden oder Unterlassen gebieten, verbieten bzw. erlauben (z.B. „Du sollst nicht stehlen", sog. „Sollens-Sätze" im Gegensatz zu sog. „Seins-Sätzen", die etwas real Vorhandenes beschreiben, z.B. „A hat B einen Geldschein weggenommen").[12]

7 **Hinweis**

> Wer „ein Sollen mit einem Sein begründet", begeht einen **naturalistische**n **Fehlschluss**. „Denn daraus, dass etwas so ist, wies es ist, folgt nicht, dass es so sein soll, wie es ist."[13]

8 Im Unterschied zu sittlichen (moralischen; z.B. finanzielle Unterstützung notleidender Geschwister untereinander[14]), gesellschaftlichen (sozialen; z.B. Erwiderung eines Grußes) und technischen (z.B. DIN-)Normen zeichnen sich **Rechtsnormen** („**Rechtssätze**"[15]) dadurch aus,

---

8 *Schwacke*, Methodik, S. 57; *Vogel*, Methodik, S. 20 ff.
9 *Vogel*, Methodik, S. 36 (Hervorhebung d. d. Verf.). **Allein aus Tatsachen** können sich ohne eine Rechtsnorm, die an diese anknüpft, **keine Rechtsfolgen** ergeben, siehe *Schmalz*, Methodenlehre, Rn. 9, 11.
10 *Schmalz*, Methodenlehre, Rn. 41. Dort (Rn. 63 ff.) auch zum Merkmal „**Geltung**", das dann zu bejahen ist, wenn „bestimmte Wirksamkeitsvoraussetzungen erfüllt werden (z.B. Inkrafttreten) und keine [...] Unwirksamkeitsgründe [Rn. 50 ff.] vorliegen." Zu den Voraussetzung für die Existenz (i.S.v. Entstehung) einer Rechtsnorm als „Vorfrage" ihrer Geltung siehe *Muthorst*, Grundlagen, § 5 Rn. 54. Nachweise zu **weitere**n Versuchen einer **Definition des Begriffs „Recht"** bei *Adomeit/Hähnchen*, Rechtstheorie, Rn. 5; *Röhl/Röhl*, Allgemeine Rechtslehre, 3. Auflage 2008, S. 17 m.w.N., die **Normen** als „**Elementarteilchen des Rechts**" bezeichnen (S. 189).
11 *Muthorst*, Grundlagen, § 2 Rn. 2.
12 Vgl. *Adomeit/Hähnchen*, Rechtstheorie, Rn. 19, 26 f.; *Muthorst*, Grundlagen, § 2 Rn. 3, § 5 Rn. 1, 9; *Röhl/Röhl*, Allgemeine Rechtslehre, 3. Auflage 2008, S. 190; *Rüthers/Fischer/Birk*, Rechtstheorie, Rn. 92, 94 f., 103 f.; 113, 124, 219; *Schwacke*, Methodik, S. 3 f.; *Zippelius*, Methodenlehre, S. 2 unter Hinweis auf *Kant*. Mitunter werden Sollens-Sätze („Du sollst nicht morden") im Gesetz nicht immer als solche **formuliert** (z.B. § 211 Abs. 1 StGB: „Der Mörder wird mit lebenslanger Freiheitsstrafe bestraft"), siehe Rn. 85 und *Adomeit/Hähnchen*, Rechtstheorie, Rn. 19; *Schmalz*, Methodenlehre, Rn. 47, 112 a.E.
13 *Muthorst*, Grundlagen, § 7 Rn. 75.
14 **Rechtlich** besteht insoweit keine Unterhaltspflicht, siehe Rn. 254 und *Schwacke*, Methodik, S. 6.
15 Bei diesen handelt es sich um den sprachlichen Ausdruck einer Rechtsnorm, siehe *Vogel*, Methodik, S. 68. Die Begriffe „**Rechtssatz, Rechtsvorschrift, Rechtsnorm, Gesetzesbestimmung bzw. -vorschrift und (gesetzliche) Norm**" werden synonym verwendet, siehe *Schwacke*, Methodik, S. 3.

Rechtsquellen

dass sie staatlich garantiert sind, d.h. vom Gesetzgeber erlassen wurden bzw. von den Gerichten angewendet werden („Gerichtsfähigkeit"[16]).[17] Sie gelten zwischen den von ihnen jeweils Betroffenen unabhängig davon, ob diese das wollen oder nicht.[18] Ihre Einhaltung kann vom Staat erzwungen (vollstreckt) werden bzw. drohen im Fall eines Verstoßes gegen sie staatliche Sanktionsmaßnahmen (z.B. Verurteilung zur Zahlung von Schadensersatz im Gegensatz zu gesellschaftlichen Sanktionen wie etwa Isolation).[19]

Räumt eine Rechtsnorm dem Einzelnen eine Befugnis gegenüber einem anderen Bürger (z.B. § 433 Abs. 2 BGB) oder dem Staat (z.B. Art. 2 Abs. 1 GG, vgl. Art. 1 Abs. 3 GG) ein, so handelt es sich um ein **subjektives Recht**, das entweder (absolut) gegenüber jedermann (*erga omnes*; z.B. Eigentum) oder aber nur (relativ) gegenüber einer bestimmten anderen Person (*inter partes*; z.B. vertraglicher Anspruch) besteht. Nicht jedem objektiven Recht (z.B. § 1 Abs. 3 S. 1 BauGB: „Die Gemeinden haben die Bauleitpläne aufzustellen") muss ein subjektives entsprechen (z.B. § 1 Abs. 3 S. 2 BauGB: „Auf die Aufstellung von Bauleitplänen [...] besteht kein Anspruch").[20]

Im vorstehenden Sinn verbindlich sind in dem durch das Grundgesetz verfassten Rechtsstaat primär „**Gesetze**", d.h. das in diesen niedergeschriebene (sog. „positive") Recht, siehe Art. 20 Abs. 3, Art. 97 Abs. 1 GG.[21] Der daneben in Art. 20 Abs. 3 GG noch enthaltene Hinweis auf das „Recht" sei nach teilweise vertretener Auffassung tautologischer Natur,[22] wohingegen nach a.A. hierdurch das überpositive (Natur-)Recht erfasst werde.[23] Relativiert wird dieser Streit dadurch, dass „der Gesetzgeber des Grundgesetzes in seine Grundentscheidung Normen einbezogen und damit im Grundgesetz positiviert hat, die vielfach als übergesetzlich bezeichnet werden (etwa in Art. 1, aber auch in Art. 20 GG)."[24]

Nicht selten haben Gesetze ihren Ursprung in einer außerrechtlichen Norm (z.B. lautet eines der Zehn Gebote: „Du sollst nicht töten"; vgl. § 212 Abs. 1 StGB) bzw. erklären eine solche auch für rechtlich verbindlich (z.B. § 138 Abs. 1 BGB: „gute Sitten").[25] Zwingend ist dies allerdings nicht, wie diejenigen Rechtsnormen belegen, die keinerlei Bezug zu einer sittlichen, gesellschaftlichen oder technischen Norm aufweisen (so z.B. § 8 Abs. 1 S. 1 StVO:

---

16 *Röhl/Röhl*, Allgemeine Rechtslehre, 3. Auflage 2008, S. 204 unter Hinweis auf *Kantorowitz*, Der Begriff des Rechts, 1963.
17 *Horn*, Einführung in die Rechtswissenschaft und Rechtsphilosophie, 5. Auflage 2011, Rn. 6 ff.; *Muthorst*, Grundlagen, § 5 Rn. 18 ff. mit dem Hinweis, dass **das Recht** (z.B. §§ 185, 223 Abs. 1 StGB) **die Sanktionen bei Verstößen gegen außerrechtliche Normen begrenzt**; *Rüthers/Fischer/Birk*, Rechtstheorie, Rn. 53; *Schwacke*, Methodik, S. 5 f. Dort (S. 126) auch zum „**rechtsfreien Raum**" (Rn. 245).
18 *Muthorst*, Grundlagen, § 2 Rn. 4: „**intersubjektive Verbindlichkeit**". Dort (§ 13 Rn. 95 ff.) und bei *Tettinger/Mann*, Einführung, Rn. 194 auch zur Unterscheidung zwischen **zwingendem Recht** (*ius cogens*; z.B. § 276 Abs. 3 BGB) und **abdingbaren Normen** (*ius dispositivum*; z.B. § 246 BGB).
19 *Rüthers/Fischer/Birk*, Rechtstheorie, Rn. 403; *Schmalz*, Methodenlehre, Rn. 54, mit dem weiteren Hinweis, dass die Bürger grundsätzlich nicht die Befugnis haben, ihre Rechte gegenüber anderen eigenmächtig durchzusetzen, da das **Gewaltmonopol** beim Staat liegt (Ausnahmen z.B. § 227 BGB, § 32 StGB); *Schwacke*, Methodik, S. 5; *Zippelius*, Methodenlehre, S. 6.
20 Zum Ganzen siehe *Muthorst*, Grundlagen, § 2 Rn. 2, § 13 Rn. 51; *Schmalz*, Methodenlehre, Rn. 7; *Schwacke*, Methodik, S. 9. Siehe auch Rn. 79 zu **Obliegenheiten**.
21 Vgl. *Muthorst*, Grundlagen, § 2 Rn. 16; *Schwacke*, Methodik, S. 10.
22 *Jarass*, in: ders./Pieroth, GG, 12. Auflage 2012, Art. 20 Rn. 38 m.w.N.
23 Siehe die Nachweise bei *Herzog/Grzeszick*, in: Maunz/Dürig, GG, Stand: 51. EGL 2007, Art. 20 Rn. 63 und vgl. auch BVerfGE 34, 269 (286 f.) sowie Rn. 238.
24 BVerfGE 3, 225 (233). Zur außerhalb des Bereichs fundamentaler Rechtsgrundsätze bestehenden Problematik der „Vielfalt der Naturrechtslehren" siehe BVerfGE 10, 59 (81). Vgl. auch Rn. 225 zur **Gesetzeskorrektur**.
25 *Horn*, Einführung in die Rechtswissenschaft und Rechtsphilosophie, 5. Auflage 2011, Rn. 6, 16.

„An Kreuzungen und Einmündungen hat die Vorfahrt, wer von rechts kommt").[26] Infolge dessen kann es schließlich auch Gesetze geben, die – gemessen an außerrechtlichen Wertmaßstäben – als **ungerecht** empfunden werden.[27] Solange derartige Gesetze vom hierfür zuständigen Organ jedoch nicht geändert bzw. aufgehoben werden, bleiben sie grundsätzlich rechtsverbindlich.[28] Eine hiervon abweichende Entscheidung aufgrund von Überlegungen der „Billigkeit" wäre mit der Bindung der Rechtsprechung an „Gesetz und Recht" (Art. 20 Abs. 3 GG) nicht zu vereinbaren.[29] Abweichendes gilt nur ganz ausnahmsweise dann, wenn „der Widerspruch des positiven Gesetzes zur Gerechtigkeit ein so unerträgliches Maß erreicht hat, dass das Gesetz als ‚unrichtiges Recht' der Gerechtigkeit zu weichen hat."[30] Diese sog. *Radbruch'sche* Formel wurde vom Bundesverfassungsgericht in Bezug auf bestimmte Vorschriften des NS- und des DDR-Rechts angewandt.[31]

12 **Gesetze** i.S.v. Art. 20 Abs. 3 GG sind
- zum einen solche **im formellen Sinn**, d.h. Hoheitsakte, die von einem Parlament (z.B. Bundestag) in dem hierfür durch die jeweilige Verfassung vorgesehenen Verfahren (auf Bundesebene: Art. 76 ff. GG) als Gesetz erlassen werden;[32]
- zum anderen solche **im materiellen Sinn**, d.h. Regelungen, die ein Träger hoheitlicher Gewalt für eine unbestimmte Vielzahl von Fällen (abstrakt) und Personen (generell) erlassen hat und die Rechte oder Pflichten für den Bürger oder sonstige Rechtspersonen[33] begründen, ändern oder aufheben.[34]

---

26 Vgl. *Muthorst*, Grundlagen, § 5 Rn. 24 f. mit dem **Ehebruch als Beispiel für ein „nur" sitten-, nicht aber auch rechtswidriges Verhalten**; *Zippelius*, Methodenlehre, S. 8 f.
27 *Horn*, Einführung in die Rechtswissenschaft und Rechtsphilosophie, 5. Auflage 2011, Rn. 16. Zur Frage, was im konkreten Fall „gerecht" (vgl. Art. 1 Abs. 2 GG, § 38 Abs. 1 DRiG) ist, siehe das plastische „Ziegen"-**Beispiel** bei *Rüthers/Fischer/Birk*, Rechtstheorie, Rn. 345 und generell *Schwacke*, Methodik, S. 7 („Kern der Gerechtigkeit ist der Gedanke der Gleichheit", Art. 3 Abs. 1 GG); *Zippelius*, Methodenlehre, S. 12 ff., 19, 42.
28 Vgl. *Muthorst*, Grundlagen, § 8 Rn. 48; *Schwacke*, Methodik, S. 5 f., dort (S. 3) auch zum faktischen Bedürfnis des Rechts nach **Akzeptanz** durch die ihm Unterworfenen (Rn. 225). Insoweit vgl. auch *Adomeit/Hähnchen*, Rechtstheorie, Rn. 8; *Rüthers/Fischer/Birk*, Rechtstheorie, Rn. 339 (zum sog. „**fringsen**") und *Schmalz*, Methodenlehre, Rn. 54 m.w.N. Zu **Öffnungen des positiven Rechts** (Grundrechte, zivilrechtliche Generalklauseln) **für Gerechtigkeitsgedanken** vgl. Rn. 236 und siehe *Horn*, Einführung in die Rechtswissenschaft und Rechtsphilosophie, 5. Auflage 2011, Rn. 454 ff. Siehe auch Rn. 225.
29 *Schmalz*, Methodenlehre, Rn. 308. Dort (Rn. 451 f.) auch zum „**zivilen Ungehorsam**". Siehe auch Rn. 134, 225, 229, 243 ff.
30 *Radbruch*, Rechtsphilosophie, 8. Auflage 1973, S. 345. Zur **Rechtsfortbildung** siehe Rn. 228 ff.
31 BVerfGE 95, 96 (134 f.) m.w.N. Vgl. auch *Vogel*, Methodik, S. 44: „**Extremfälle**".
32 Eine ausdrückliche **Bezeichnung als „Gesetz"** (so z.B. Verwaltungsverfahrens„gesetz", VwVfG) ist für die Qualifizierung als Gesetz im formellen bzw. förmlichen (so Art. 104 Abs. 1 Satz 1 GG) Sinn **nicht erforderlich** (vgl. z.B. Verwaltungsgerichts„ordnung", VwGO), siehe *Beaucamp/Treder*, Methoden, Rn. 345; *Muthorst*, Grundlagen, § 13 Rn. 10 a.E.; *Schmalz*, Methodenlehre, Rn. 42.
33 Zu diesen zählt auch der **Staat**, vgl. etwa Art. 1 Abs. 3 GG und siehe *Schwacke*, Methodik, S. 4. Vgl. auch *Vogel*, Methodik, S. 39: „Rechtsverhältnisse unter Bürgern (Privatrecht), zwischen Bürger und Staat (öffentliches Recht als Außenrecht) oder innerhalb des Staates (öffentliches Recht als Innenrecht)".
34 Zum Ganzen siehe im Skript „Allgemeines Verwaltungsrecht", Rn. 9 m.w.N. Vgl. auch **Art. 2 EGBGB**: „Gesetz [...] ist jede Rechtsnorm".

> **Hinweis**
>
> Die maßgeblich an den jeweiligen Urheber (Parlament oder Exekutivorgan) anknüpfende Unterscheidung zwischen Gesetzen einerseits im formellen und andererseits im materiellen Sinn ist nicht zu verwechseln mit der Differenzierung zwischen dem Prozessrecht (z.B. StPO, VwGO, ZPO) und dem sachlichen Recht, innerhalb dessen sich weiter zwischen dem sog. **formellen** Recht (= Vorschriften über die Zuständigkeit, das Verfahren und die Form von Rechtsakten wie z.B. Gesetzen) und dem sog. **materiellen** Recht (= Vorschriften, welche die Entstehung, die Veränderung und den Untergang von Rechten und Pflichten regeln) unterscheiden lässt.[35]

13

Die meisten **Gesetze im formellen Sinn** (z.B. BGB, StGB, VwVfG) sind zugleich auch solche im materiellen Sinn (vgl. z.B. § 433 Abs. 1 BGB, § 242 Abs. 1 StGB, § 28 Abs. 1 VwVfG).[36] Demgegenüber handelt es sich etwa bei Haushaltsgesetzen, durch welche der jeweilige Haushaltsplan festgestellt wird (siehe z.B. Art. 110 Abs. 2 S. 1 GG), lediglich im formellen Sinn um Gesetze, nicht aber auch im materiellen Sinn.[37] Denn durch den Haushaltsplan wird gem. § 3 BHO allein die Verwaltung vom Gesetzgeber ermächtigt, Ausgaben zu leisten und Verpflichtungen einzugehen; Ansprüche oder Verbindlichkeiten werden hierdurch hingegen weder begründet noch aufgehoben. Umgekehrt sind **Rechtsverordnungen**[38] (vgl. Art. 80 GG, z.B. Straßenverkehrsordnung, StVO; Rn. 40 f.) und **Satzungen** (z.B. Bebauungsplan, siehe § 10 Abs. 1 BauGB; Rn. 42 f.), die jeweils nicht von einem Parlament, sondern von der Exekutive erlassen werden, Gesetze im nur materiellen Sinn.[39] Weder im formellen noch im materiellen Sinn als Gesetze i.S.v. Art. 20 Abs. 3 GG zu qualifizieren sind **Verwaltungsvorschriften** (z.B. Einkommensteuerrichtlinien, vgl. Art. 108 Abs. 7 GG; allgemein siehe Art. 84 Abs. 2, Art. 85 Abs. 2 S. 1 GG), „durch die eine vorgesetzte Behörde *verwaltungsintern* auf ein einheitliches Verfahren oder eine bestimmte Ermessensausübung, aber auch auf eine bestimmte Gesetzesauslegung und -anwendung durch die ihr nachgeordneten Behörden hinwirkt."[40]

14

---

35 *Beaucamp/Treder*, Methoden, Rn. 343; *Schmalz*, Methodenlehre, Rn. 92 ff.; *Schwacke*, Methodenlehre, S. 10. Das **Prozessrecht** wird ebenfalls zum formellen Recht gezählt und anstelle von „materiellem Recht" auch der Begriff „**Sachrecht**", das nicht mit dem „**Sach**enrecht" i.S.d. BGB zu verwechseln ist, verwendet, siehe *Muthorst*, Grundlagen, § 13 Rn. 54 ff.
36 Siehe im Skript „Allgemeines Verwaltungsrecht", Rn. 9 m.w.N.
37 *Horn*, Einführung in die Rechtswissenschaft und Rechtsphilosophie, 5. Auflage 2011, Rn. 23.
38 Diese sind nicht zu verwechseln mit (EU-)**Verordnungen** i.S.v. **Art. 288 Abs. 2 AEUV** (Rn. 17), siehe *Muthorst*, Grundlagen, § 13 Rn. 28.
39 *Maurer*, Staatsrecht I, 6. Auflage 2010, § 17 Rn. 11; *Schwacke*, Methodik, S. 11 f.
40 BVerfGE 78, 214 (227) m.w.N. (Hervorhebung d.d. Verf.). Diese entfalten i.V.m. Art. 3 Abs. 1 GG i.d.R. nur **mittelbar Wirkung gegenüber dem Bürger**, siehe im Skript „Allgemeines Verwaltungsrecht", Rn. 234. Dort (Rn. 238, 240 m.w.N.) auch zum **Ausnahme**fall der sog. „**normkonkretisierenden Verwaltungsvorschriften**", denen unmittelbare Außenwirkung gegenüber Bürgern und Gerichten zukommt sowie der Hinweis, dass Verwaltungsvorschriften **zur Umsetzung von EU-Richtlinien** (Art. 288 Abs. 3 AEUV) **nicht ausreichen**. Nur unter diesen Einschränkungen können Verwaltungsvorschriften als „Rechtsnormen" qualifiziert werden, vgl. *Muthorst*, Grundlagen, § 13 Rn. 14 a.E.; *Schwacke*, Methodik, S. 12 m.w.N.

15 Zusätzlich zu den vorgenannten Gesetzen auf nationaler Ebene existieren noch folgende weitere **Rechtsquellen**:[41]

16 • Völkerrecht

Quellen des Völkerrechts (*ius gentium*), das die Rechtsbeziehungen zwischen souveränen Staaten und sonstigen Völkerrechtssubjekten regelt,[42] sind nach Art. 38 Abs. 1 lit. a) – c) des Statuts des Internationalen Gerichtshofs (IGH) „internationale Übereinkünfte", das „internationale Gewohnheitsrecht" sowie „die von den Kulturvölkern anerkannten allgemeinen Rechtsgrundsätze". Als „Hilfsmittel" zur Feststellung dieser Völkerrechtsnormen, d.h. als bloße „Rechtserkenntnisquellen"[43], dienen nach Art. 38 Abs. 1 lit. d) des IGH-Statuts „richterliche Entscheidungen und die Lehrmeinung der fähigsten Völkerrechtler der verschiedenen Nationen". Unmittelbare Geltung innerhalb der deutschen Rechtsordnung entfalten nach Art. 25 GG allerdings nur die „allgemeinen Regeln des Völkerrechts", d.h. das **Völkergewohnheitsrecht** (z.B. Staatenimmunität, vgl. § 20 GVG) und die **allgemeinen Rechtsgrundsätze des Völkerrechts** (z.B. Prinzip von Treu und Glauben), nicht dagegen **völkerrechtliche Verträge** (z.B. Abkommen zur Vermeidung der Doppelbesteuerung, sog. DBA).[44] Zur Wirksamkeit im Verhältnis Staat-Bürger bedürfen Letztere vielmehr eines innerstaatlichen Umsetzungsaktes (sog. Transformationsgesetz), vgl. Art. 59 Abs. 2 GG;[45]

17 • EU-Recht

Rechtsquellen des europäischen Unionsrechts sind zum einen das sog. **EU-Primärrecht**, d.h. der EUV und der AEUV (inkl. Protokolle und Anhänge, siehe Art. 51 EUV), die EU-Grundrechtecharta (vgl. Art. 6 Abs. 1 UAbs. 1 EUV) und die „allgemeinen Rechtsgrundsätze[...], die den Rechtsordnungen der Mitgliedstaaten gemeinsam sind", Art. 340 Abs. 2 AEUV. Zum anderen sind nach Art. 288 AEUV die von den EU-Organen erlassenen Verordnungen[46] (engl.: *regulations*), Richtlinien (engl.: *directives*) und Beschlüsse (vormals: Entscheidungen), das sog. **EU-Sekundärrecht**[47], rechtlich verbindlich – ebenso wie ferner noch die von der EU abgeschlossenen völkerrechtlichen Verträge, vgl. Art. 216 Abs. 2 AEUV. Allerdings sind nicht alle dieser europarechtlichen Vorschriften auch im Einzelfall unmittelbar anwendbar (so z.B. müssen Richtlinien – im Gegensatz etwa zu den nach Art. 288 Abs. 2 S. 2 AEUV unmittelbar verbindlichen Verordnungen – erst noch von den Mitgliedstaaten umgesetzt werden, vgl. Art. 288 Abs. 3 AEUV[48]);

18 • Gewohnheitsrecht

Neben dem gesetzlich positivierten Recht zählt auch das (ungeschriebene) Gewohnheitsrecht zu den anerkannten Rechtsquellen (z.B. die Regeln betreffend das Schweigen auf ein kauf-

---

41 Vgl. *Muthorst*, Grundlagen, § 13 Rn. 2. Zum Folgenden siehe *Beaucamp/Treder*, Methoden, Rn. 330 ff. m.w.N.; *Rüthers/Fischer/Birk*, Rechtstheorie, Rn. 220 ff.; *Schwacke*, Methodik, S. 11 ff., dort auch näher zum Begriff „Rechtsquelle"; *Vogel*, Methodik, S. 43.
42 *Muthorst*, Grundlagen, § 13 Rn. 20.
43 *Muthorst*, Grundlagen, § 13 Rn. 23.
44 BVerfGE 16, 27 (63); 46, 342 (364 ff.); 117, 141 (149); 118, 124 (134) m.w.N.
45 *Wienbracke*, DVP 2013, S. 59 m.w.N., u.a. zur Theorie vom **dualistischen Verhältnis** des Völkerrechts zum nationalen Recht.
46 Diese sind nicht zu verwechseln mit (nationalen) **Rechtsverordnungen** (etwa gem. Art. 80 GG; Rn. 14), siehe *Muthorst*, Grundlagen, § 13 Rn. 28.
47 Zum hierauf beruhenden sog. **EU-Tertiärrecht** siehe Art. 290 f. AEUV betreffend delegierte Rechtsakte und Durchführungsrechtsakte.
48 Zur **ausnahmsweise unmittelbaren** Wirkung von EU-Richtlinien siehe *Streinz*, Europarecht, 9. Auflage 2012, Rn. 484 ff. m.w.N.

Rechtsquellen

männisches Bestätigungsschreiben, vgl. § 346 HGB und allgemein § 293 ZPO).[49] „Gewohnheitsrecht entsteht durch längere[50] tatsächliche Übung, die eine dauernde und ständige, gleichmäßige und allgemeine ist [sog. *longa consuetudo*] und von den Beteiligten als verbindliche Rechtsnorm anerkannt wird [sog. *opinio iuris*]."[51] Bestraft[52] werden kann eine Tat nach § 1 StGB, Art. 103 Abs. 2 GG freilich nur auf Grundlage eines Gesetzes, d.h. einer geschriebenen Rechtsnorm. Doch auch im Übrigen ist die Bedeutung des Gewohnheitsrechts im deutschen Recht heute praktisch sehr gering.[53] Zunächst entstandenes Gewohnheitsrecht (z.B. Züchtigungsrecht des Schullehrers) tritt später wieder außer Kraft, wenn zumindest eine der beiden vorgenannten Voraussetzungen wegfällt oder aber entgegenstehendes Gewohnheits- oder Gesetzesrecht sich bildet bzw. erlassen wird (z.B. Art. 86 Abs. 3 S. 2 Bayerisches Gesetz über das Erziehungs- und Unterrichtswesen: „Körperliche Züchtigung ist nicht zulässig").[54]

Mangels Allgemeinverbindlichkeit jeweils **nicht** um eine Rechtsquelle (im engen juristischen Sinn[55]) handelt es sich dagegen bei den folgenden Einzelfallregelungen:[56] **19**

- **Gerichtsentscheidungen** (Urteile).[57] Denn der Richter „erzeugt kein Recht, sondern [er] wendet Recht an",[58] vgl. Art. 20 Abs. 2 S. 2 GG (Gewaltenteilungsgrundsatz) und Art. 20 Abs. 3, Art. 97 Abs. 1 GG (Gesetzesbindung). Abweichendes gilt nach § 31 Abs. 2 S. 1, 2 BVerfGG nur für die dort genannten Entscheidungen des Bundesverfassungsgerichts, die Gesetzeskraft haben, sowie im Umfang des § 47 Abs. 5 S. 2 VwGO für Entscheidungen der Oberverwaltungsgerichte bzw. Verwaltungsgerichtshöfe (§ 184 VwGO; Rn. 54 f.). Zur richterlichen Rechtsfortbildung im Bereich planwidriger Gesetzeslücken namentlich mittels Analogie („Richterrecht"[59]) siehe Rn. 228 ff. sowie zu weiteren Funktionen der Rechtsprechung in methodischer Hinsicht Rn. 124; **20**

---

49 Vgl. BVerfGE 74, 241 (248); *Muthorst*, Grundlagen, § 13 Rn. 18 und Rn. 16 zum Völkerrecht. **Historisch** betrachtet ist Recht zunächst als Gewohnheitsrecht entstanden, siehe *Horn*, Einführung in die Rechtswissenschaft und Rechtsphilosophie, 5. Auflage 2011, Rn. 28; *Muthorst*, Grundlagen, § 13 Rn. 19.
50 Insoweit werden Zeiträume von **20 bis 30 Jahre**n genannt, siehe *Schmalz*, Methodenlehre, Rn. 44.
51 BVerfGE 34, 293 (303 f.). Ebenso BVerfGE 61, 149 (203). Örtliches Gewohnheitsrecht wird als **Observanz** bezeichnet, siehe *Beaucamp/Treder*, Methoden, Rn. 358 m.w.N.
52 Zur Erstreckung von Art. 103 Abs. 2 GG auch auf **Ordnungswidrigkeiten** und **Disziplinarstrafen** siehe Rn. 240. **Zugunsten des Täters** sind gewohnheitsrechtliche Rechtssätze freilich durchaus zu berücksichtigen, siehe Rn. 242 und *Wank*, Auslegung, S. 10.
53 *Beaucamp/Treder*, Methoden, Rn. 356, 362, 372 m.w.N. unter Hinweis auf die enge Beziehung zum **Richterrecht** (Rn. 20); *Larenz/Canaris*, Methodenlehre, S. 177; *Muthorst*, Grundlagen, § 13 Rn. 18.
54 *Vogel*, Methodik, S. 39.
55 Demgegenüber zählen nach dem weiten **soziologischen Rechtsquellenbegriff** „alle Einflussfaktoren, die das objektive Recht maßgeblich prägen", zu den Rechtsquellen, also gerade auch die ständige Rechtsprechung und Verwaltungspraxis, das „Juristenrecht" sowie ferner die „Volksanschauung", siehe *Rüthers/Fischer/Birk*, Rechtstheorie, Rn. 217.
56 Hierzu sowie zum gesamten Folgenden siehe *Beaucamp/Treder*, Methoden, Rn. 324; *Schmalz*, Methodenlehre, Rn. 50 mit dem Hinweis in Rn. 10, dass sich freilich **auch aus Urteilen, Verwaltungsakten und Verträgen Rechtsfolgen** ergeben (vgl. auch *Muthorst*, Grundlagen, § 13 Rn. 3, 15 f., der insoweit von **Rechtssätzen** – im Gegensatz zu **Realakte**n – spricht); *Schwacke*, Methodik, S. 4 f., 11, 13. **A.A.** *Vogel*, Methodik, S. 41 f., der ebenfalls diese „konkret-individuelle[n] Einzelakte" als Rechtsquellen begreift.
57 BVerfGE 84, 212 (227); 122, 248 (277). Zur engen Beziehung des „Richterrechts" zum **Gewohnheitsrecht** (Rn. 18) siehe *Beaucamp/Treder*, Methoden, Rn. 362.
58 *Schmalz*, Methodenlehre, Rn. 56.
59 *Beaucamp/Treder*, Methoden, Rn. 246, 370 ff.; *Muthorst*, Grundlagen, § 13 Rn. 17; *Rüthers/Fischer/Birk*, Rechtstheorie, Rn. 235 ff., jeweils m.w.N. auch zur Gegenmeinung. Grundlegend **anders** dagegen das in England entstandene und heute zudem v.a. in den USA geltende **Common Law**, in dem Gerichtsentscheidungen als Rechtsquellen (sog. *case law*, d.h. Fallrecht) große Bedeutung haben, siehe *Horn*, Einführung in die Rechtswissenschaft und Rechtsphilosophie, 5. Auflage 2011, Rn. 27.

> **Hinweis**
>
> **Höchstrichterlichen** Entscheidungen (des Bundesgerichtshofs, des Bundesverwaltungsgerichts etc.) kommt freilich auch im deutschen Recht nicht nur tatsächlich ein hoher Stellenwert zu (Rn. 135 a.E.), sondern entfalten diese im Verhältnis zu untergeordneten Gerichten (z.B. § 121 Abs. 2 GVG, § 132 Abs. 2 Nr. 2 VwGO), Staatsanwälten (vgl. § 152 Abs. 2 StPO; str.) und Rechtsanwälten (vgl. § 276 Abs. 2 BGB) ebenfalls rechtlich (mittelbar) eine **Bindungswirkung**.[60]

21 • **Verwaltungsentscheidungen** (Verwaltungsakte, vgl. § 35 S. 1 VwVfG) und

22 • **Verträge**.[61]

23 Ebenfalls keine Rechtsquellen sind aufgrund fehlender Rechtsverbindlichkeit die im rechtswissenschaftlichen Schrifttum vertretenen **Lehrmeinungen**, das sog. „Juristenrecht".[62]

B. Auffinden der einschlägigen Rechtsnorm(en)

24 Aus dem Kreis der Vielzahl der hiernach bestehenden – und sich in ihrem Bestand sowie Inhalt fortlaufend ändernden – Rechtsnormen die zur Lösung der konkreten Fallfrage einschlägige(n) herauszufinden, kann jenseits geläufiger juristischer Fragestellungen durchaus Schwierigkeit bereiten (unübersichtliche „Gesetzes-" bzw. „Normenflut"); dies gilt sowohl im Studium als auch in der Praxis.[63]

25 Der erste, in der Regel jedoch nicht weiter mit Problemen verbundene Schritt besteht insofern darin, das in Bezug auf den jeweils zu lösenden Fall „richtige" **Rechtsgebiet** zu ermitteln.[64] Die Gebiete des geltenden Rechts werden grob[65] wie folgt eingeteilt:

26
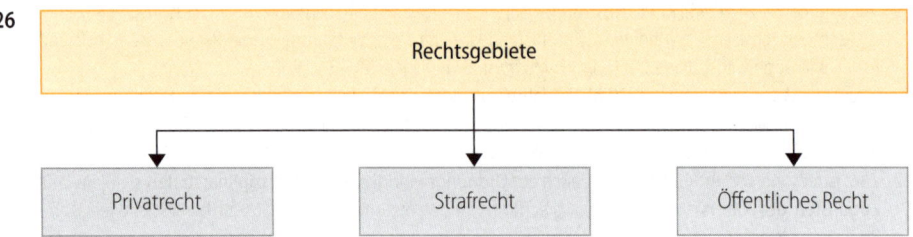

---

60 *Horn*, Einführung in die Rechtswissenschaft und Rechtsphilosophie, 5. Auflage 2011, Rn. 26; *Vogel*, Methodik, S. 84 ff., 88 ff., 99, 160 ff. m.w.N. (näher zu **Präjudizien**); *Zippelius*, Methodenlehre, S. 65 f. Zur Bindung von **Behörden** an höchstrichterliche Entscheidungen siehe BVerwGE 13, 28 (31). Vgl. ferner § 2 Abs. 1 RsprEinhG und § 11 Abs. 2 FGO, § 132 Abs. 2 GVG, § 41 Abs. 2 SGG, § 11 Abs. 2 VwGO betreffend die Anrufung des **Gemeinsamen Senats der obersten Gerichtshöfe des Bundes** (GmS-OGB) bzw. des jeweiligen **Großen Senats**, „wenn ein oberster Gerichtshof in einer Rechtsfrage von der Entscheidung eines anderen obersten Gerichtshofs oder des Gemeinsamen Senats" bzw. „ein Senat in einer Rechtsfrage von der Entscheidung eines anderen Senats oder des Großen Senats abweichen will".

61 **Tarif**„verträge" sind nur bei entsprechender Erklärung durch das Bundesministerium für Arbeit und Soziales „allgemeinverbindlich", siehe § 5 Abs. 1 TVG. Im Übrigen gelten sie im Umfang des § 4 Abs. 1 TVG. Zu **Betriebsvereinbarungen** siehe § 77 Abs. 4 BetrVG.

62 *Beaucamp/Treder*, Methoden, Rn. 325 m.w.N. Dort (Rn. 326) und in Rn. 10 auch zum **Naturrecht**. Zu **Verwaltungsvorschriften** siehe Rn. 14 a.E.

63 *Horn*, Einführung in die Rechtswissenschaft und Rechtsphilosophie, 5. Auflage 2011, Rn. 110, 169; *Rüthers/Fischer/Birk*, Rechtstheorie, Rn. 270; *Tettinger/Mann*, Einführung, Rn. 57, 59, 74.

64 Vgl. *Schwacke*, Methodik, S. 60; *Zippelius*, Methodenlehre, S. 72.

65 Zu einer weitergehenden Untergliederung der drei nachfolgend genannten (Haupt-)Rechtsgebiete in ihre jeweiligen **Teilgebiete** siehe *Muthorst*, Grundlagen, § 13 Rn. 70.

Auffinden der einschlägigen Rechtsnorm(en) 1 B

Während das **Privatrecht** (z.B. BGB, HGB) die Rechtsbeziehungen der Bürger untereinander regelt, werden der Aufbau und die Tätigkeit des Staates sowie dessen Rechtsbeziehungen im Verhältnis zum Bürger durch das **Öffentliche Recht** bestimmt (z.B. GG, VwVfG). Diesem ist an sich auch das **Strafrecht** zuzurechnen (v.a. StGB), welches sich allerdings zu einem eigenständigen Rechtsgebiet entwickelt hat.[66]

27

Sodann ist in einem zweiten Schritt innerhalb des betreffenden Rechtsgebiets nach derjenigen **Vorschrift** zu suchen, deren Tatbestand (Rn. 83 ff.) den jeweiligen Sachverhalt in etwa beschreibt und welche auf ihrer Rechtsfolgenseite (Rn. 94 ff.) in abstrakter Fassung die Antwort auf die konkrete Fallfrage beinhaltet (z.B. Anspruchsgrundlage, Strafnorm oder Ermächtigungsgrundlage).[67] Hierzu ist ausgehend von dieser ein entsprechender allgemeiner Rechtssatz zu formulieren und das jeweilige Gesetz anhand seiner Systematik (Rn. 154 ff.) daraufhin zu untersuchen, ob dieses eine mit dieser sog. „**Normhypothese**" übereinstimmende Vorschrift enthält.[68]

28

Beispiel aus dem Zivilrecht[69] Normhypothese im „Restaurant-Fall" (Rn. 2): *„Wenn jemand einen Gegenstand zerstört, der einem anderen gehört, dann muss er diesem den Schaden ersetzen."*

29

§ 823 Abs. 1 BGB: *„Wer vorsätzlich oder fahrlässig [...] das Eigentum [...] eines anderen widerrechtlich verletzt, ist dem anderen zum Ersatz des daraus entstehenden Schadens verpflichtet."* ∎

Beispiel aus dem Strafrecht[70] Normhypothese im „Cocktailbar-Fall" (Rn. 2): *„Wenn jemand einem anderen einen Gegenstand gewaltsam wegnimmt, um diesen seinem Vermögen einzuverleiben, dann ist er zu bestrafen."*

§ 249 Abs. 1 StGB: *„Wer mit Gewalt gegen eine Person [...] eine fremde bewegliche Sache einem anderen in der Absicht wegnimmt, die Sache sich [...] rechtswidrig zuzueignen, wird mit Freiheitsstrafe nicht unter einem Jahr bestraft."* ∎

Beispiel aus dem Öffentlichen Recht[71] Normhypothese im „Eckkneipen-Fall" (Rn. 2): *„Wenn ein Gesetz, das mit einer Verfassungsbeschwerde angegriffen wird, gegen ein Grundrecht des deutschen Grundgesetzes verstößt, dann erklärt das Bundesverfassungsgericht das Gesetz für nichtig."*

§ 95 Abs. 3 S. 1 BVerfGG: *„Wird der Verfassungsbeschwerde gegen ein Gesetz stattgegeben, so ist das Gesetz für nichtig zu erklären."* ∎

---

66 Zum Ganzen siehe *Horn*, Einführung in die Rechtswissenschaft und Rechtsphilosophie, 5. Auflage 2011, Rn. 43; *Muthorst*, Grundlagen, § 13 Rn. 61 ff.; *Schwacke*, Methodik, S. 9. Näher zur **Abgrenzung des Öffentlichen Rechts zum Privatrecht** siehe im Skript „Verwaltungsprozessrecht", Rn. 78 ff. m.w.N.
67 *Schwacke*, Methodik, S. 60; *Vogel*, Methodik, S. 37; *Zippelius*, Methodenlehre, S. 25, 72.
68 Vgl. *Wank*, Auslegung, S. 5 unter Hinweis auf *Kriele*.
69 Nach *Wank*, Auslegung, S. 3 ff.
70 Nach *Wank*, Auslegung, S. 5.
71 Nach *Wank*, Auslegung, S. 5 f.

30 | **JURIQ-Klausurtipp**

Sollten auch hiernach noch Probleme beim Auffinden der jeweils „passenden" Rechtsnorm bestehen, kann neben dem Inhaltsverzeichnis des betreffenden Gesetzes das alphabetische **Stichwortverzeichnis** am Ende der jeweiligen Gesetzessammlung weiterhelfen.[72] Soweit dort auf eine bestimmte Vorschrift verwiesen wird, empfiehlt sich stets auch ein Blick in die dieser jeweils **vorausgehende**n und **nachfolgende**n Gesetzesbestimmungen.[73] Allgemein gilt jedoch: Ohne gute Kenntnisse auf dem betreffenden Rechtsgebiet sowie hinreichende Erfahrung bei der Falllösung wird die Normensuche (zu) lange dauern und besteht die Gefahr, dass wichtige Vorschriften übersehen werden.[74]

C. Wirksamkeit und Anwendbarkeit einer Rechtsnorm

31 Da der Rechtsanwender nicht nach der Antwort nur eines Rechtssatzes, sondern der gesamten Rechtsordnung, auf den konkreten Fall fragt, führt die Suche nach der in diesem einschlägigen Rechtsnorm nicht selten zu dem Ergebnis, dass **mehrere Vorschriften** i.d.S. auf diesen zu „passen" scheinen, dass deren sich ganz oder teilweise deckenden Tatbestände ihrem Wortlaut nach auf den jeweiligen Sachverhalt zutreffen (z.B. existieren mehrere Anspruchsgrundlagen für den einen geltend gemachten zivilrechtlichen Anspruch, verwirklicht eine Tat gleichzeitig mehrere Straftatbestände, greift eine staatliche Maßnahme zugleich in mehrere Grundrechte ein).[75] Dies bereitet insoweit keine Probleme, als die unterschiedlichen Normen genau die **gleiche Rechtsfolge** anordnen, welche dann durch Anwendung mehrerer Rechtsnormen mehrfach begründet werden kann, sog. „**kumulative Normenkonkurrenz**"[76], „Idealkonkurrenz"[77] bzw. „Parallelität"[78].[79]

32 **Beispiel**[80] Sofern die jeweiligen Voraussetzungen der nachfolgend genannten Vorschriften erfüllt sein sollten, gründet im „Restaurant-Fall" (Rn. 2) der Schadensersatzanspruch des I gegen A auf einmalige (!) Zahlung von 500 € nicht nur auf § 823 Abs. 1 BGB, sondern ferner auch auf § 280 Abs. 1 i.V.m. §§ 311 Abs. 2 Nr. 1, 241 Abs. 2 BGB und § 823 Abs. 2 BGB i.V.m. § 303 Abs. 1 StGB.

---

72 *Adomeit/Hähnchen*, Rechtstheorie, Rn. 81.
73 *Adomeit/Hähnchen*, Rechtstheorie, Rn. 88; *Butzer/Epping*, Arbeitstechnik, S. 16.
74 *Adomeit/Hähnchen*, Rechtstheorie, Rn. 80; *Beaucamp/Treder*, Methoden, Rn. 428 m.w.N.; *Schwacke*, Methodik, S. 162; *Zippelius*, Methodenlehre, S. 73. **Aufbauschemata** mögen insoweit als Gedächtnisstütze helfen, dürfen bei der Klausurbearbeitung jedoch nicht starr, sondern müssen stets mit Blick auf den konkret zu lösenden Fall angewandt werden, siehe *Tettinger/Mann*, Einführung, Rn. 194 m.w.N.
75 *Beaucamp/Treder*, Methoden, Rn. 239; *Larenz/Canaris*, Methodenlehre, S. 87; *Rüthers/Fischer/Birk*, Rechtstheorie, Rn. 277; *Schmalz*, Methodenlehre, Rn. 90, 113 m.w.N. („**Anspruchskonkurrenz**" bzw. „**‚Gesetz' als ‚Gefüge von Rechtsnormen'**", Hervorhebungen d.d. Verf.); *Schwacke*, Methodik, S. 17 ff.; *Zippelius*, Methodenlehre, S. 30.
76 *Zippelius*, Methodenlehre, S. 30. Zur „**verdrängende**n" bzw. „**konsumtive**n **Normenkonkurrenz**" siehe Rn. 63.
77 So *Wank*, Auslegung, S. 102 zu **§ 52 Abs. 1 StGB**: „Verletzt dieselbe Handlung mehrere Strafgesetze oder dasselbe Strafgesetz mehrmals, so wird nur auf eine Strafe erkannt", sog. **Tateinheit**.
78 *Tettinger/Mann*, Einführung, Rn. 271.
79 *Larenz/Canaris*, Methodenlehre, S. 87; *Schmalz*, Methodenlehre, Rn. 90 f. m.w.N. u.a. auf *Kipp*, in: FS v. Maritz, 1911, S. 211 ff. betreffend die sog. „**Doppelwirkung im Recht**"; *Zippelius*, Methodenlehre, S. 30 f.
80 Nach *Wank*, Auslegung, S. 97. Siehe auch Rn. 86.

Ebenfalls nebeneinander (parallel) anwendbar auf denselben Sachverhalt sind mehrere **33** Rechtssätze insofern, als ihre **Rechtsfolgen zwar unterschiedlich, aber miteinander vereinbar** sind (z.B. Schadensersatzpflicht gem. § 823 Abs. 2 BGB und Strafbarkeit gem. § 303 Abs. 1 StGB).[81]

Stehen die **Rechtsfolgen** der – ranggleichen oder -verschiedenen (Rn. 36 ff.) – Vorschriften, **34** die zur Lösung der jeweiligen Fallfrage in Betracht kommen, dagegen in **Widerspruch zueinander** (z.B. hat der Schenker nach § 521 BGB nur „Vorsatz und grobe Fahrlässigkeit" zu vertreten, wohingegen § 823 Abs. 1 BGB eine Schadensersatzpflicht auch bei einfacher Fahrlässigkeit anordnet), so gebietet es der Grundsatz der „Einheit der Rechtsordnung"[82], diesen Konflikt aufzulösen.[83] Dies geschieht dadurch, dass letztlich nur einer der eben bloß „scheinbaren" Vielzahl von „passenden" Rechtssätzen im konkreten Fall zur Anwendung gelangt.[84] Welcher dies ist, richtet sich nach den hierzu entwickelten Regeln, die das Entstehen derartiger Situationen entweder von vornherein vermeiden oder Normwidersprüche zumindest auflösen.[85] Dies wiederum geschieht dadurch, dass die eine Vorschrift die andere entweder allgemein außer Kraft setzt, d.h. ungültig bzw. unwirksam macht („vernichtet"), oder aber zumindest ihre Anwendbarkeit im konkreten Fall ausschließt (Rn. 50 ff.).[86] Zu erfolgen hat diese Prüfung, noch bevor auf die Voraussetzungen der aufgefundenen Rechtsnorm näher eingegangen wird („Wirksamkeit vor Anwendbarkeit, Anwendbarkeit vor Anwendung"[87]).[88] Denn eine augenscheinlich noch so einschlägige Gesetzesbestimmung nützt dem Rechtsanwender nichts, wenn sie sich als unwirksam oder als unanwendbar[89] erweist.[90]

> **Hinweis** **35**
>
> Zur Terminologie: „Von einer **Normenkonkurrenz** spricht man dann, wenn mehrere [gleichrangige[91]] Normen ihrem Wortlaut nach auf den gleichen Sachverhalt zutreffen."[92] Demgegenüber liegt eine **Normenkollision** vor, wenn die zur Falllösung in Betracht kommenden Normen unterschiedlicher Hierarchiestufen (Rn. 36 ff.) einander widersprechende Rechtsfolgen anordnen.[93]

---

81 *Schwacke*, Methodik, S. 18; *Tettinger/Mann*, Einführung, Rn. 271; *Zippelius*, Methodenlehre, S. 31. Siehe auch Rn. 66.
82 *Engisch*, Einheit der Rechtsordnung, 1935.
83 Vgl. *Rüthers/Fischer/Birk*, Rechtstheorie, Rn. 145 ff., 276 ff.; *Schwacke*, Methodik, S. 41; *Vogel*, Methodik, S. 58, 61 m.w.N.
84 *Larenz/Canaris*, Methodenlehre, S. 87.
85 *Rüthers/Fischer/Birk*, Rechtstheorie, Rn. 271. Zu **Kollisionslücken** siehe Fn. 121 zu Rn. 265.
86 *Schmalz*, Methodenlehre, Rn. 66; *Zippelius*, Methodenlehre, S. 30.
87 *Schmalz*, Methodenlehre, Rn. 185.
88 *Schmalz*, Methodenlehre, Rn. 68, 87 f.; *Wank*, Auslegung, S. 11, 58, 63, 98 unter Hinweis auch auf die **a.A.**
89 Zur hiervon zu unterscheidenden Unanwendbarkeit einer Norm mangels Erfüllung ihres **persönlichen**, **sachlichen**, **räumlichen** oder **zeitlichen Anwendungsbereich**s siehe *Muthorst*, Grundlagen, § 5 Rn. 47 ff. und Rn. 29: „Der Tatbestand ist der Anwendungsbereich der Norm". Vgl. ferner *Schmalz*, Methodenlehre, Rn. 77, 86 (fehlende Abgrenzungsmöglichkeit zwischen Anwendbarkeitsregelungen und Voraussetzungen einer Norm); *Vogel*, Methodik, S. 74.
90 *Schwacke*, Methodik, S. 61.
91 *Schwacke*, Methodik, S. 17 f.; *Vogel*, Methodik, S. 59. Näher zur **Normenhierarchie** sogleich (Rn. 36 ff.).
92 *Zippelius*, Methodenlehre, S. 30 (Hervorhebung d.d. Verf.).
93 *Schmalz*, Methodenlehre, Rn. 72; *Schwacke*, Methodik, S. 14.

I. Stufenbau der Rechtsordnung

1. Normenhierarchie

36 Nach der Lehre vom „Stufenbau der Rechtsordnung" bezieht jede Rechtsnorm ihre Geltung aus einer höheren, wodurch sich diese bis zur Ebene der jeweiligen Verfassung zurückverfolgen lässt.[94] Die in dieser kodifizierte Rangordnung der Gesetzgebungskompetenzen führt zu einer Rangordnung der auf ihrer Grundlage erlassenen Rechtssätze, wonach rangniedere Normen inhaltlich keine im Verhältnis zu ranghöheren Normen gegenläufigen Regelungen treffen dürfen. Hierdurch sollen Widersprüche in der rechtlichen Verhaltensordnung vermieden werden.[95] Die sich hieraus ergebende sog. **Normenhierarchie** bzw. -pyramide ist innerhalb der deutschen Rechtsordnung wie folgt gegliedert, wobei Gewohnheitsrecht (Rn. 18) auf jeder dieser Ebenen entstehen kann:[96]

37 • An der Spitze steht das Verfassungsrecht des Bundes, welches weitestgehend im **Grundgesetz** kodifiziert ist und innerhalb dessen wiederum die von der sog. Ewigkeitsgarantie des Art. 79 Abs. 3 GG geschützte „Gliederung des Bundes in Länder, die grundsätzliche Mitwirkung der Länder bei der Gesetzgebung [sowie] die in den Art. 1 und 20 niedergelegten Grundsätze" an oberster Stelle stehen, da diese hiernach dem Zugriff selbst des verfassungsändernden Gesetzgebers entzogen sind;

38 • im Rang unter dem Grundgesetz, aber noch über dem einfachen Bundesrecht (Rn. 39), angesiedelt sind die „**allgemeinen Regeln des Völkerrechts**" (Rn. 16), welche gem. Art. 25 S. 2 GG den Gesetzen vorgehen;

39 • die vom Bundesgesetzgeber auf Grundlage der Art. 70 ff. GG erlassen sog. „einfachen"[97] (formellen; Rn. 12) **Bundesgesetze** müssen inhaltlich mit den Grundrechten (Art. 1 Abs. 3 GG) und grundrechtsgleichen Rechten (vgl. Art. 93 Abs. 1 Nr. 4a GG) des Grundgesetzes sowie dessen übrigen Bestimmungen (vgl. Art. 20 Abs. 3, Art. 93 Abs. 1 Nr. 2, Art. 100 Abs. 1 GG) vereinbar sein, d.h. befinden sich im Rang unter diesem. Auf dieser Ebene sind auch die vom Bund abgeschlossenen völkerrechtlichen Verträge i.S.v. Art. 59 Abs. 2 S. 1 GG (Rn. 16) zu verorten, welche hiernach durch einfaches Bundesgesetz innerstaatliche Geltung erlangen;[98]

---

94 *Röhl/Röhl*, Allgemeine Rechtslehre, 3. Auflage 2008, S. 307 unter Hinweis auf *Merkl*, Gesammelte Schriften, Band I/1, 1993, S. 227 und *Kelsen*, Reine Rechtslehre, 2. Auflage 1960, S. 228 ff. Letzterem zufolge gilt die Verfassung aufgrund einer ungeschriebenen **Grundnorm** „Unsere Verfassung gilt", siehe *Adomeit/Hähnchen*, Rechtstheorie, Rn. 63.

95 Zum Ganzen siehe *Schwacke*, Methodik, S. 14 f.; *Zippelius*, Methodenlehre, S. 3, 30. Zusätzlich zu diesem **Geltungs-** und **Inhaltszusammenhang** regelt die Verfassung auch noch das Gesetzgebungsverfahren (auf Bundesebene: Art. 76 ff. GG), sog. **Erzeugungszusammenhang**, siehe *Vogel*, Methodik, S. 50.

96 Hierzu sowie zum gesamten Folgenden siehe *Beaucamp/Treder*, Methoden, Rn. 242 f., 334, 373 ff. m.w.N.; *Muthorst*, Grundlagen, § 13 Rn. 6 ff.; *Rüthers/Fischer/Birk*, Rechtstheorie, Rn. 272 f.; *Schwacke*, Methodik, S. 11 f., 14 ff.; *Vogel*, Methodik, S. 50 ff.

97 Im Gegensatz zu verfassungsändernden Gesetzen i.S.v. Art. 79 GG, vgl. *Schwacke*, Methodik, S. 11.

98 Gleichwohl zieht BVerfGE 128, 326 (367 f.) die **Europäische Menschenrechtskonvention** (EMRK) als „Auslegungshilfe" auch „für die Bestimmung von Inhalt und Reichweite von Grundrechten und rechtsstaatlichen Grundsätzen des Grundgesetzes" heran. Näher hierzu siehe *Wienbracke*, Einführung in die Grundrechte, 2013, Rn. 7 f. m.w.N. Zum **treaty override** (Hinwegsetzen einer innerstaatlichen [Steuer-]Vorschrift über eine völkervertragliche Vereinbarung) siehe die Vorlage an das Bundesverfassungsgericht (Az. dort: 2 BvL 1/12) durch BFHE 236, 304.

- da **Rechtsverordnungen** nach Art. 80 Abs. 1 S. 1 GG einer Ermächtigung in einem formellen[99] Gesetz bedürfen, gehen Erstere dem Letztgenannten im Rang nach; — 40

> **Rechtsverordnungen** sind von der Exekutive auf Grundlage einer von der Legislative punktuell verliehenen Rechtsetzungsmacht erlassene Rechtsnormen.[100] — 41

- auf die Rechtsverordnungen folgen im Rang die im Grundgesetz nicht näher geregelten **Satzungen**; — 42

> „**Satzungen** sind Rechtsvorschriften, die von einer dem Staat eingeordneten juristischen Person des öffentlichen Rechts [z.B. Gemeinden] im Rahmen der ihr gesetzlich verliehenen Autonomie [z.B. Art. 28 Abs. 2 GG] mit Wirksamkeit für die ihr angehörigen und unterworfenen Personen erlassen werden [z.B. Bebauungsplan, § 10 Abs. 1 BauGB]."[101] — 43

- aus Art. 31 GG („Bundesrecht bricht Landesrecht") ergibt sich, dass sämtliche vorgenannten Bestimmungen des Bundesrechts (z.B. Rechtsverordnungen) allen landesrechtlichen Vorschriften (z.B. jeweilige Landesverfassung) im Rang grundsätzlich vorgehen (siehe aber freilich auch Art. 72 Abs. 3 S. 3, Art. 142 GG). Innerhalb des jeweiligen **Landesrecht**s entspricht die Rangordnung der Rechtsquellen derjenigen auf Bundesebene (Rn. 37 ff.): Auf die betreffende Landesverfassung folgt das einfache (formelle) Landesrecht, dem wiederum landesrechtliche Rechtsverordnungen sowie Satzungen nach Landesrecht nachgeordnet sind. — 44

Nach der Erklärung Nr. 17 der Schlussakte zum Vertrag von Lissabon[102] sowie der insoweit[103] einhelligen Rechtsprechung sowohl des EuGH[104] als auch des Bundesverfassungsgerichts[105] im Rang noch über dem Bundesverfassungsrecht (Grundgesetz) – und damit der nationalen Rechtsordnung insgesamt (Rn. 37) – steht das gesamte **EU-Recht**, welches seinerseits in folgende Stufen binnengegliedert ist: — 45

- An der Spitze der EU-Rechtsordnung steht das **EU-Primärrecht** (Rn. 17) als „Verfassung Europas"[106]; — 46

- im Rang darunter befinden sich die **von der EU abgeschlossenen völkerrechtlichen Verträge**, welche mit den „Verträgen", d.h. dem primärrechtlichen EUV und AEUV (Art. 1 Abs. 3 S. 1 EUV, Art. 1 Abs. 2 S. 2 AEUV), vereinbar sein müssen, siehe Art. 218 Abs. 11 AEUV; — 47

- da die EU-Organe (Art. 13 Abs. 1 UAbs. 2 EUV) beim Erlass von **EU-Sekundärrecht** (Rn. 17) gem. Art. 216 Abs. 2 AEUV an die von der EU geschlossenen völkerrechtlichen Verträge gebunden sind, ist Ersteres gegenüber Letzteren nachrangig.[107] — 48

---

99 *Schmalz*, Methodenlehre, Rn. 43.
100 Vgl. im Skript „Allgemeines Verwaltungsrecht", Rn. 16 m.w.N.
101 BVerfGE 33, 125 (156) m.w.N. (Hervorhebung d. d. Verf.). Ferner siehe *Beaucamp/Treder*, Methoden, Rn. 352.
102 Abl. EU 2007, Nr. C 306, S. 256 m.w.N.
103 Demgegenüber siehe EuGH, Rs. 314/85, Slg. 1987, 4199 (Rn. 15) einerseits und BVerfGE 123, 267 (353 f.) andererseits zur Frage, ob EU-Sekundärrecht am Maßstab des nationalen Rechts gemessen werden darf. Näher hierzu siehe *Wienbracke*, DVP 2013, S. 315.
104 Vgl. EuGH, Rs. 11/70, Slg. 1970, 1125 (Rn. 3); Rs. C-285/98, Slg. 2000, I-69.
105 Vgl. BVerfGE 129, 78 (99 f.).
106 BVerfGE 123, 267 (349).
107 Teile des nachfolgenden Schaubilds sind dem Skript „Allgemeines Verwaltungsrecht", Rn. 129 m.w.N. entnommen. Nach *Muthorst*, Grundlagen, § 13 Rn. 48 bestehe Modifikationsbedarf an einem derartigen Modell.

49
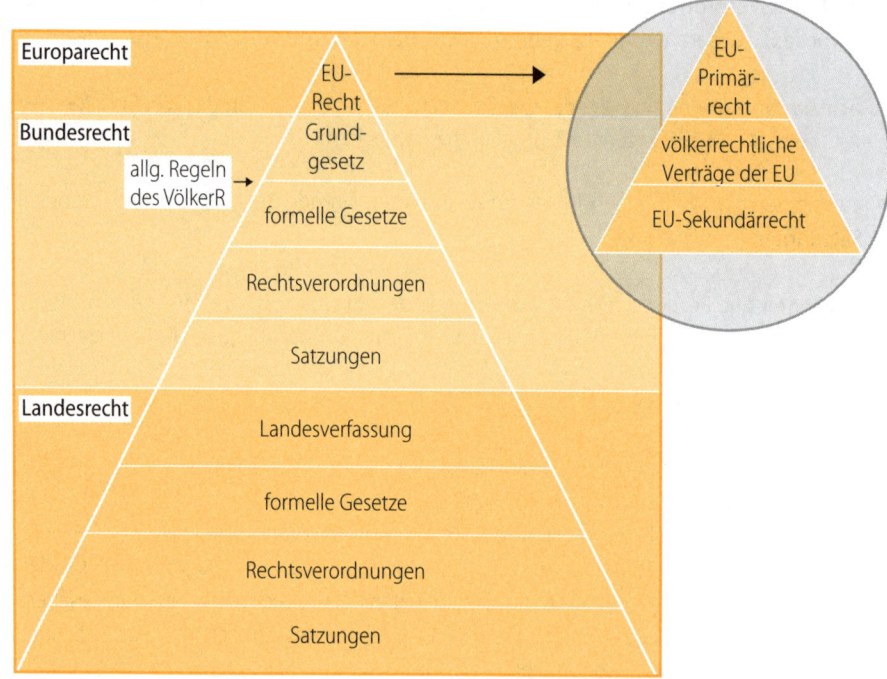

2. Kollisionsregeln

50 Widerspricht eine rangniedere Rechtsnorm auch nach dem insofern zunächst durchzuführenden Versuch der sog. „rangkonformen Auslegung"[108] (Rn. 170) gleichwohl einer – ihrerseits wirksamen – ranghöheren Vorschrift (des innerstaatlichen Rechts), so hat diese Normenkollision nach dem Grundsatz *„lex superior derogat legi inferiori"* (lat. = „die höherrangige Norm verdrängt die niederrangige Norm") i.d.R. zur Folge, dass die rangniedere Rechtsvorschrift nichtig, d.h. unwirksam (ungültig) ist.[109] Als allgemeine Rechtsregel ist dieser sog. **Geltungsvorrang** der ranghöheren vor der rangniederen Vorschrift auch dann zu befolgen, wenn er im betreffenden Gesetz nicht ausdrücklich positiviert ist (so aber z.B. in Art. 31 GG).[110]

51 **Hinweis**

Soweit zwei Vorschriften des nationalen Rechts zueinander in Widerspruch stehen, hat das Wort *„derogat"* im Rahmen des *lex superior*-Grundsatzes die Bedeutung „vernichtet". Kollidiert dagegen eine Vorschrift des deutschen Rechts mit dem EU-Recht, so ist die Derogationswirkung i.d.S. schwächer ausgeprägt, als dass sie lediglich den **Anwendungsvorrang** des Europarechts gegenüber dem widersprechenden nationalen Recht bezeichnet (Rn. 57 ff.). In Fortführung des von *Schwacke* bemühten Vergleichs, dass eine nach dem Anwendungsvorrang lediglich „verdrängte" Rechtsnorm auf die „Reservebank" muss und beim Ausfall der sie

---

108 *Wank*, Auslegung, S. 57.
109 *Beaucamp/Treder*, Methoden, Rn. 380 m.w.N.; *Schwacke*, Methodik, S. 13 ff.; *Zippelius*, Methodenlehre, S. 3, 32. Zur **a.A.** (bloße Vernichtbarkeit) siehe *Vogel*, Methodik, S. 53 f. m.w.N. Vgl. auch *Muthorst*, Grundlagen, § 5 Rn. 55.
110 *Röhl/Röhl*, Allgemeine Rechtslehre, 3. Auflage 2008, S. 585. Siehe auch Rn. 44.

> verdrängenden Vorschrift wieder zum Einsatz kommt,[111] hat das Eingreifen des Geltungsvorrangs zur Konsequenz, dass die hiervon betroffene Vorschrift auf Dauer für sämtliche Spiele ausfällt. Zur Frage, wer der „Schiedsrichter" ist, der hierüber entscheidet, siehe Rn. 54 f.

Betrifft der Widerspruch zum höherrangigen Recht nur einen Teil der niederrangigen Vorschrift, so ist grundsätzlich nur dieser Normteil nichtig, nicht aber die gesamte Rechtsnorm.[112] Diese sog. **Teilnichtigkeit** kann jedoch dann zur Nichtigkeit der gesamten Vorschrift und darüber hinaus sogar des gesamten Gesetzes, dem die betreffende Rechtsnorm angehört, führen **(Gesamtnichtigkeit)**, wenn die übrigen – für sich betrachtet mit höherem Recht vereinbaren – Bestimmungen entweder keine selbstständige Bedeutung haben oder aber die nichtige Vorschrift Teil einer Gesamtregelung ist, „die ihren Sinn und ihre Rechtfertigung verlöre, nähme man einen ihrer Bestandteile heraus, wenn also die nichtige Bestimmung mit den übrigen Bestimmungen so verflochten ist, dass sie eine untrennbare Einheit bilden, die nicht in ihre einzelnen Bestandteile zerlegt werden kann" (vgl. § 139 BGB, § 44 Abs. 4 VwVfG).[113]

> **Hinweis**
>
> Von der Frage, ob eine Rechtsnorm wirksam (gültig/nicht nichtig) oder unwirksam (ungültig/nichtig) ist, ist das Begriffspaar **„rechtmäßig/rechtswidrig"** zu unterscheiden, das sich auf die (Un-)Vereinbarkeit einer einzelnen Maßnahme (z.B. Verwaltungsakt) mit dem geltenden Recht bezieht.[114]

Handelt es sich bei der einer höherrangigen innerstaatlichen Regelung (Bundes-/Landesverfassung) widersprechenden niederrangigen Vorschrift allerdings um ein nachkonstitutionelles (vgl. Art. 123 Abs. 1, Art. 145 Abs. 2 GG) **formelles** Bundes- oder Landes**gesetz** (Rn. 12), so ist die Feststellung der Verfassungswidrigkeit – sowie die damit i.d.R.[115] verbundene Nichtigkeitserklärung (siehe z.B. § 95 Abs. 3 S. 1, 2 BVerfGG) – gem. Art. 100 Abs. 1 GG dem Bundes- bzw. Landes**verfassungsgericht** vorbehalten, sog. **Verwerfungsmonopol**.[116] Bis zu einer solchen allgemeinverbindlichen Feststellung (siehe z.B. § 31 Abs. 2 BVerfGG) müssen die unter der Herrschaft des Grundgesetzes erlassenen Parlamentsgesetze daher befolgt werden.[117]

Rechtsverordnungen und **Satzungen** werden als Gesetze nur im materiellen, nicht aber auch im formellen Sinn (Rn. 12, 14, 40 ff.), von Art. 100 Abs. 1 GG hingegen nicht erfasst, weshalb die Frage ihrer Vereinbarkeit mit höherrangigem Recht, d.h. ihrer Gültigkeit, **von jedem Fachgericht** in eigener Zuständigkeit zu prüfen ist, vgl. auch § 76 Abs. 1 Nr. 2 BVerfGG.[118] Gelangt dieses hierbei zu der Auffassung, dass die betreffende Vorschrift mit höherrangigem Recht unvereinbar ist, so ist diese Entscheidung allerdings nur in den Fällen der sog. abstrakten Normenkontrolle allgemein verbindlich, siehe § 47 Abs. 5 S. 2 Hs. 2 VwGO. Im Übrigen, d.h.

---

111 Vgl. *Schwacke*, Methodik, S. 15 ff., 19.
112 Vgl. *Schmalz*, Methodenlehre, Rn. 69; *Schwacke*, Methodik, S. 15.
113 BVerfGE 65, 325 (358).
114 *Schwacke*, Methodik, S. 15.
115 Mitunter beschränkt sich das Bundesverfassungsgericht allerdings darauf, verfassungswidrige Gesetze lediglich für **unvereinbar mit dem Grundgesetz** zu erklären, vgl. § 31 Abs. 2 S. 2, 3, § 79 Abs. 1 BVerfGG und siehe *Wienbracke*, Einführung in die Grundrechte, 2013, Rn. 669 m.w.N.
116 BVerfGE 52, 1 (16); 70, 126 (129), jeweils m.w.N.
117 BVerfGE 97, 117 (122) m.w.N.; *Wank*, Auslegung, S. 59.
118 Vgl. BVerfGE 1, 184 (201); BVerfG, NVwZ 2002, S. 1496 (1497) m.w.N.

sofern es sich bei der Gültigkeit des jeweiligen Gesetzes im nur-materiellen Sinn lediglich um eine Vorfrage zu der vom Gericht zu treffenden Entscheidung über die Rechtmäßigkeit einer auf ein solches Gesetz gestützten anderen staatlichen Maßnahme handelt (z.B. Verwaltungsakt), ist die Frage nach der Gültigkeit der Rechtsverordnung bzw. Satzung selbst nicht Streitgegenstand, sog. inzidente Normenkontrolle. Hält das Gericht in einem derartigen Fall die jeweilige Vorschrift wegen Verstoßes gegen höherrangiges Recht für ungültig, so wirkt diese Feststellung daher lediglich zwischen den Beteiligten des betreffenden Rechtsstreits, d.h. „*inter partes*" (vgl. § 121 Nr. 1 VwGO) – und gerade nicht „*erga omnes*" (lat. = „zwischen allen").[119] Andere Gerichte können die Gültigkeit derselben Rechtsnorm in anderen Verfahren mithin durchaus abweichend beurteilen.[120]

56 **Beispiel**[121] Im „Eckkneipen-Fall" (Rn. 2) hält sich A nicht an das Gesetz und gestattet seinen Gästen weiterhin das Rauchen. Daraufhin ergeht ein Bußgeldbescheid gegenüber A, den dieser vor dem zuständigen Gericht mit der Begründung angreift, dass das Gesetz, auf dessen Grundlage der Bescheid erlassen wurde, sein Grundrecht auf Berufsfreiheit aus Art. 12 Abs. 1 GG verletze. Das Gericht teilt die Auffassung des A.

Handelt es sich bei dem Gesetz um

- ein Parlamentsgesetz, muss das Gericht das Verfahren aussetzen und nach Art. 100 Abs. 1 GG dem Bundesverfassungsgericht die Frage vorlegen, ob das Gesetz mit Art. 12 Abs. 1 GG vereinbar ist. Nachdem das Bundesverfassungsgericht hierüber verbindlich entschieden hat, setzt das Gericht das Verfahren fort. In diesem hat A nur dann Erfolg, wenn das Bundesverfassungsgericht das Gesetz zuvor für nichtig erklärt haben sollte;
- eine Rechtsverordnung und hält das Gericht diese wegen Verstoßes gegen Art. 12 Abs. 1 GG für (verfassungs-)rechtswidrig, so ist sie nichtig. In diesem Fall fehlt es an der notwendigen Ermächtigungsgrundlage für den Erlass des Bußgeldbescheids. A hat ohne Weiteres Erfolg.

57 Abweichend vom Vorstehenden hat die Unvereinbarkeit einer Vorschrift des deutschen Rechts mit dem diesem gegenüber höherrangigen EU-Recht dagegen nicht zur Konsequenz, dass Ersteres nichtig wäre (kein Geltungsvorrang des EU-Rechts).[122] Vielmehr lässt auch in einer solchen Situation der Vorrang des EU-Rechts vor dem innerstaatlichen Recht der EU-Mitgliedstaaten dieses in seinem Geltungsanspruch unberührt und führt, falls eine europarechtskonforme Auslegung des nationalen Rechts nicht möglich ist (Rn. 170), „nur" dazu, dass Letzteres auf den konkreten Fall insoweit nicht anwendbar ist, als es die entsprechende unionsrechtliche Regelung verlangt, sog. **Anwendungsvorrang** des EU-Rechts (siehe auch das Beispiel in Rn. 171).[123] Im Übrigen, d.h. außerhalb der vom EU-Recht erfassten Fallgestaltungen (so z.B. regelmäßig in Bezug auf Dritt-

---

119 Zum Ganzen siehe *Hufen*, Verwaltungsprozessrecht, 8. Auflage 2011, § 25 Rn. 15.
120 *Wernsmann*, in: Ehlers/Schoch, Rechtsschutz im Öffentlichen Recht, 2009, § 16 Rn. 22, der insoweit allerdings von „außer Anwendung" lassen spricht.
121 Nach *Maurer*, Allgemeines Verwaltungsrecht, 18. Auflage 2011, § 4 Rn. 62.
122 Vgl. EuGH, verb. Rs. C-10/97 bis C-22/97, Slg. 1998, I-6307 (Rn. 21); BVerfGE 123, 267 (398) m.w.N. Siehe auch Rn. 51.
123 Vgl. EuGH, Rs. 157/86, Slg. 1988, 673; Rs. 106/77, Slg. 1978, 629 (Rn. 17/18); BVerfGE 123, 267 (398) m.w.N., wo der Anwendungsvorrang als „im Alltag der Rechtsanwendung eher theoretische, weil in den Rechtswirkungen häufig nicht zu praktischen Unterschieden führende Konstruktion" bezeichnet wird. Zu den aus deutscher Sicht bestehenden Grenzen dieses Vorrangs siehe *Beaucamp/Treder*, Methoden, Rn. 382 ff. m.w.N. unter Hinweis auf **Art. 23 Abs. 1 GG**.

staatsangehörige; „Nicht-Kollisionsfälle"[124]), ist das ungeachtet seiner Unionsrechtswidrigkeit fortgeltende nationale Recht dagegen weiterhin anwendbar.[125]

> **Hinweis** 58
>
> Bildlich gesprochen verhindert das **EU-Recht** die Anwendung einer ihm widersprechenden nationalen Vorschrift dadurch, dass es sich im konkreten Fall vor diese schiebt. Derart verdeckt ist der Rechtsanwender daran gehindert, auf sie zur Lösung der jeweiligen Fragestellung zuzugreifen (Behandlung des Symptoms „Normwiderspruch"). Demgegenüber führt eine Normenkollision **innerhalb der deutschen Rechtsordnung** i.d.R. dazu, dass die unterrangige Rechtsnorm, die im Widerspruch zu einer höherrangigen steht, vernichtet wird und somit auf gar keinen Sachverhalt mehr Anwendung findet (Beseitigung der Ursache des Normwiderspruchs; Rn. 50).

Beispiel[126] Im „Eckkneipen-Fall" (Rn. 2) erwägt A, den – äußerst preisgünstig tätigen – niederländischen Staatsangehörigen N mit Sitz in Venlo (NL) damit zu beauftragen, das Dach der in Düsseldorf belegenen Gaststätte zu erneuern. Allerdings hat A rechtliche Bedenken, das Angebot des N anzunehmen. Denn zwar führt dieser in den Niederlanden zulässigerweise Dachdeckerarbeiten aus, ist aber in Deutschland nicht in die Handwerksrolle eingetragen, weil er die hierfür nach § 7 Abs. 1a HwO notwendige, mit hohem Aufwand verbundene Meisterprüfung nicht absolviert hat. Gem. § 1 Abs. 1 S. 1 HwO ist „der selbständige Betrieb eines zulassungspflichtigen Handwerks als stehendes Gewerbe", zu dem u.a. das des Dachdeckers gehört (§ 1 Abs. 2 S. 1 HwO i.V.m. Anlage A Nr. 4), jedoch gerade „nur den in der Handwerksrolle eingetragenen […] Personen […] gestattet." Sind die Zweifel des A berechtigt, wenn Art. 56 Abs. 1 AEUV „die Beschränkungen des freien Dienstleistungsverkehrs innerhalb der Union für Angehörige der Mitgliedstaaten, die in einem anderen Mitgliedstaat als demjenigen des Leistungsempfängers ansässig sind", verbietet? Auf EU-Sekundärrecht ist ebenso wenig einzugehen wie auf die nationalen Vorschriften zur Ausnahmebewilligung für EU-Ausländer. 59

Die Bedenken des A sind nicht berechtigt, weil es nach der Rechtsprechung des EuGH einen nicht gerechtfertigten Eingriff in die Grundfreiheit des Art. 56 Abs. 1 AEUV darstellt, wenn ein Unternehmen, das in einem EU-Mitgliedstaat ansässig ist und in einem anderen EU-Mitgliedstaat als Dienstleister eine handwerkliche Tätigkeit ausüben möchte, zur Eintragung in die Handwerksrolle des letztgenannten Mitgliedstaats verpflichtet ist. Stehen die o.g. Vorschriften des (niederrangigen) deutschen Rechts danach also in Widerspruch zum (höherrangigen) EU-Recht, so sind Erstere im konkreten Fall (hier: in Bezug auf N) unanwendbar. Da dieser Anwendungsvorrang allerdings nicht auch zur Ungültigkeit des entgegenstehenden nationalen Rechts führt, ist dieses auf Sachverhalte, die von der betreffenden europarechtlichen Rechtsnorm nicht erfasst werden, weiterhin anwendbar. Daher sind dann, wenn ein im Inland ansässiger Deutscher dort das Dachdeckergewerbe ausüben möchte, die o.g. Vorschriften der HwO zum sog. Meisterzwang weiterhin anwendbar. Im Gegensatz zu dem in Venlo ansässigen Niederländer N vermögen sich

---

124 *Schmalz*, Methodenlehre, Rn. 67.
125 *Beaucamp/Treder*, Methoden, Rn. 380 m.w.N.; *Tettinger/Mann*, Einführung, Rn. 91 m.w.N. Entsprechendes gilt, wenn die betreffende **EU-Norm später wieder aufgehoben** wird, siehe *Schwacke*, Methodik, S. 17.
126 Nach EuGH, Rs. 106/77, Slg. 1978, 629; Rs. C-58/98, Slg. 2000, I-7919; BVerfG, DVBl. 2006, S. 244; *Haratsch/Koenig/Pechstein*, Europarecht, 8. Auflage 2012, Rn. 183, 709.

nämlich deutsche Staatsangehörige mit Sitz im Inland von vornherein nicht mit Erfolg auf die Dienstleistungsfreiheit des Art. 56 Abs. 1 AEUV zu berufen, die nur grenzüberschreitende Sachverhalte zwischen den EU-Mitgliedstaaten erfasst („innerhalb der Union"). Die sich hieraus ergebende Schlechterstellung der eigenen Staatsangehörigen im Verhältnis zu solchen anderer EU-Mitgliedstaaten (sog. umgekehrte bzw. [Inländer-]Diskriminierung) ist nicht anhand des EU-Rechts, sondern am Maßstab des nationalen (Verfassungs-)Rechts zu messen, v.a. an Art. 3 Abs. 1, Art. 12 Abs. 1 GG.[127] ■

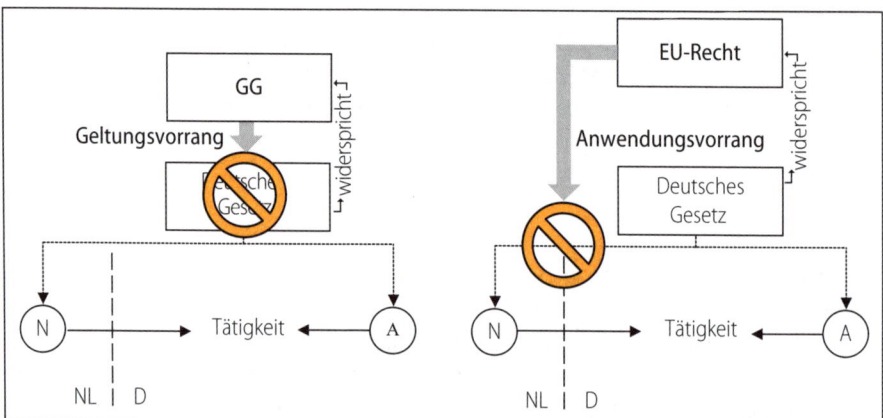

60 **JURIQ-Klausurtipp**

In der Fallbearbeitung kann die Normenhierarchie in zweifacher Hinsicht Bedeutung erlangen:
1. Bei der Frage, ob die niederrangige Vorschrift wegen Verstoßes gegen eine höherrangige **unwirksam** bzw. – bei Kollision des nationalen Rechts mit dem EU-Recht – **unanwendbar** ist (Rn. 50 ff.).
2. Bei der „**rangkonforme**n **Auslegung**" der (wirksamen) niederrangigen Vorschrift (Rn. 170).[128]

61 Steht die zur Lösung der jeweiligen Fallfrage aufgefundene niederrangige Rechtsnorm mit dem höherrangigen Recht in Einklang, d.h. ist sie gültig (wirksam) und verstößt sie auch nicht gegen das EU-Recht, so vollzieht sich die praktische Rechtsanwendung allein anhand dieser rangniederen Vorschrift.[129] Ein Rückgriff auf eine höherrangige Rechtsnorm – etwa, weil die tatbestandlichen Voraussetzungen der rangniederen Vorschrift im konkreten Fall nicht erfüllt sind – ist dagegen grundsätzlich nicht zulässig.[130] Das höherrangige, typischerweise von einem sehr hohen Abstraktionsgrad gekennzeichnete Recht spielt demnach also nur als Prüfungsmaßstab und als Auslegungsdirektive für die ihm untergeordneten, vergleichsweise detaillierter formulierten Rechtssätze eine Rolle (vgl. Rn. 166 ff.), wird aber durch diese im Hinblick auf die konkrete Falllösung gesperrt.[131] „Bei der Anwendung von Gesetzen ist also – bezogen auf die Normenpyramide –, von unten (,konkretere Norm') nach oben,

---

127 Hierzu siehe *Wienbracke*, Einführung in die Grundrechte, 2013, Rn. 536 m.w.N.
128 Vgl. *Schmalz*, Methodenlehre, Rn. 85; *Schwacke*, Methodik, S. 118; *Wank*, Auslegung, S. 57 f., 63, 98.
129 *Vogel*, Methodik, S. 54 f.
130 Vgl. BVerwGE 106, 228 (235 f.).
131 Vgl. *Muthorst*, Grundlagen, § 13 Rn. 44; *Schmalz*, Methodenlehre, Rn. 83, der auch insoweit, d.h. rangübergreifend, ausdrücklich den **Spezialitätsgrundsatz** (Rn. 64 ff.) bemüht; *Schwacke*, Methodik, S. 164.

(abstraktere Norm) vorzugehen", sog. „**Anwendungsvorrang der (wirksamen [...]) rangniederen vor der ranghöheren Rechtsnorm.**"[132]

Beispiel[133]   Sollte es im „Eckkneipen-Fall" (Rn. 2, 59) zwischen A und N zu einem Rechtsstreit bzgl. der gegenseitigen Rechte und Pflichten aus dem zwischen ihnen geschlossenen Werkvertrag kommen, so gelangen insoweit die §§ 631 ff. BGB zur Anwendung, nicht dagegen etwa Art. 2 Abs. 1 GG (Vertragsfreiheit). Bedeutung kommt Art. 2 Abs. 1 GG in diesem Zusammenhang allein dahingehend zu, dass die insofern nachrangigen §§ 631 ff. BGB keine Regelungen treffen dürfen, die inhaltlich in Widerspruch zu den aus Art. 2 Abs. 1 GG resultierenden Vorgaben stehen bzw. die §§ 631 ff. BGB im Lichte dieser Verfassungsbestimmung zu interpretieren sind. ■

II. Konkurrenzregeln

Zur Auflösung von Konkurrenzen zwischen Vorschriften, die sich auf derselben Stufe der Normenpyramide befinden, existieren die beiden nachfolgenden Regeln, die als allgemeine Rechtsgrundsätze jeweils auch ohne ausdrückliche gesetzliche Anordnung (so aber z.B. § 8 Abs. 1 Hs. 2 PolG NRW[134] bzw. Art. 72 Abs. 3 S. 3 GG) gelten.[135] Soweit eine dieser zwei Regeln eingreift, liegt ein Fall der „verdrängenden" bzw. „**konsumtiven Normenkonkurrenz**" vor.[136]

- Die spezielle Rechtsnorm verdrängt die allgemeine Rechtsnorm (**„lex specialis derogat legi generali"**).[137] Hintergrund dessen ist die Überlegung, dass die speziellere Rechtsnorm eine sachnähere und damit -gerechtere Regelung des betreffenden Lebenssachverhalts trifft als die allgemeine, welche darüber hinaus noch weitere Konstellationen abdecken muss.[138] Deshalb darf Erstere vom Rechtsanwender nicht durch Rückgriff auf Letztere gegenstandslos gemacht bzw. ihr Zweck vereitelt werden.[139] I.d.S. spezieller ist eine Vorschrift gegenüber einer anderen dann, wenn
   - Erstere zusätzlich zu sämtlichen Tatbestandsmerkmalen (z.B. $t_1 + t_2 + t_3$) der Letzteren mindestens noch eine weitere – eben „spezielle" – tatbestandliche Voraussetzung

---

132 Siehe im Skript „Allgemeines Verwaltungsrecht", Rn. 136 m.w.N.
133 Nach *Wank*, Auslegung, S. 59, 98. Von der Anwendbarkeit des deutschen Sachrechts ist auszugehen.
134 § 8 Abs. 1 PolG NRW lautet: „Die Polizei kann die notwendigen Maßnahmen treffen, um eine im einzelnen Falle bestehende, konkrete Gefahr für die öffentliche Sicherheit oder Ordnung (Gefahr) abzuwehren, *soweit nicht die §§ 9 bis 46 die Befugnisse der Polizei besonders regeln*" (Hervorhebungen d.d. Verf.).
135 *Röhl/Röhl*, Allgemeine Rechtslehre, 3. Auflage 2008, S. 585.
136 *Butzer/Epping*, Arbeitstechnik, S. 18; *Rüthers/Fischer/Birk*, Rechtstheorie, Rn. 771. Zur „**kumulativen Normenkonkurrenz**" siehe Rn. 31. Zur auch insoweit vorrangigen „**widerspruchsvermeidenden**" **Auslegung** siehe Rn 173 ff. und *Tettinger/Mann*, Einführung, Rn. 88, 93.
137 Siehe die Nachweise bei *Beaucamp/Treder*, Methoden, Rn. 240. Das **Spezialitätsprinzip** „gilt ohne Ausnahme", siehe *Schmalz*, Methodenlehre, Rn. 78. Eng verwandt mit diesem ist zum einen die **Subsidiarität**, wonach eine Norm (z.B. Art. 2 Abs. 1 GG) nur dann (hilfsweise) als sog. Auffangtatbestand angewendet werden soll, wenn eine spezielle Vorschrift (z.B. Art. 12 Abs. 1 GG) nicht eingreift, siehe *Schwacke*, Methodik, S. 20. Zum anderen geht es bei der im Strafrecht relevanten **Konsumtion** darum, ob eine Norm (z.B. Sachbeschädigung, § 303 Abs. 1 StGB), die bei der Verwirklichung einer anderen Norm (z.B. Wohnungseinbruchdiebstahl, § 244 Abs. 1 Nr. 3 StGB) „typischerweise" ebenfalls verwirklicht wird, im konkreten Fall zur Anwendung gelangt, siehe *Rüthers/Fischer/Birk*, Rechtstheorie, Rn. 771b. Zur **mitbestraften Vor-/Nachtat** siehe *Wank*, Auslegung, S. 101 f.
138 *Muthorst*, Grundlagen, § 5 Rn. 50.
139 *Vogel*, Methodik, S. 63 f.

enthält (z.B. t_4),¹⁴⁰ d.h. sich beide zueinander verhalten wie zwei Kreise, „von denen der eine vollständig innerhalb des anderen liegt"¹⁴¹, und

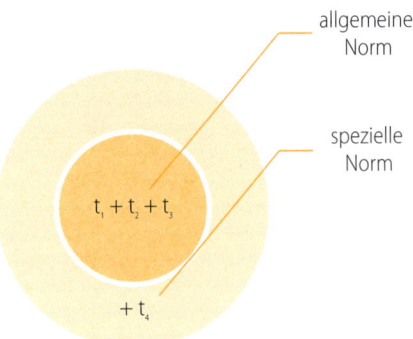

66 — die Rechtsfolgen der beiden zueinander im Konkurrenzverhältnis stehenden Vorschriften sich gegenseitig ausschließen, sog. logische Spezialität.¹⁴² Andernfalls, d.h. soweit ihre Rechtsfolgen miteinander verträglich sind, ist durch Auslegung zu ermitteln, ob die Rechtsfolgen der auf Seite des Tatbestands spezielleren Rechtsnorm (z.B. Art. 8 Abs. 1 GG: Schutz nur von friedlichen Versammlungen ohne Waffen) i.S.e. abschließenden Regelung an die Stelle der Rechtsfolgen der hiernach allgemeineren Vorschrift treten sollen (dann z.B. überhaupt kein grundrechtlicher Schutz von unfriedlichen Versammlungen bzw. solchen mit Waffen, auch nicht durch Art. 2 Abs. 1 GG; str.) oder aber diese modifizieren bzw. bloß ergänzen.¹⁴³

67 **Beispiel**¹⁴⁴ Wird Z im „Cocktailbar-Fall" (Rn. 2) wegen Raubes nach § 249 Abs. 1 StGB angeklagt und befindet das Gericht ihn hiernach für schuldig, so ist er daneben nicht auch noch wegen Diebstahls nach § 242 Abs. 1 StGB zu verurteilen. Denn weil § 249 Abs. 1 StGB unter Einschluss sämtlicher Tatbestandsmerkmale des § 242 Abs. 1 StGB („*Wer eine fremde bewegliche Sache einem anderen in der Absicht wegnimmt, die Sache sich oder einem Dritten rechtswidrig zuzueignen*") noch weitere Voraussetzungen beinhaltet („*mit Gewalt gegen eine Person oder unter Anwendung von Drohungen mit gegenwärtiger Gefahr für Leib oder Leben*"), handelt es sich bei § 249 Abs. 1 StGB (Bestrafung „*mit Freiheitsstrafe nicht unter einem Jahr*") im Verhältnis zu § 242 Abs. 1 StGB (Bestrafung „*mit Freiheitsstrafe bis zu fünf Jahren oder mit Geldstrafe*") um die speziellere Vorschrift. Folglich wird die allgemeine Vorschrift des § 242 Abs. 1 StGB nach dem *lex specialis*-Grundsatz durch die speziellere Vorschrift des § 249 Abs. 1 StGB verdrängt. Entsprechendes gilt ebenfalls im Hinblick auf den Nötigungstatbestand des § 240 Abs. 1 StGB. ∎

---

140 *Schwacke*, Methodik, S. 19; *Tettinger/Mann*, Einführung, Rn. 92 m.w.N.
141 *Wank*, Auslegung, S. 100. Dort und bei *Zippelius*, Methodenlehre, S. 31 auch zum nachfolgenden Schaubild. **Mitunter** wird **Spezialität bereits dann bejaht, wenn allein diese Voraussetzungen vorliegen**, siehe etwa *Beaucamp/Treder*, Methoden, Rn. 241.
142 *Larenz/Canaris*, Methodenlehre, S. 88. Vgl. auch *Muthorst*, Grundlagen, § 5 Rn. 50; *Zippelius*, Methodenlehre, S. 31 f. Ein solcher Widerspruch kann auch darin bestehen, dass „eine Norm für bestimmte Fälle **eine Rechtsfolge nicht vorsieht** (negative Normierung)", siehe *Schmalz*, Methodenlehre, Rn. 82 (Hervorhebungen d.d. Verf.) und Rn. 184, 228, 254.
143 Vgl. *Butzer/Epping*, Arbeitstechnik, S. 20 f. m.w.N.; *Larenz/Canaris*, Methodenlehre, S. 88; *Vogel*, Methodik, S. 63.
144 Nach BGHSt 20, 235; BGH, NStZ-RR 2000, S. 106; *Schmalz*, Methodenlehre, Rn. 80 a.E.; *Schwacke*, Methodik, S. 19 a.E.; *Vogel*, Methodik, S. 63; *Wank*, Auslegung, S. 99 f.

Konkurrenzregeln

Im Ergebnis ebenso zu entscheiden sein kann das Konkurrenzverhältnis auch dann, wenn sich die Tatbestände der im konkreten Fall in Betracht kommenden Rechtssätze „zueinander wie **zwei sich überschneidende Kreise** verhalten."[145] Schließlich kann die Auslegung auch dazu führen, dass eine Vorschrift eine andere selbst dann im Wege der Spezialität verdrängt, wenn beide Tatbestände an unterschiedliche Merkmale anknüpfen, sog. **„inhaltliche Spezialität"** (so z.B. die Sachmängelgewährleistungsrechte aus § 437 BGB im Verhältnis zum Anfechtungsrecht nach § 119 Abs. 2 BGB).[146]

68

Soweit danach in Bezug auf zwei Rechtssätze ein Spezialitätsverhältnis zu bejahen ist, hat dies zur Folge, dass die spezielle Vorschrift die Anwendbarkeit der allgemeinen im konkreten Fall ausschließt, sog. **Anwendungsvorrang der spezielleren vor der allgemeinen Rechtsnorm**;[147]

69

> **JURIQ-Klausurtipp**
>
> „Aufhänger" für die Prüfung des *lex specialis*-Grundsatzes in der Fallbearbeitung ist die **Frage, ob die allgemeine Vorschrift anwendbar ist**. Dies ist u.a. dann nicht der Fall, wenn sie durch eine speziellere Regelung verdrängt wird, welche mithin zuerst zu prüfen ist.[148]

70

- die spätere (jüngere) Rechtsnorm verdrängt[149] die frühere (ältere) Rechtsnorm (*„lex posterior derogat legi priori"*).[150] Begründet wird dies mit dem mutmaßlichen Willen des Normgebers: Dieser habe durch den Erlass einer neuen Vorschrift zugleich zum Ausdruck gebracht, dass alle entgegenstehenden alten Rechtsnormen derselben Rangstufe ihre rechtliche Verbindlichkeit verlieren.[151] Ein Rückgriff auf diesen ungeschriebenen „gewohnheitsrechtlich anerkannte[n] Rechtssatz"[152] kommt allerdings dann nicht in Betracht, wenn der Gesetzgeber die Konkurrenzfrage ausdrücklich geregelt hat (formelle Derogation), etwa indem er die frühere Regelung außer Kraft setzt (z.B. Art. 2 Nr. 28 des Gesetzes zur Modernisierung und Bereinigung von Justizgesetzen im Land NRW vom 26.1.2010: „Es werden aufgehoben […] das Gesetz zur Ausführung der Verwaltungsgerichtsordnung (AG VwGO)") oder deren Fortgeltung anordnet (z.B. Art. 229 § 5 S. 1 EGBGB: „Auf Schuldverhältnisse, die vor dem

71

---

145 *Zippelius*, Methodenlehre, S. 32 (Hervorhebungen d.d. Verf.).
146 *Vogel*, Methodik, S. 65 f.; *Wank*, Auslegung, S. 100 f.
147 *Muthorst*, Grundlagen, § 5 Rn. 50.
148 Zum Ganzen siehe *Butzer/Epping*, Arbeitstechnik, S. 21; *Schmalz*, Methodenlehre, Rn. 85 f., 188. Speziell zum Öffentlichen Recht vgl. die von *Tettinger/Mann*, Einführung, Rn. 272 vorgeschlagene **Prüfungsreihenfolge**: „a) spezialgesetzliche Ermächtigung? b) spezielle polizeigesetzliche Ermächtigungsgrundlage (polizeiliche Standardmaßnahme)? c) ordnungsbehördliche Verordnung resp. Polizeiverordnung? d) Generalklausel?".
149 Nach **h.M.** besteht die Verdrängungswirkung darin, dass das jüngere Recht ab dem Zeitpunkt seines Inkrafttretens das ihm widersprechende ältere Recht aufhebt, d.h. **unwirksam** macht (Geltungsvorrang), siehe *Muthorst*, Grundlagen, § 5 Rn. 55; *Schmalz*, Methodenlehre, Rn. 73 f.; *Schwacke*, Methodik, S. 16; *Tettinger/Mann*, Einführung, Rn. 94; *Vogel*, Methodik, S. 62; *Zippelius*, Methodenlehre, S. 33 und vgl. BVerwGE 85, 289 (292); *Butzer/Epping*, Arbeitstechnik, S. 19. Nach **a.A.** (*Wank*, Auslegung, S. 99) sei das ältere Gesetz in Anbetracht des neuen Gesetzes lediglich **nicht mehr anwendbar**. Auch Art. 72 Abs. 3 S. 3 GG statuiert lediglich einen Anwendungsvorrang, siehe BT-Drucks. 16/813, S. 11.
150 Siehe die Nachweise bei *Beaucamp/Treder*, Methoden, Rn. 240. Zur Auflösung der Konkurrenzsituation im Fall des **zeitgleichen** Inkrafttretens der sich widersprechenden ranggleichen Normen siehe *Schwacke*, Methodik, S. 16 f.
151 Vgl. *Rüthers/Fischer/Birk*, Rechtstheorie, Rn. 772; *Schmalz*, Methodenlehre, Rn. 73; *Schwacke*, Methodik, S. 16 mit dem weiteren Hinweis, dass durch **Auslegung** zu ermitteln ist, **ob** das jüngere Recht dem älteren **wirklich widerspricht**.
152 BVerwGE 85, 289 (292).

1. Januar 2002 entstanden sind, [ist] das Bürgerliche Gesetzbuch [...] in der bis zu diesem Tag geltenden Fassung anzuwenden").[153] Als Spezialregelung zu Art. 31 GG ordnet Art. 72 Abs. 3 S. 3 GG die Geltung des *lex posterior*-Grundsatzes auf den dort in Bezug genommenen Gebieten „im Verhältnis von Bundes- und Landesrecht", d.h. rangübergreifend, explizit an.[154] Für den Bereich des Strafrechts schreibt § 2 Abs. 1 StGB als Konkretisierung des aus Art. 103 Abs. 2 GG folgenden Rückwirkungsverbots ausdrücklich vor, dass „die Strafe und ihre Nebenfolgen [...] sich nach dem Gesetz [bestimmen], das zur Zeit der Tat gilt" – und nicht etwa nach einem, das erst später erlassen wurde.[155]

72 Nach welcher Regel zu verfahren ist, wenn im konkreten Fall die Voraussetzungen von mehr als einem der drei vorgenannten *derogat*-Grundsätze erfüllt sind, ist der nachfolgenden Tabelle zu entnehmen:[156]

73

	Lex superior-Grds.	*Lex specialis*-Grds.	*Lex posterior*-Grds.
Lex superior-Grds.	- - -		
Lex specialis-Grds.	*Lex superior*-Grds. ist vorrangig	- - -	
Lex posterior-Grds.	*Lex superior*-Grds. ist vorrangig	*Lex specialis*-Grds. ist vorrangig	- - -

74 **Hinweis**

Der Begriff „Anwendungsvorrang" wird in unterschiedlichen Zusammenhängen verwendet:[157]
- Zum einen kennzeichnet er die Rechtsfolgen, die eintreten, wenn eine Vorschrift des nationalen Rechts in Widerspruch zum EU-Recht steht. In einer solchen Konstellation ist die innerstaatliche Vorschrift auf den konkreten Fall nicht anwendbar, sog. **Anwendungsvorrang des EU-Rechts gegenüber diesem widersprechenden nationalen Recht** (Rn. 57);
- zum anderen bezeichnet er die Sperrwirkung, die das mit dem höherrangigen Recht vereinbare niederrangige Recht diesem gegenüber in Bezug auf die konkrete Rechtsanwendung entfaltet, sog. **Anwendungsvorrang der rangniederen vor der ranghöheren Rechtsnorm** (Rn. 61 f.);
- darüber hinaus wird er dazu verwendet, um den **Anwendungsvorrang der spezielleren vor der allgemeinen Vorschrift** zu beschreiben (*lex specialis derogat legi generali*; Rn. 64 ff.).

---

153 *Butzer/Epping*, Arbeitstechnik, S. 19; *Vogel*, Methodik, S. 62.
154 Vgl. auch *Tettinger/Mann*, Einführung, Rn. 94.
155 Vgl. *Tettinger/Mann*, Einführung, Rn. 95.
156 Zu dieser vgl. *Muthorst*, Grundlagen, § 5 Rn. 55; a.E.; *Rüthers/Fischer/Birk*, Rechtstheorie, Rn. 773; *Schmalz*, Methodenlehre, Rn. 74 a.E.; *Schwerdtfeger/Schwerdtfeger*, Öffentliches Recht in der Fallbearbeitung, 14. Auflage 2012, Rn. 713d a.E. (mit dem ausdrücklichen Hinweis, dass etwa das höherrangige EU-Recht auch nicht durch eine spätere – niederrangige – nationale Regelung verdrängt wird); *Tettinger/Mann*, Einführung, Rn. 96 m.w.N.: „*lex posterior generalis non derogat legi priori speciali*" (sofern es sich beim jüngeren Gesetz nicht um eine umfassend angelegte Kodifikation handelt; näher *Zippelius*, Methodenlehre, S. 33); *Vogel*, Methodik, S. 62.
157 Zu den **Rechtsfolgen des *lex posterior*-Grundsatzes** siehe Fn. 149 zu Rn. 71.

D. Rechtsanwendung

Ist die von ihrer Rechtsfolgenseite her im konkreten Fall scheinbar „passende" Vorschrift nach dem Vorstehenden wirksam und anwendbar, so ist nunmehr zu prüfen, ob diese auch tatsächlich einschlägig ist, d.h. der gegebene Sachverhalt wirklich von ihrem Tatbestand erfasst wird.[158] Die zur Beantwortung dieser Frage erforderliche Anwendung des Rechts auf einen Fall (**Rechtsanwendung**[159]) ist Kernstück der juristischen Tätigkeit und vollzieht sich im Wesentlichen in zwei Schritten:[160]

1. Welche Tatbestandsmerkmale (Rn. 80) müssen nach der betreffenden Rechtsnorm erfüllt sein, damit die in dieser enthaltene Rechtsfolge (Rn. 81) zur Anwendung gelangt und was genau bedeutet jedes einzelne dieser jeweils abstrakt-generell formulierten Merkmale (**Gesetzesauslegung**)?

2. Wird der konkret-individuelle Sachverhalt vom Tatbestand der auf diese Weise zu interpretierenden Rechtsnorm erfasst, d.h. fällt Ersterer unter Letzteren (sog. **Subsumtion**[161])?

Beispiel[162] Bevor Z im „Cocktailbar-Fall" (Rn. 2) dem A dessen Portemonnaie gewaltsam entriss, hatte Z einen der Bleistiftstriche, mit denen Kellner K die Anzahl der von Z bestellten Cocktails auf einem Pappdeckel vermerkt hatte, ausradiert, um später weniger zahlen zu müssen. Hat sich Z hierdurch wegen Urkundenfälschung nach § 267 Abs. 1 Var. 2 StGB strafbar gemacht?

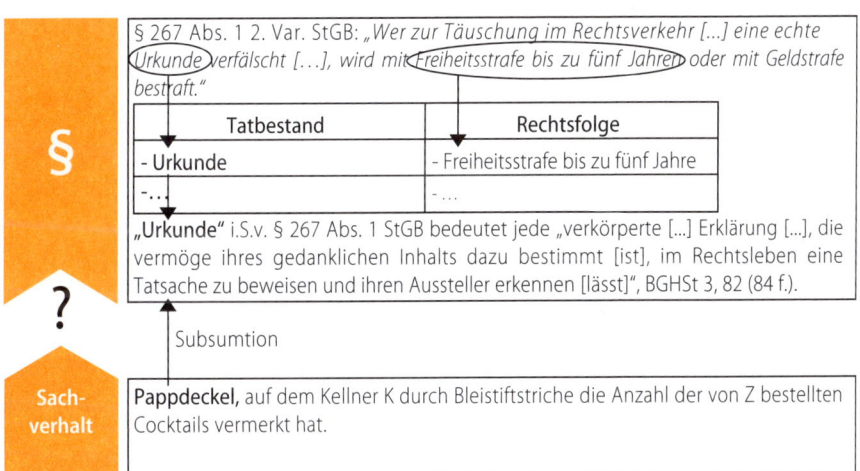

---

158 Vgl. *Wank*, Auslegung, S. 5 f. Zu den Folgen, wenn im konkreten Fall **kein Rechtssatz einschlägig** ist, siehe Rn. 228 ff.

159 Zur insoweit uneinheitlichen Terminologie („**Rechtsfindung**", „**Rechtserkenntnis**", „**Rechtsgewinnung**") siehe die Nachweise bei *Vogel*, Methodik, S. 95, der selbst neutral vom „Umgang mit dem Recht" spricht.

160 Vgl. *Bitter/Rauhut*, JuS 2009, S. 289 (296); *Horn*, Einführung in die Rechtswissenschaft und Rechtsphilosophie, 5. Auflage 2011, Rn. 163 f., 167. Zum Folgenden vgl. *Muthorst*, Grundlagen, § 6 Rn. 9, 12. „Das gedankliche Verfahren, durch das konkrete Rechtsfolgen aus der abstrakten Norm hergeleitet werden, ist die **Subsumtion**", siehe *Schmalz*, Methodenlehre, Rn. 12 (Hervorhebung d.d. Verf.).

161 Von lat. „sub" (= „unter") und „sumere" (= „nehmen").

162 Nach RG, DStrZ 1916, S. 77; *Wank*, Auslegung, S. 42 f. Siehe auch den **Übungsfall** in Rn. 226 f.

Zusammenfassung

Maßstab für die Beantwortung juristischer Fragestellungen ist das „**Recht**", welches in der bundesdeutschen Rechtsordnung überwiegend aus dem geschriebenen Gesetzesrecht besteht. Dieses wiederum lässt sich unterteilen in **Gesetze im formellen Sinn** (Parlamentsgesetze) und **Gesetze im materiellen Sinn** (von einem Hoheitsträger erlassene abstrakt-generelle Regelungen). Darüber hinaus existieren mit dem **Völkerrecht** und v.a. dem primären (z.B. AEUV, EUV) sowie sekundären **EU-Recht** (z.B. Verordnungen, Richtlinien) weitere Rechtsquellen. Die Bedeutung des **Gewohnheitsrecht**s ist demgegenüber gering.

Die vorgenannten Rechtsquellen stehen in einem hierarchischen Verhältnis zueinander (siehe das Schaubild in Rn. 49). Widerspricht eine hiernach rangniedere Rechtsnorm einer ranghöheren, so ist Erstere nach dem *lex superior*-**Grundsatz** nichtig **(Geltungsvorrang)** bzw. bei Verstoß einer Vorschrift des nationalen Rechts gegen das EU-Recht unanwendbar **(Anwendungsvorrang)**. Verletzt ein nachkonstitutionelles Gesetz im formellen Sinn das Grundgesetz, so ist die Nichtigerklärung dem Bundesverfassungsgericht vorbehalten (Verwerfungsmonopol, Art. 100 Abs. 1 GG). Konkurrieren zwei Rechtsnormen derselben Hierarchiestufe miteinander, so verdrängt die spezielle Vorschrift die allgemeine (*lex specialis*-**Grundsatz**) und die die jüngere die ältere *(lex posterior-Grundsatz)*.

Online-Wissens-Check

Worin besteht der Unterschied zwischen Geltungsvorrang und Anwendungsvorrang?

Überprüfen Sie jetzt online Ihr Wissen zu den in diesem Abschnitt erarbeiteten Themen. Unter **www.juracademy.de/skripte/login** steht Ihnen ein Online-Wissens-Check speziell zu diesem Skript zur Verfügung, den Sie kostenlos nutzen können. Den Zugangscode hierzu finden Sie auf der Codeseite.

2. Teil
Handhabung des Gesetzes

A. Struktur von Rechtsnormen

Der sich aus einer Rechtsnorm typischerweise ergebende Verhaltensbefehl (Imperativ[1], z.B. eine Pflicht[2] in Gestalt eines Ge- bzw. Verbots) für den Bürger und Entscheidungsmaßstab für Behörden und Gerichte gilt i.d.R. nicht ohne Weiteres, sondern nur bedingt (konditional), d.h. er ist an das Vorliegen bestimmter Voraussetzungen geknüpft, sog. „Regel"[3] i.S.e. „**Wenn-Dann**"-**Schema**s (z.B. hat die zuständige Behörde die Rechtsfolge „Untersagung der Gewerbeausübung" gem. § 35 Abs. 1 GewO nur dann auszusprechen, wenn die in dieser Vorschrift genannten Voraussetzungen erfüllt sind, d.h. u.a. „Tatsachen vorliegen, welche die Unzuverlässigkeit des Gewerbetreibenden" dartun).[4]

79

Die Summe der abstrakt-generellen Voraussetzungen, unter denen die in einer Vorschrift enthaltene Rechtsfolge eintritt, nennt man „**Tatbestand**" („Rechtsfolgenvoraussetzungen"[5]), jede einzelne dieser Voraussetzungen „Tatbestandsmerkmal".[6]

80

„**Rechtsfolge**" einer Vorschrift ist die in dieser abstrakt-generell umschriebene rechtliche Konsequenz („was [...] geschehen soll oder sein soll"[7]), die eintritt, wenn der Tatbestand der Rechtsnorm verwirklicht ist.[8]

81

---

1 Von lat. „imperare" = „befehlen". Abweichende Terminologie bei *Muthorst*, Grundlagen, § 5 Rn. 4 a.E.
2 Häufig – aber nicht immer (siehe Rn. 9) – korrespondiert mit der Pflicht des einen (z.B. des Käufers zur Zahlung des Kaufpreises, § 433 Abs. 2 BGB) ein (subjektives) **Recht** eines anderen (z.B. der Kaufpreisanspruch des Verkäufers), siehe *Schmalz*, Methodenlehre, Rn. 7. Dort (Rn. 4) auch zu **Obliegenheiten** (z.B. Schadensminderungspflicht nach § 254 Abs. 2 BGB), deren Einhaltung zwar nicht einklagbar ist, aber bei Zuwiderhandeln zu einem Rechtsnachteil beim Verpflichteten führt (z.B. Kürzung/Verlust des Schadensersatzanspruchs).
3 Zu **Rechtsprinzipien** siehe Rn. 115.
4 *Muthorst*, Grundlagen, § 5 Rn. 29, § 13 Rn. 81; *Larenz/Canaris*, Methodenlehre, S. 71; *Schmalz*, Methodenlehre, Rn. 2, 11, 53; *Schwacke*, Methodik, S. 22. Demgegenüber ließen sich nach *Zippelius*, Methodenlehre, S. 23 Strafvorschriften zumeist **unbedingte Rechtsgebote** entnehmen (z.B. § 154 Abs. 1 StGB das Verbot, vor Gericht einen Meineid zu schwören). Siehe auch Rn. 6, 8.
5 *Vogel*, Methodik, S. 68.
6 *Beaucamp/Treder*, Methoden, Rn. 24; *Muthorst*, Grundlagen, § 5 Rn. 29; *Schwacke*, Methodik, S. 22, 25; *Vogel*, Methodik, S. 68 mit dem Hinweis, das von diesem Verständnis des **Tatbestand**s im „methodischen Sinn" die im Besonderen Teil des **StGB** vertypten Unrechtstatbestände (z.B. § 263 Abs. 1 StGB: Betrug) sowie der **prozessrechtliche** Begriff des Tatbestands, welcher sich in § 313 Abs. 1 Nr. 5, Abs. 2 ZPO, § 117 Abs. 2 Nr. 4, Abs. 3 VwGO im Wesentlichen auf den Sachverhalt bezieht, zu unterscheiden sind.
7 *Wank*, Auslegung, S. 6. Vgl. auch *Vogel*, Methodik, S. 71.
8 Vgl. *Beaucamp/Treder*, Methoden, Rn. 37 m.w.N. Zum nachfolgenden Schaubild vgl. *dies.*, a.a.O., Rn. 56; *Muthorst*, Grundlagen, § 5 Rn. 38; *Schmalz*, Methodenlehre, Rn. 15.

82

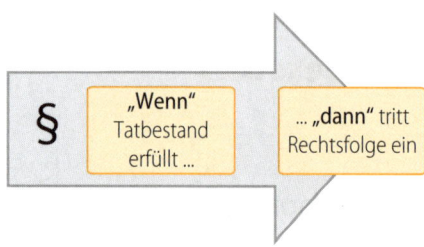

I. Tatbestand

83 Da nach diesem sog. „Konditionalprogramm"[9] die in der betreffenden Vorschrift abstrakt-generell angeordnete Rechtsfolge im konkreten Fall immer und nur dann eintritt, wenn in diesem sämtliche normativen Voraussetzungen vorliegen, ist die Tatbestandsseite eines Rechtssatzes vor dessen Rechtsfolgenseite zu prüfen.[10] Diese Prüfung wiederum beginnt mit der **Aufbereitung des Tatbestandes** der jeweiligen Rechtsnorm, d.h. diese muss in ihre einzelnen (Tatbestands-)Merkmale zerlegt und müssen diese sodann in eine zweckmäßige Reihenfolge gebracht werden (z.B. objektive Merkmale i.d.R. vor subjektive Merkmale, vgl. Rn. 88).[11]

84 > **Hinweis**
>
> Von den hier behandelten sog. **Klassenbegriff**en (z.B. „Verwaltungsakt"), die jeweils durch eine feststehende Anzahl von Eigenschaften definiert sind (siehe z.B. § 35 S. 1 VwVfG), werden nach umstr. Auffassung die sog. **Typusbegriff**e unterschieden (z.B. „Arbeitnehmer").[12] Während bei Ersteren das Nichtvorliegen auch nur eines Merkmals zwingend dazu führt, dass der konkrete Sachverhalt nicht unter den betreffenden Begriff subsumiert werden kann („Entweder-Oder"[13]), soll es bei Letzteren gerade nicht darauf ankommen, ob die zur Kennzeichnung des jeweiligen Typus herausgearbeiteten Merkmale „1:1" erfüllt sind.[14] Vielmehr bildeten diese ein „elastisches Merkmalsgefüge"[15] i.d.S., als dass der betreffende Typusbegriff auch dann noch erfüllt sein könne, wenn einzelne seiner Elemente im konkreten Fall zwar nur in abgewandelter Form oder gar überhaupt nicht vorhanden sind, andere hingegen in entsprechend stärkerer Ausprägung vorliegen („Merkmalsflexibilität"[16]). Maßgeblich sei letztlich eine wertende Gesamtbetrachtung („Merkmalsgefüge" anstatt einer „bloße[n] Summe von Merkmalen"[17]).[18] Im Ergebnis führt dies dazu, dass außerhalb der eindeutigen Schwerpunkte eines Typus dessen Ränder nach Art der Fuzzy-Logik[19] unscharf konturiert sind

---

9 *Zippelius*, Methodenlehre, S. 23 unter Hinweis auf *Luhmann*, Rechtssoziologie, 2. Auflage 1983, S. 88, 227 ff.
10 *Butzer/Epping*, Arbeitstechnik, S. 17; *Muthorst*, Grundlagen, § 5 Rn. 29 ff.; *Zippelius*, Methodenlehre, S. 25.
11 *Adomeit/Hähnchen*, Rechtstheorie, Rn. 86; *Schwacke*, Methodik, S. 62, 64; *Tettinger/Mann*, Einführung, Rn. 207, dort auch zu **mitunter** bestehenden **zwingende**n Vorgaben bzgl. der Prüfungsreihenfolge; *Wank*, Auslegung, S. 11, 13; *Zippelius*, Methodenlehre, S. 27.
12 *Wank*, Auslegung, S. 44 f. Dort und bei *Rüthers/Fischer/Birk*, Rechtstheorie, Rn. 931 ff. auch zur **Kritik** am Typusbegriff. Zur Unterscheidung zwischen Regeln und **Rechtsprinzipien** siehe Rn. 115.
13 *Röhl/Röhl*, Allgemeine Rechtslehre, 3. Auflage 2008, S. 616.
14 *Butzer/Epping*, Arbeitstechnik, S. 29 f.; *Vogel*, Methodik, S. 67.
15 *Leenen*, Typus und Rechtsfindung, 1971, S. 34 m.w.N.
16 *Butzer/Epping*, Arbeitstechnik, S. 30.
17 *Zippelius*, Methodenlehre, S. 16.
18 Zum Ganzen siehe *Larenz/Canaris*, Methodenlehre, S. 294, 297.
19 Von engl. „fuzzy" = „verschwommen". Hierzu siehe etwa *Muthorst*, Grundlagen, § 4 Rn. 34.

("Mehr-oder-Weniger"[20]).[21] Um zu entscheiden, wo jeweils die Grenze liegt, bis zu der eine Zuordnung zum betreffenden Typus noch möglich ist, wird die der Fallvergleichung (Rn. 123) ähnliche Bildung von **Typenreihen** vorgeschlagen.[22]

Abhängig von der Formulierung der jeweiligen Rechtsnorm kann die Aufbereitung ihres Tatbestands mit mehr oder weniger großen Schwierigkeiten verbunden sein. Während sich etwa § 105 Abs. 1 BGB („Die Willenserklärung eines Geschäftsunfähigen ist nichtig") insoweit als unproblematisch erweist (Tatbestand: „Willenserklärung eines Geschäftsunfähigen"; Rechtsfolge: „nichtig") und in Bezug beispielsweise auf § 104 Nr. 1 BGB, an dessen Anfang die Rechtsfolge steht („geschäftsunfähig ist") und erst im Anschluss daran die tatbestandlichen Voraussetzungen genannt werden („wer nicht das siebente Lebensjahr vollendet hat"), eine schlichte **Umstellung** genügt, erfordern andere Vorschriften eine **Umformulierung**, um die „Wenn-Dann"-Struktur sichtbar zu machen (z.B. § 985: „Der Eigentümer kann von dem Besitzer die Herausgabe der Sache verlangen" → Tatbestand: „Wenn jemand Eigentümer einer Sache und ein anderer deren Besitzer ist"; Rechtsfolge: „Dann kann der Eigentümer vom Besitzer die Herausgabe der Sache verlangen").[23] Ebenso ist vorzugehen, sofern Rechtssätze indikativisch formuliert sind (z.B. § 211 Abs. 1 StGB: „Der Mörder wird mit lebenslanger Freiheitsstrafe bestraft"). Denn weil der Gesetzgeber auch mit derartigen Vorschriften nicht etwa eine tatsächliche Situation lediglich beschreiben will (was im Beispiel denn wohl auch unzutreffend wäre, wird doch nicht jeder Mord aufgeklärt), sondern vielmehr ein bestimmtes Verhalten anordnet (z.B. nicht zu morden), muss auch insofern der Bedingungszusammenhang zwischen Tatbestand und Rechtsfolge zunächst herausgearbeitet werden.[24]

85

Dabei lassen sich **Tatbestands- und Rechtsfolgenseite** einer Rechtsnorm freilich nicht stets leicht **unterscheiden** (z.B. „Schaden" in § 823 Abs. 1 BGB) und kann diese zusätzlich zu den ausdrücklich in ihr genannten Voraussetzungen noch weitere **ungeschriebene**[25] (z.B. die haftungsbegründende Kausalität in § 823 Abs. 1 BGB) und/oder sich erst **aus anderen Vorschriften ergebende Tatbestandsmerkmale** aufweisen.[26] In einem solchen Fall ist der Tatbestand des betreffenden Rechtssatzes (sog. „Grund-" bzw. „Kerntatbestand") also unvollständig und bedarf der Komplettierung durch andere sog. „Ergänzungsnormen" (so folgt z.B. erst aus § 15 StGB, dass nach § 303 Abs. 1 StGB nur die vorsätzliche Sachbeschädigung strafbar ist).[27] Diese für den Rechtsanwender scheinbar komplizierte Gesetzgebungstechnik („Baukastenprinzip"[28]) hat den Vorteil einer Systematisierung der Rechts-

86

---

20 *Röhl/Röhl*, Allgemeine Rechtslehre, 3. Auflage 2008, S. 616.
21 *Röhl/Röhl*, Allgemeine Rechtslehre, 3. Auflage 2008, S. 616 f. Dort (S. 618) auch zu dem von *Bender*, in: GS Rödig, 1978, S. 34 entwickelten, in BGHZ 80, 153 (159 f.) bzgl. gesetzlicher Tatbestandsmerkmale jedoch verworfenen sog. „**Sandhaufen-Theorem**".
22 *Larenz/Canaris*, Methodenlehre, S. 297 ff.; *Vogel*, Methodik, S. 147. Hierbei handelt es sich **nicht** um eine Methode der **Subsumtion**, siehe *Zippelius*, Methodenlehre, S. 61.
23 Vgl. *Beaucamp/Treder*, Methoden, Rn. 31, 34, 41 f.; *Schwacke*, Methodik, S. 23.
24 Zum Ganzen siehe *Rüthers/Fischer/Birk*, Rechtstheorie, Rn. 116; *Vogel*, Methodik, S. 71; *Zippelius*, Methodenlehre, S. 3 f. Siehe auch Rn. 6.
25 Zu diesen **durch** die **Rechtsprechung** bzw. **Literatur entwickelt**en Voraussetzungen siehe *Tettinger/Mann*, Einführung, Rn. 235.
26 *Adomeit/Hähnchen*, Rechtstheorie, Rn. 83; *Beaucamp/Treder*, Methoden, Rn. 41; *Schmalz*, Methodenlehre, Rn. 96, 543; *Wank*, Auslegung, S. 13.
27 Vgl. *Vogel*, Methodik, S. 68; *Wank*, Auslegung, S. 19; *Zippelius*, Methodenlehre, S. 4, 25. Da im „**Restaurant-Fall**" (Rn. 2) keine Anhaltspunkte für ein vorsätzliches Verhalten des A vorliegen, hat er sich durch Umstoßen der Designerlampe nicht gem. § 303 Abs. 1 StGB strafbar gemacht (Rn. 3).
28 *Wank*, Auslegung, S. 23.

ordnung und die Vermeidung von Wiederholungen für sich (z.B. „vor-die-Klammer-ziehen" allgemeiner Bestimmungen im „Allgemeinen Teil" eines Gesetzes wie etwa dem BGB).[29] Die Unterscheidung zwischen den verschiedenen Arten von Rechtsnormen (Rn. 94, 98, 100 ff.) dient der Ordnung dieses Gefüges.[30]

87 Inhaltlich sind Tatbestandsmerkmale nicht darauf beschränkt, diejenigen Voraussetzungen zu benennen, die **„positiv"** erfüllt sein müssen (z.B. § 433 Abs. 1 S. 1 BGB: Vorliegen eines „Kaufvertrags"), damit eine bestimmte Rechtsfolge eintritt (z.B. Pflicht des Verkäufers zur Übergabe und Eigentumsverschaffung). Vielmehr gibt es auch sog. **„negative" Tatbestandsmerkmale**, die verlangen, dass ein bestimmter Umstand gerade nicht vorliegt (z.B. § 812 Abs. 1 S. 1 BGB: „ohne rechtlichen Grund").[31] Miteinander verknüpft sein können die regelmäßig mehreren (positiven/negativen) Merkmale eines Tatbestands zum einen **kumulativ** („und"; z.B. Art. 8 Abs. 1 GG: „friedlich und ohne Waffen"); dann tritt die Rechtsfolge der betreffenden Vorschrift nur ein, wenn im konkreten Fall alle Tatbestandsmerkmale gleichzeitig erfüllt sind bzw. führt bereits das Nichtvorliegen auch nur eines Tatbestandsmerkmals dazu, dass die Rechtsfolge der betreffenden Rechtsnorm nicht eingreift. Zum anderen gibt es aber ebenfalls solche Tatbestandsmerkmale, die zueinander im Verhältnis der **Alternativ**ität stehen („oder"; z.B. § 223 Abs. 1 StGB: „körperlich mißhandelt oder an der Gesundheit schädigt"). Insofern reicht es für den Eintritt der jeweiligen Rechtsfolge aus, wenn nur eines von ihnen erfüllt ist. Ein Beispiel für eine Kombination von „Und-" mit „Oder-Verknüpfungen" von Tatbestandsmerkmalen findet sich etwa in § 39 Abs. 2 Nr. 1 VwVfG, wonach es einer Begründung eines Verwaltungsakts nicht bedarf, „soweit die Behörde einem Antrag entspricht *oder* einer Erklärung folgt *und* der Verwaltungsakt nicht in Rechte eines anderen eingreift."[32]

88 **Beispiel**[33] Im „Restaurant-Fall" (Rn. 2) hat I dann gem. § 823 Abs. 1 BGB einen Anspruch gegen A auf Zahlung von 500 € (= Rechtsfolge), wenn die in dieser Vorschrift genannten Voraussetzungen (= Tatbestandsmerkmale) erfüllt sind.

§ 823 Abs. 1 BGB lautet: *„Wer vorsätzlich oder fahrlässig das Leben, den Körper, die Gesundheit, die Freiheit, das Eigentum oder ein sonstiges Recht eines anderen widerrechtlich verletzt, ist dem anderen zum Ersatz des daraus entstehenden Schadens verpflichtet."*

---

29 *Rüthers/Fischer/Birk*, Rechtstheorie, Rn. 129; *Schwacke*, Methodik, S. 28, 32 f, 38.
30 *Schmalz*, Methodenlehre, Rn. 113.
31 Zum Ganzen siehe *Schmalz*, Methodenlehre, Rn. 101; *Schwacke*, Methodik, S. 27. Im Zivilrecht führen negative Formulierungen „nicht selten" zu einer **Beweislastverschiebung** (z.B. muss nach § 932 Abs. 2 BGB der Eigentümer beweisen, dass der „Erwerber [...] nicht in gutem Glauben" war – und nicht etwa der Erwerber seinen guten Glauben), siehe *Vogel*, Methodik, S. 69. Vgl. auch Rn. 99.
32 Zum Ganzen siehe *Beaucamp/Treder*, Methoden, Rn. 29 ff.; *Schmalz*, Methodenlehre, Rn. 35 f.; *Tettinger/Mann*, Einführung, Rn. 233 f. *Adomeit/Hähnchen*, Rechtstheorie, Rn. 85 weisen darauf hin, dass es „in der deutschen (Rechts-)Sprache [...] **zwei verschiedene ‚oder'**, das ‚**oder/und'** [so z.B. in § 823 Abs. 1 BGB bzgl. der dort genannten Rechtsgüter] und das ‚**entweder/oder**'" (z.B. in § 123 Abs. 1 StGB bzgl. der dort vorgesehenen Strafen) gibt (Hervorhebungen z.T. im Original).
33 Nach *Beaucamp/Treder*, Methoden, Rn. 35; *Muthorst*, Grundlagen, § 5 Rn 32 f.; *Schwacke*, Methodik, S. 42 ff.; *Wank*, Auslegung, S. 11 f., 14 f.; *Zippelius*, Methodenlehre, S. 25 ff.

	Tatbestand(-smerkmale)						Rechtsfolge
§ 823 Abs. 1 BGB:	Wer	das Leben, den Körper, die Gesundheit, die Freiheit, das Eigentum oder ein sonstiges Recht	eines anderen	verletzt	wider-rechtlich	vorsätzlich oder fahrlässig	Pflicht zum Ersatz des daraus entste-henden Schadens
diesbzgl. Hilfs-normen:		→ z.B. §§ 929 ff. BGB (bzgl. „Eigentum")			→ z.B. §§ 227 ff., 904 BGB	→ § 276 Abs. 2 BGB (bzgl. „Fahr-lässigkeit")	→ §§ 249 ff. BGB

Um zu ermitteln, ob die von A („wer") umgestoßene Designerlampe im „Eigentum" des I („eines anderen") stand, was der (Grund-)Tatbestand des § 823 Abs. 1 BGB voraussetzt, sind hier die §§ 929 ff. BGB heranzuziehen, welche insoweit als Hilfsnormen (Rn. 100 ff.) fungieren. Entsprechendes gilt hinsichtlich der weiteren Merkmale „widerrechtlich" (siehe z.B. §§ 227 ff., 904 BGB) und „fahrlässig" (siehe § 276 Abs. 2 BGB) sowie schließlich auch bzgl. der Rechtsfolge „Schadensersatz" (siehe §§ 249 ff. BGB). ∎

Diese je nach der vom Gesetzgeber gewählten Formulierung von unterschiedlichem Präzisi- **89** onsgrad gekennzeichneten – (nach Zahl, Maß oder Gewicht) **bestimmte**n (z.B. § 56 BGB: „sieben") oder **unbestimmte**n (z.B. § 14 Abs. 1 OBG NRW: „öffentliche Ordnung") – Tatbestandsmerkmale[34] lassen sich ihrer Art nach wie folgt unterscheiden:[35]

- Zum Teil knüpft der Tatbestand einer Rechtsnorm an einen sinnlich wahrnehmbaren oder **90** erfahrbaren (objektiven) Umstand an, sog. **äußere Tatsache** (z.B. § 823 Abs. 1 BGB: „Körper");
- demgegenüber gehören **innere** (subjektive) **Tatsachen** dem psychisch-seelischen Bereich **91** des Handelnden an (z.B. § 15 StGB: „vorsätzliches Handeln");
- **deskriptive Tatbestandsmerkmale** beschreiben Gegenstände, Eigenschaften sowie **92** Zustände aus der Lebenswirklichkeit und können daher i.d.R. ohne Weiteres angewendet werden (z.B. Art. 38 Abs. 2 GG: „achtzehntes Lebensjahr");
- **normative Tatbestandsmerkmale** zeichnen sich hingegen dadurch aus, dass ihr Vorliegen **93** nicht unmittelbar sinnlich wahrnehmbar ist und sich ihr Bedeutungsgehalt erst aus einer rechtlichen Wertung erschließt (z.B. Art. 5 Abs. 3 GG: „Kunst"; § 823 Abs. 1 BGB: „Eigentum"), für die der Gesetzgeber nicht immer nähere Vorgaben macht (so aber z.B. §§ 929 ff. BGB betreffend die Frage, ob jemand „Eigentümer" einer beweglichen Sache ist).[36]

---

[34] **Auch auf** der **Rechtsfolgenseite** finden mal mehr, mal weniger bestimmte Rechtsbegriffe Verwendung, siehe im Skript „Allgemeines Verwaltungsrecht", Rn. 225. Entsprechendes gilt für deskriptive/normative Merkmale, siehe *Schwacke*, Methodik, S. 28. Zur Frage, ob es sich bei der Ausfüllung namentlich von Generalklauseln noch um **Gesetzesauslegung** oder schon um **Rechtsfortbildung** handelt, siehe Rn. 235 a.E.

[35] Hierzu sowie zum gesamten Folgenden siehe *Beaucamp/Treder*, Methoden, Rn. 25 ff.; *Schwacke*, Methodik, S. 25 ff., 48 f. m.w.N. zur **a.A.**, wonach zwischen un- und bestimmten sowie zwischen deskriptiven und normativen Begriffen nicht differenziert werden könne; *Vogel*, Methodik, S. 13 f. *Wank*, Auslegung, S. 43 zufolge werde „durch die Aufnahme in ein Gesetz […] jeder ‚deskriptive Begriff' zwangsläufig zu einem normativen".

[36] Zur Kennzeichnung dieser Unterschiede differenzieren *Rüthers/Fischer/Birk*, Rechtstheorie, Rn. 182 f. zwischen „**verweisende**n **normative**n **Begriffe**n" (im o.g. Beispiel: „Eigentum") und „**offene**n **normative**n **Begriffe**n" (im o.g. Beispiel: „Kunst"). **Typusbegriffe** (Rn. 84) werden von *Schmalz*, Methodenlehre, Rn. 155 als „Zwischenerscheinungen" zwischen deskriptiven und normativen Begriffen behandelt.

II. Rechtsfolge

94 Ebenso wie auf Tatbestandsseite der Fall, wo zum Teil sämtliche Bedingungen für den Eintritt der betreffenden Rechtsfolge vollständig in einer Rechtsnorm benannt werden, diese mitunter aber auch noch aus anderen Vorschriften folgen,[37] sind diese ebenfalls auf ihrer Rechtsfolgenseite nur teilweise i.d.S. **vollständig** (*leges perfecta*), dass sich aus ihnen unmittelbar die Antwort auf die jeweilige Fallfrage ergibt (z.B. Anspruchsgrundlagen wie § 433 Abs. 1 BGB, Straftatbestände wie § 212 Abs. 1 StGB und Ermächtigungsgrundlagen wie § 48 Abs. 1 S. 1 VwVfG).[38] Innerhalb der Gruppe dieser sog. **Antwortnormen** lässt sich weiter differenzieren zwischen einerseits Verhaltens- bzw. **Primärnormen**, aus denen sich selbstständige Rechte und Pflichten ergeben (z.B. Leistungspflicht, vgl. § 241 Abs. 1 BGB), und andererseits Sanktions- bzw. **Sekundärnormen**, welche die Rechtsfolgen bei Verstößen gegen Primärnormen regeln (z.B. Schadensersatzpflicht nach § 280 Abs. 1 BGB).[39]

95 Doch auch sofern sich eine Vorschrift im vorstehenden Sinn als vollständig erweisen sollte, hat die Verwirklichung ihres Tatbestands nur dann ohne Weiteres den Eintritt der in ihr vorgesehenen Rechtsfolge zur Konsequenz, wenn beide darin zwingend (i.S.v. „muss") miteinander verknüpft sind, sog. **gebundene Entscheidung** (Signalwort v.a. „ist"; z.B. § 28 Abs. 1 VwVfG: „Bevor ein Verwaltungsakt erlassen wird, der in Rechte eines Beteiligten eingreift, *ist* diesem Gelegenheit zu geben, sich zu [...] äußern").[40]

96 Demgegenüber existieren gerade – aber nicht nur (siehe z.B. § 315 Abs. 1 BGB) – im Öffentlichen Recht zahlreiche Vorschriften, nach denen bei Vorliegen der tatbestandlichen Voraussetzungen der Normanwender über **Ermessen** dahingehend verfügt, aus dem gesetzlich jeweils vorgegebenen Kreis möglicher Rechtsfolgen eine bestimmte auszuwählen (Signalwort v.a. „kann"; z.B. § 48 Abs. 1 S. 1 VwVfG: „Ein [...] Verwaltungsakt *kann* [...] zurückgenommen werden [...]"). Sofern das Gesetz insoweit keine Einschränkungen macht, bezieht sich dieses Ermessen sowohl auf die Frage, „ob" im konkreten Fall überhaupt eine dieser Rechtsfolgen gesetzt wird oder nicht (sog. Entschließungsermessen) und bejahendenfalls, „wie" genau diese Rechtsfolge im Einzelnen ausgestaltet ist (sog. Auswahlermessen). Dabei ist jedwede Ermessensausübung im grundgesetzlichen Rechtsstaat nicht etwa „frei" i.S.v. „beliebig" bzw. „willkürlich", sondern unterliegt bestimmten gesetzlichen Vorgaben (z.B. § 40 VwVfG), auf deren Einhaltung sie gerichtlich überprüft werden kann, siehe z.B. § 114 S. 1 VwGO. Nur dann, wenn hiernach bis auf eine sämtliche der nach der jeweiligen Ermessensvorschrift abstrakt in Betracht kommenden Verhaltensvarianten im konkreten Fall ermessensfehlerhaft wären, ist in diesem das Ermessen auf die eine ermessensfehlerfreie Entscheidung reduziert, welche dann in Ermangelung einer rechtmäßigen Alternative getroffen werden muss, sog. Ermessensreduzierung auf null.[41]

---

37 Vgl. *Vogel*, Methodik, S. 68. Siehe auch Rn. 86.
38 *Adomeit/Hähnchen*, Rechtstheorie, Rn. 53; *Schwacke*, Methodik, S. 28 f. Dort (S. 30) auch zu **Antwortnormen**, die **aus mehreren Vorschriften zusammengesetzt** sind (z.B. § 839 BGB i.V.m. Art. 34 GG). In Abhängigkeit von der jeweiligen Fragestellung (z.B. Wie ist der Begriff „Verwaltungsakt" definiert?) können freilich auch **unvollständige Normen** (z.B. § 35 S. 1 VwVfG) Antwortnormen sein, siehe *Beaucamp/Treder*, Methoden, Rn. 58 f., 63, 93, 95.
39 *Muthorst*, Grundlagen, § 13 Rn. 77; *Schmalz*, Methodenlehre, Rn. 112; *Vogel*, Methodik, S. 73 f.; *Zippelius*, Methodenlehre, S. 3 f., 6, 23.
40 Vgl. *Beaucamp/Treder*, Methoden, Rn. 45, 48; *Tettinger/Mann*, Einführung, Rn. 253.
41 Zum Ganzen siehe im Skript „Allgemeines Verwaltungsrecht", Rn. 229, 231. Dort (Rn. 228) auch zu Fällen, in denen der Begriff „kann" ausnahmsweise nicht zur Einräumung von Ermessen, sondern einer Befugnis verwendet wird. Zum nachfolgenden Schaubild vgl. *Schwacke*, Methodik, S. 24.

Rechtsfolge

97

	Tatbestand (T)	Rechtsfolge (R)	
gebundene Entscheidung	Wenn T (+) ...	... dann R (+)	
Ermessensentscheidung	Wenn I (+) ... → ... dann ...	... R (−) *oder* ... R (+), nämlich ...	... R_1 *oder* ... R_2 *oder* ... etc.

98 Mitunter wirkt die von einer Rechtsnorm ausgesprochene Rechtsfolge allerdings nicht unmittelbar auf ein Lebensverhältnis ein, sondern steht dem Eintritt der von einer Antwortnorm grundsätzlich angeordneten Rechtsfolge entgegen (sog. **Gegennormen**[42]; z.B. die rechtshindernden, -vernichtenden und -hemmenden Einwendungen bzw. Einreden der §§ 134, 362 Abs. 1 bzw. 214 Abs. 1 BGB sowie die Rechtfertigungs- und Entschuldigungsgründe der §§ 32, 34 bzw. 33, 35 StGB) oder hilft bei der Anwendung einer anderen Rechtsnorm, sog. **unvollständiger Rechtssatz** (*lex imperfecta*).[43]

> **Hinweis** **99**
>
> Namentlich im Zivilprozess ist die Unterscheidung zwischen Antwort- und Gegennormen von großer Bedeutung: Denn nach der sog. Normbegünstigungstheorie trägt der Anspruchsteller „nur" die **Beweislast** für das Vorliegen der tatbestandlichen Voraussetzungen der anspruchsbegründenden (Antwort-)Norm. Demgegenüber obliegt es dem Anspruchsgegner zu beweisen, dass der Tatbestand einer Gegennorm erfüllt ist, so dass der ihm gegenüber geltend gemachte Anspruch nicht entstanden, wieder vernichtet oder aber zumindest nicht durchsetzbar ist.[44]

Zur letztgenannten Gruppe der sog. **Hilfsnormen** zählen **100**

- **Legaldefinitionen** (z.B. § 12 Abs. 1 StGB: „Verbrechen sind rechtswidrige Taten, die im Mindestmaß mit Freiheitsstrafe von einem Jahr oder darüber bedroht sind"), mit denen der Gesetzgeber die Bedeutung eines in einem anderen Rechtssatz (z.B. § 23 Abs. 1 StGB) verwendeten Begriffs (z.B. „Verbrechen") verbindlich festlegt.[45] **101**

---

42 Die von einer Gegennorm (z.B. § 935 Abs. 1 zu § 932 BGB) ausgesprochene Rechtsfolge kann ihrerseits wiederum durch eine sog. **Gegen-Gegennorm** (z.B. § 935 Abs. 2 BGB) ausgeschlossen werden, siehe *Schmalz*, Methodenlehre, Rn. 119.
43 *Beaucamp/Treder*, Methoden, Rn. 96 f.; *Schmalz*, Methodenlehre, Rn. 97 ff.; *Schwacke*, Methodik, S. 28 f., 31 ff. *Rüthers/Fischer/Birk*, Rechtstheorie, Rn. 129 sprechen insoweit plastisch auch von „**Zuträger**"-Normen.
44 Zum Ganzen vgl. *Schmalz*, Methodenlehre, Rn. 99, 124 mit dem Hinweis, dass juristisches Denken folglich „**Denken in Schritten**" (Regel-Ausnahme) ist (Rn. 122); *Schwacke*, Methodik, S. 34. Siehe auch Fn. 31 zu Rn. 87.
45 Vgl. *Beaucamp/Treder*, Methoden, Rn. 61 m.w.N.; *Schwacke*, Methodik, S. 31.

102 | **Hinweis**

Legaldefinitionen sind entweder in einer **separate**n **Vorschrift** enthalten, die einen ganzen Katalog von gesetzlichen Begriffsbestimmungen enthält (z.B. § 11 Abs. 1 StGB: „Im Sinne dieses Gesetzes ist [...]"), oder aber über das gesamte Gesetz verstreut (siehe z.B. § 13 BGB: „Verbraucher ist [...]"), wobei der Gesetzgeber sich dann nicht selten der sog. „Klammertechnik" bedient (z.B. § 48 Abs. 1 S. 2 VwVfG: „Ein Verwaltungsakt, der ein Recht oder einen rechtlich erheblichen Vorteil begründet oder bestätigt hat *(begünstigender Verwaltungsakt)* [...].").[46]

103 **Beispiel**[47] Im „Restaurant-Fall" (Rn. 2) ist A dem I u.a. nur dann nach § 823 Abs. 1 BGB zum Schadensersatz verpflichtet, wenn er dessen Eigentum „vorsätzlich oder fahrlässig" verletzt hat. Was dabei unter dem Begriff „fahrlässig" zu verstehen ist, ergibt sich aus der Legaldefinition des § 276 Abs. 2 BGB: „Fahrlässig handelt, wer die im Verkehr erforderliche Sorgfalt außer Acht lässt."

104 Hierbei ist der Gesetzgeber nicht etwa an eine außerrechtliche Terminologie gebunden, sondern verfügt über eine eigenständige Definitionshoheit („Definierfreiheit").[48] Plastisch insoweit *Rüthers/Fischer/Birk*: „Ein schönes Beispiel dafür, dass Legaldefinitionen nichts anderes als vom Gesetzgeber festgelegte Sprachgebrauchsvereinbarungen sind, ist die Bestimmung einer ‚Reichsschokoladenverordnung' der dreißiger Jahre, in der angeordnet wurde: ‚Weihnachtsmänner im Sinne dieser Regelung sind auch Osterhasen'."[49]

105 Um dem Rechtsanwender die Handhabung eines unbestimmten Rechtsbegriffs (z.B. § 28 Abs. 2 VwVfG: „Anhörung [...] nach den Umständen des Einzelfalls nicht geboten") oder einer Generalklausel (z.B. § 138 Abs. 1 BGB: „Ein Rechtsgeschäft, das gegen die guten Sitten verstößt, ist nichtig") zu erleichtern, enthält das Gesetz mitunter eine beispielhafte Aufzählung von Fällen, in denen diese(r) **„insbesondere"** erfüllt ist (siehe z.B. § 28 Abs. 2 Nr. 1-5 VwVfG, § 138 Abs. 2 BGB). Zwar bringt der Gesetzgeber durch diese Formulierung deutlich zum Ausdruck, dass der unbestimmte Rechtsbegriff bzw. die Generalklausel auch in anderen als den gesetzlich aufgeführten Fällen vorliegen kann (Voraussetzung: Vergleichbarkeit mit diesen). Doch gilt umgekehrt, dass falls eine von diesen Konkretisierungen gegeben ist (z.B. § 28 Abs. 2 Nr. 1 VwVfG bzw. § 138 Abs. 2 Var. 1 BGB), die betreffende Vorschrift ohne Weiteres eingreift.[50] Zur rechtlichen Lösung des konkreten Falles bedarf es dann keines weiteren Eingehens mehr auf den unbestimmten Rechtsbegriff (z.B. § 28 Abs. 2 VwVfG: Wann ist die Anhörung „nach den Umständen des Einzelfalls nicht geboten"?) bzw. die Generalklausel (z.B. § 138 Abs. 1 BGB: Wann verstößt ein Rechtsgeschäft gegen die „guten Sitten"?) selbst.[51]

---

46 Vgl. *Adomeit/Hähnchen*, Rechtstheorie, Rn. 35; *Vogel*, Methodik, S. 76.
47 Nach *Wank*, Auslegung, S. 19. Siehe auch Rn. 88.
48 *Zippelius*, Methodenlehre, S. 37.
49 *Rüthers/Fischer/Birk*, Rechtstheorie, Rn. 131a.
50 Vgl. *Armbrüster*, in: MüKo, BGB, 6. Auflage 2012, § 138 Rn. 142; *Bonk/Kallerhoff*, in: Stelkens/Bonk/Sachs, VwVfG, 7. Auflage 2008, § 28 Rn. 48, jeweils m.w.N.
51 Hierzu vgl. im Skript „Allgemeines Verwaltungsrecht", Rn. 186. Siehe aber auch *Armbrüster*, in: MüKo, BGB, 6. Auflage 2012, § 138 Rn. 141 f. m.w.N. zum Verhältnis von § 138 Abs. 2 zu § 138 Abs. 1 BGB.

Beispiel[52] Im „Eckkneipen-Fall" (Rn. 2) wurde A die nach § 2 Abs. 1 S. 1 GastG notwendige Gaststättenerlaubnis ursprünglich erteilt, obwohl er bereits zu diesem Zeitpunkt trunksüchtig gewesen ist. Als die zuständige Behörde hiervon nunmehr erfährt, beabsichtigt sie, die Erlaubnis wegen „Unzuverlässigkeit" des A nach § 15 Abs. 1 i.V.m. § 4 Abs. 1 Nr. 1 GastG zurückzunehmen. Ist A „unzuverlässig"? 106

„Unzuverlässig" ist ein Gewerbetreibender nach einhelliger Auffassung dann, wenn er nach dem Gesamteindruck seines Verhaltens nicht die Gewähr dafür bietet, dass er sein Gewerbe zukünftig ordnungsgemäß betreibt. Welche Fälle im Allgemeinen genau hiervon erfasst werden, braucht vorliegend nicht entschieden zu werden. Denn § 4 Abs. 1 Nr. 1 GastG enthält eine beispielhafte Aufzählung von Umständen, bei denen die erforderliche Zuverlässigkeit stets fehlt („insbesondere"). Einer von diesen („dem Trunke ergeben") ist in Bezug auf den trunksüchtigen A gegeben, so dass die ihm zunächst erteilte Erlaubnis wegen „Unzuverlässigkeit" nach § 15 Abs. 1 i.V.m. § 4 Abs. 1 Nr. 1 GastG zurückgenommen werden muss. ■

Hiervon wiederum zu unterscheiden sind schließlich die zur Konkretisierung von unbestimmten Rechtsbegriffen (z.B. „besonders schwerer Fall" des Diebstahls, § 243 Abs. 1 StGB) im Gesetz mitunter verwendeten sog. **Regelbeispiele**.[53] Wenngleich diese weder zwingend noch abschließend sind, so entfalten sie doch zumindest eine starke Indizwirkung: Sind die Voraussetzungen eines Regelbeispiels erfüllt, so bedarf es einer eingehenden Begründung, um darzutun, dass abweichend von der gesetzlichen Annahme („in der Regel") im konkreten Fall – vorliegend bezogen auf § 243 Abs. 1 StGB – dennoch kein „besonders schwerer Fall" gegeben ist. Umgekehrt kommt auch der Nichterfüllung eines Regelbeispiels Indizwirkung zu, nämlich i.d.S., dass der hier beispielhaft genannte „besonders schwere Fall" nach § 243 Abs. 1 StGB grundsätzlich nicht vorliegt. Nur wenn festgestellt werden kann, dass Umstände vorliegen, die zwar nicht vom Wortlaut eines benannten Regelbeispiels erfasst werden, aber mit dem zugrundeliegenden Leitbild eines solchen vergleichbar sind, kann im Beispiel des § 243 Abs. 1 StGB ausnahmsweise auf einen sog. unbenannten „besonders schweren Fall" erkannt werden (z.B. Entwendung eines Kleidungsstücks nach Zerstörung des Sicherungsetiketts, vgl. § 243 Abs. 1 S. 2 Nr. 2 StGB);[54] 107

- **Verweisungsnormen**. Um Wiederholungen in der Rechtsordnung zu vermeiden, ordnet der Gesetzgeber als Rechtsfolge der Erfüllung des Tatbestands einer Vorschrift nicht selten die Anwendung derjenigen Rechtsfolge an, die in einer anderen Rechtsnorm an die Verwirklichung des dortigen Tatbestands geknüpft ist („gesetzgeberische Abkürzung"; typische Formulierung: „das Gleiche gilt").[55] Dies kann sowohl ausdrücklich (z.B. § 131 Abs. 2 S. 1 BGB) als auch konkludent erfolgen (z.B. richtet sich die Antwort auf die Frage, ob eine Sache für den Täter i.S.v. § 242 Abs. 1 StGB „fremd" ist, nach der zivilrechtlichen Eigentumslage, welche sich aus der Anwendung der diesbezüglichen Vorschriften des BGB ergibt, etwa dessen §§ 929 ff.).[56] Soweit das Gesetz (z.B. § 68 Abs. 2 VwGO) nur die „**entsprechend**e" Anwendung einer anderen Vorschrift (z.B. § 68 Abs. 1 VwGO) anordnet, ist zu prüfen, ob sich aus der Eigenart das Sachverhalts, bzgl. dessen die Inbezugnahme 108

---

52 Nach *Metzner*, GastG, 6. Auflage 2002, § 4 Rn. 10, 49 m.w.N.
53 Vgl. *Adomeit/Hähnchen*, Rechtstheorie, Rn. 88; *Tettinger/Mann*, Einführung, Rn. 242.
54 Zum Ganzen siehe BVerfGE 45, 363; OLG Stuttgart, NStZ 1985, 76; *Eser/Bosch*, in: Schönke/Schröder, StGB, 28. Auflage 2010, § 243 Rn. 3, 42 f.; *Schmitz*, in: MüKo, StGB, 2. Auflage 2012, § 243 Rn. 3, 6 f., 61 f.; *Stree/Kinzig*, in: Schönke/Schröder, StGB, 28. Auflage 2010, vor § 38 Rn. 47 f., jeweils m.w.N.
55 *Beaucamp/Treder*, Methoden, Rn. 75; *Larenz/Canaris*, Methodenlehre, S. 81; *Schwacke*, Methodik, S. 36.
56 *Vogel*, Methodik, S. 70. Siehe auch Rn. 93.

erfolgt, gewisse Modifikationen der nicht direkt, sondern eben nur entsprechend anwendbaren Rechtsnorm geboten sind (z.B. ist beim Verpflichtungswiderspruch nach § 68 Abs. 2 VwVfG abweichend vom Anfechtungswiderspruch gem. § 68 Abs. 1 VwGO nicht die Rechtmäßigkeit des erlassenen Verwaltungsakts, sondern die Rechtmäßigkeit der Ablehnung des beantragten Verwaltungsakts zu prüfen, d.h. letztlich, ob der Widerspruchsführer einen Anspruch auf diesen hat).[57] In Abhängigkeit von der jeweils verwendeten Regelungstechnik kann insoweit weiter differenziert werden

109 — zwischen einerseits **Rechtsgrund-** bzw. Tatbestands**verweisungen**, wonach die Rechtsfolge derjenigen Rechtsnorm, auf die verwiesen wird (§ B), nur dann eintritt, wenn zusätzlich zu den Tatbestandsmerkmalen der verweisenden Vorschrift (§ A) auch noch diejenigen der verwiesenen Rechtsnorm (§ B) erfüllt sind (so z.B. nach h.M. § 951 Abs. 1 S. 1 BGB bzgl. § 812 Abs. 1 S. 1 Alt. 2 BGB: „Wer infolge der Vorschriften der §§ 946 bis 950 einen Rechtsverlust erleidet, kann von demjenigen, zu dessen Gunsten die Rechtsänderung eintritt, Vergütung in Geld *nach den Vorschriften über die Herausgabe einer ungerechtfertigten Bereicherung* fordern")[58] und

110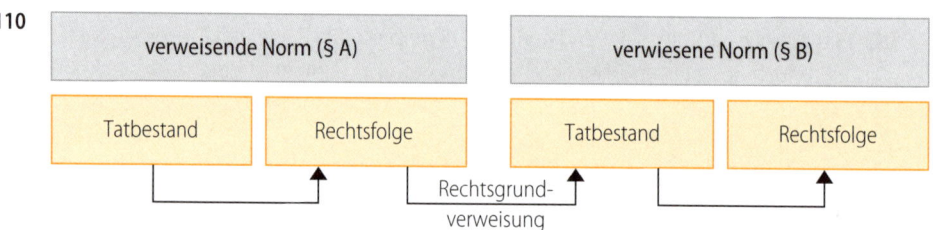

111 — andererseits **Rechtsfolgenverweisungen**, wonach nur bzgl. der Rechtsfolgen auf eine andere Vorschrift (§ D) verwiesen wird, die tatbestandlichen Voraussetzungen aber allein der verweisenden Rechtsnorm (§ C) zu entnehmen sind (so z.B. in Bezug auf § 303 Abs. 1 StGB die Vorschrift des § 303 Abs. 2 StGB: „*Ebenso wird bestraft*, wer unbefugt das Erscheinungsbild einer fremden Sache nicht nur unerheblich und nicht nur vorübergehend verändert");[59]

112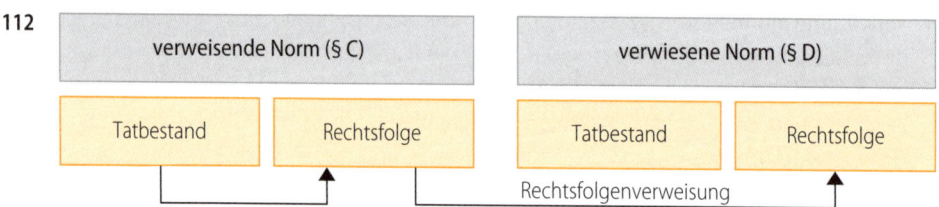

113 — zum einen zwischen **statischen Verweisung**en. Eine solche liegt dann vor, wenn eine Vorschrift auf eine andere Rechtsnorm in einer ganz bestimmten (zeitlichen) Fassung verweist (z.B. § 1 Abs. 1 nds. VwVfG a.F.: „Für die öffentlich-rechtliche Verwaltungstätig-

---

57 Vgl. *Stresemann*, in: MüKo, BGB, 6. Auflage 2012, § 90a Rn. 8 zu § 90a BGB und im Skript „Verwaltungsprozessrecht", Rn. 147, 181, 204, 213, 247. Bei dieser „**gesetzlich angeordnete[n] Analogie**" (*Schmalz*, Methodenlehre, Rn. 106 a.E., 379) handelt es sich **nicht** um eine **Analogie i.S.d. juristischen Methodik**, siehe Rn. 248 und *Schwacke*, Methodik, S. 132.
58 *Füller*, in: MüKo, BGB, 6. Auflage 2012, § 951 Rn. 3 m.w.N.; *Muthorst*, Grundlagen, § 13 Rn. 86; *Schwacke*, Methodik, S. 36; *Tettinger/Mann*, Einführung, Rn. 266. Zum nachfolgenden Schaubild vgl. *Beaucamp/Treder*, Methoden, Rn. 77.
59 *Schmalz*, Methodenlehre, Rn. 106. Zum nachfolgenden Schaubild vgl. *Beaucamp/Treder*, Methoden, Rn. 77.

keit der Behörden des Landes [...] gelten die Vorschriften des Verwaltungsverfahrensgesetzes [des Bundes] *in der Fassung vom 23. Januar 2003* (BGBl. I S. 102) [...]")[60] und

— zum anderen **dynamisch**en **Verweisung**en, bei der eine Rechtsnorm auf eine andere Vorschrift in ihrer jeweils geltenden Fassung verweist (z.B. § 1 Abs. 1 VwVfG RhPf: „Für die öffentlich-rechtliche Verwaltungstätigkeit der Behörden des Landes [...] gelten [...] die Bestimmungen des Verwaltungsverfahrensgesetzes (VwVfG) [des Bundes] in der Fassung vom 23. Januar 2003 (BGBl. I S. 102) *in der jeweils geltenden Fassung* [...]").[61] Während also bei der statischen Verweisung auf diejenige Fassung der verwiesenen Rechtsnorm Bezug genommen wird, welche diese im Zeitpunkt des Inkrafttretens der verweisenden Vorschrift hatte, ist bei der dynamischen Verweisung diejenige Fassung der verwiesenen Rechtsnorm maßgeblich, welche diese zum Zeitpunkt der jeweiligen Rechtsanwendung hat, d.h. eine zwischenzeitliche Änderung der verwiesenen Vorschrift kommt nur bei der dynamischen, nicht aber auch der statischen Verweisung zum Tragen.[62] Ob es sich bei einer Verweisung um eine statische oder dynamische handelt, vermag mitunter erst nach eingehender Auslegung der betreffenden Vorschrift beantwortet zu werden;[63]

114

- die häufig — freilich nicht immer (siehe z.B. Art. 20 Abs. 1 GG: Demokratieprinzip) — ungeschriebenen allgemeinen **Rechtsprinzipien**, in denen übergeordnete Rechtsgrundsätze zusammengefasst sind und die den einzelnen Rechtsregeln zugrunde liegen (z.B. der Schuldgrundsatz im Strafrecht).[64] Anders als diese haben Rechtsprinzipien typischerweise weder einen subsumtionsfähigen Tatbestand noch treffen sie eine konkrete Rechtsfolgenbestimmung, sondern bedürfen vielmehr der Konkretisierung durch den Gesetzgeber bzw. die Rechtsprechung (Bildung von Fallgruppen).[65] Sollten sie sich hiernach nicht zu einem jeweils „rechtssatzförmigen Prinzip" verdichten lassen und damit unmittelbar der Einzelfallentscheidung zugrunde gelegt werden können (so aber z.B. der Verhältnismäßigkeitsgrundsatz[66] als Konkretisierung namentlich des Rechtsstaatsprinzips), geben die sog. „offenen Prinzipien" als leitende Rechtsgedanken (Direktiven) die Richtung bei der Auslegung und Anwendung anderer Vorschriften vor, indem sie auf die Verwirklichung bestimmter Ziele hinwirken, sog. Finalprogramm (z.B. Umweltschutz, siehe Art. 20a GG).[67]

115

---

60 Vgl. BVerfG, GewArch 2007, S. 149.
61 Vgl. BVerfGE 78, 32 (35 f.).
62 *Muthorst*, Grundlagen, § 13 Rn. 85. Gerade deshalb, d.h. weil es infolge dynamischer Verweisungen letztlich zu einer „versteckten Verlagerung von Gesetzgebungsbefugnissen" kommt, ist diese Art der Gesetzestechnik **verfassungsrechtlich** zwar „nicht schlechthin ausgeschlossen", aber insbesondere „unter [...] rechtsstaatlichen und demokratischen Gesichtspunkten" doch **bedenklich**, siehe BVerfGE 47, 285 (312) m.w.N.
63 *Beaucamp/Treder*, Methoden, Rn. 84; *Muthorst*, Grundlagen, § 13 Rn. 85 a.E.; *Zippelius*, Methodenlehre, S. 29. *Tettinger/Mann*, Einführung, Rn. 268 a.E. m.w.N. zufolge sei „aus der Perspektive der **verfassungskonformen Interpretation** [Fn. 62] oftmals eine **statische Verweisung**" anzunehmen (Hervorhebungen d.d. Verf.). Ebenso speziell zum Strafrecht *Vogel*, Methodik, S. 70 m.w.N.
64 Vgl. *Muthorst*, Grundlagen, § 5 Rn. 38; *Röhl/Röhl*, Allgemeine Rechtslehre, 3. Auflage 2008, S. 283 f.; *Vogel*, Methodik, S. 77 unter Hinweis auf BVerfGE 34, 269 (287). Siehe auch Rn. 79, 266, 269 f. Weitere Beispiele bei *Butzer/Epping*, Arbeitstechnik, S. 36 f.
65 *Beaucamp/Treder*, Methoden, Rn. 85; *Vogel*, Methodik, S. 78 f.; *Wank*, Auslegung, S. 9. Siehe auch Rn. 123.
66 Hierzu siehe etwa *Wienbracke*, ZJS 2013, S. 148 m.w.N.
67 Vgl. *Muthorst*, Grundlagen, § 5 Rn. 36, § 13 Rn. 81; *Schmalz*, Methodenlehre, Rn. 52 f.; *Schwacke*, Methodik, S. 10; *Zippelius*, Methodenlehre, S. 11, 46. Terminologie nach *Larenz/Canaris*, Methodenlehre, S. 307 f. Siehe auch Rn. 174, 210.

Insoweit, als diese miteinander kollidieren (z.B. das Prinzip der Privatautonomie und das Sozialstaatsprinzip), sind sie derart auszugleichen, dass alle möglichst optimale Geltung entfalten („Optimierungsgebote"[68]).[69]

116 > **JURIQ-Klausurtipp**
>
> Bei der Falllösung hat die Anwendung der (präziseren Rechts-)„**Regeln**" (Rn. 79) Vorrang **vor** den (allgemeinen) **Rechtsgrundsätzen**.[70]

117
- gesetzliche Vermutungen und Fiktionen, mit denen der Gesetzgeber Schwierigkeiten bei der Sachverhaltsfeststellung Rechnung trägt.[71] Kommt es nach dem Tatbestand der jeweils einschlägigen Rechtsnorm für das Eingreifen der in dieser vorgesehenen Rechtsfolge auf das Vorliegen einer bestimmten Tatsache an, kann diese aber nicht aufgeklärt werden, so ist gleichwohl von ihrem Vorliegen auszugehen, sofern das Gesetz eine entsprechende Vermutungsregelung aufstellt und die Voraussetzungen für deren Eingreifen, die sog. Vermutungsbasis, gegeben sind.[72] Entspricht die gesetzliche Vermutung nicht den wirklichen Tatsachen, so ist gem. § 292 S. 1 ZPO der Beweis des Gegenteils zulässig (sog. **widerlegliche Vermutung**; z.B. § 476 BGB: „Zeigt sich innerhalb von sechs Monaten seit Gefahrübergang ein Sachmangel, so wird *vermutet*, dass die Sache bereits bei Gefahrübergang mangelhaft war [...]"; Signalwort im Übrigen: „im Zweifel"), sofern es sich nicht um eine **unwiderlegliche Vermutung** handelt (so z.B. § 1566 Abs. 2 BGB: „Es wird *unwiderlegbar vermutet*, dass die Ehe gescheitert ist, wenn die Ehegatten seit drei Jahren getrennt leben").[73] Während eine widerlegliche Vermutung (ferner z.B. § 1006 Abs. 1 S. 1 BGB) mithin demjenigen die Darlegungs- und Beweislast auferlegt, der die Vermutung widerlegen will, unterscheidet sich eine unwiderlegliche Vermutung von einer gesetzlichen **Fiktion** („Sachverhaltsunterstellung", Signalwort: „gilt"; z.B. § 1923 Abs. 2 BGB: „Wer zur Zeit des Erbfalls noch nicht lebte, aber bereits gezeugt war, *gilt* als vor dem Erbfall geboren") dadurch, dass bei Letzterer der fingierte Tatbestand mit Sicherheit nicht vorliegt, während bei Ersterer der vermutete Tatbestand möglicherweise auch tatsächlich gegeben ist.[74] Im praktischen Ergebnis unterscheiden sich beide freilich nicht, ist doch sowohl bei der Fiktion als auch bei der unwiderleglichen Vermutung – selbst falls diese tatsächlich falsch sein sollte – der Beweis des Gegenteils jeweils ausgeschlossen.[75]

---

68 *Vogel*, Methodik, S. 67; *Zippelius*, Methodenlehre, S. 45. Siehe auch den Übungsfall in Rn. 226 f.
69 *Muthorst*, Grundlagen, § 5 Rn. 35 unter Hinweis u.a. auf *Alexy*, Theorie der Grundrechte, 2. Auflage 1994, S. 75 f. **Demgegenüber** hat ein **Widerspruch zwischen** zwei **Regeln** den **Vorrang** der einen gegenüber der anderen zur Folge, siehe Rn. 34 und *Vogel*, Methodik, S. 67.
70 *Vogel*, Methodik, S. 80. Vgl. auch Rn. 61 a.E., 64.
71 *Bitter/Rauhut*, JuS 2009, S. 289 (291).
72 Vgl. *Muthorst*, Grundlagen, § 13 Rn. 87.
73 *Beaucamp/Treder*, Methoden, Rn. 65 ff. m.w.N.; *Lorenz*, in: MüKo, BGB, 6. Auflage 2012, § 476 Rn. 25.
74 *Schwacke*, Methodik, S. 39 f.; *Vogel*, Methodik, S. 76 f.; *Wank*, Auslegung, S. 22; *Zippelius*, Methodenlehre, S. 29 f., jeweils mit dem plastischen **Beispiel**: „Der Bademeister gilt als Frau". Von Fiktionen dieser Art (i.e.S.) zu unterscheiden sind solche „als verdeckte Verweisungen" (Rn. 108; z.B. § 119 Abs. 2 BGB: „Als Irrtum über den Inhalt der Erklärung [i.S.v. § 119 Abs. 1 BGB] gilt auch der Irrtum über solche Eigenschaften der Person oder der Sache, die im Verkehr als wesentlich angesehen werden"), vgl. *Larenz/Canaris*, Methodenlehre, S. 83 ff.
75 Vgl. *Beaucamp/Treder*, Methoden, Rn. 70; *Muthorst*, Grundlagen, § 13 Rn. 87; *Schmalz*, Methodenlehre, Rn. 111; *Schwacke*, Methodik, S. 40.

Rechtsfolge

Beispiel[76] Nachdem die zuständige Behörde im „Eckkneipen-Fall" (Rn. 2) von wiederholten Verstößen des A gegen das Nichtraucherschutzgesetz erfahren hatte, hob sie die diesem gegenüber zunächst nach § 2 Abs. 1 S. 1 GastG erteilte Gaststättenerlaubnis mit Bescheid vom 23. Mai wieder auf. Gegen diesen noch am selben Tag zur Post gegebenen und dem A bereits am 24. Mai zugegangenen Aufhebungsbescheid erhebt dieser am 25. Juni desselben Jahres Anfechtungsklage vor dem zuständigen Verwaltungsgericht. Ist die insoweit einschlägige Frist des § 74 Abs. 1 S. 2 VwGO („die Klage [muss] innerhalb eines Monats nach Bekanntgabe des Verwaltungsakts erhoben werden") gewahrt, wenn § 41 Abs. 2 S. 1 L-VwVfG lautet: „Ein schriftlicher Verwaltungsakt, der im Inland durch die Post übermittelt wird, gilt am dritten Tag nach der Aufgabe zur Post als bekannt gegeben"?

Ja, A hat die Monatsfrist des § 74 Abs. 1 S. 2 VwGO gewahrt, die nach dieser Vorschrift mit der „Bekanntgabe des Verwaltungsakts", d.h. hier des Aufhebungsbescheids vom 23. Mai, begann. Unabhängig vom tatsächlichen Zugangszeitpunkt (vorliegend: 24. Mai) „gilt" ein schriftlicher Verwaltungsakt, der im Inland durch die Post übermittelt wird, nach § 41 Abs. 2 S. 1 L-VwVfG „am dritten Tag nach der Aufgabe zur Post als bekannt gegeben" (ein Ausnahmefall des § 41 Abs. 2 S. 3 L-VwVfG liegt hier nicht vor). Der Aufhebungsbescheid vom 23. Mai wurde an diesem Tag zur Post gegeben. Der dritte hierauf folgende Tag ist der 26. Mai. Noch bevor die Klagefrist des § 74 Abs. 1 S. 2 VwGO einen Monat später, d.h. am 26. Juni, endete, erhob A am 25. Juni Klage. ■

> **Hinweis**
>
> Aufgrund des Zusammenspiels von Antwort-, Hilfs- und Gegennormen lässt sich namentlich die Frage, ob einer bestimmten Person (z.B. Verkäufer) ein Recht (z.B. Anspruch auf Kaufpreiszahlung) gegen eine andere (z.B. Käufer) zusteht, **regelmäßig nicht** durch Anwendung von **nur eine**r Rechtsvorschrift beantworten (z.B. § 433 Abs. 2 BGB, der einen Kaufvertrag voraussetzt). Vielmehr kann die endgültige Antwort hierauf erst nach Prüfung sämtlicher insoweit einschlägiger (Hilfs- und Gegen-)**Norm**en gegeben werden (z.B. kein Erlöschen des Anspruchs infolge Aufrechnung, § 389 BGB).[77]

---

[76] Hierzu siehe im Skript „Verwaltungsprozessrecht", Rn. 209, 215 m.w.N. Dort auch zu weiteren für die Fristberechnung maßgeblichen Vorschriften (u.a. des BGB). Auf Vorschriften, die Sonderregelungen für solche Fälle treffen, in denen das Fristende auf einen Samstag, Sonntag oder Feiertag fällt (Rn. 184), ist nicht einzugehen.

[77] *Schmalz*, Methodenlehre, Rn. 120 ff. Vgl. auch *Prümm*, in: Vereinigung Deutscher Rechtslehrender, Rechtslehre, 2012, S. 21 (36): „**Antwortnorm + Hilfsnorm + Gegennorm = Entscheidungsnorm**".

Zusammenfassung

Rechtsnormen sind typischerweise nach einem Konditionalprogramm aufgebaut: Die in ihnen jeweils enthaltene **Rechtsfolge** tritt im konkreten Fall dann ein, wenn in diesem der **Tatbestand** der betreffenden Rechtsnorm erfüllt ist. Mitunter wird diese Struktur allerdings erst nach entsprechender Aufbereitung (Umstellung, Umformulierung) der jeweiligen Vorschrift sichtbar.

Neben **geschriebene**n gibt es auch **ungeschriebene (positive** wie **negative)** Tatbestandsmerkmale, die sich ggf. auch erst **aus anderen Vorschriften** ergeben und sowohl **kumulativ** („und") als auch **alternativ** („oder") miteinander verbunden sein können. Ferner kann zwischen **bestimmte**n und **unbestimmte**n sowie zwischen **deskriptive**n (beschreibenden) und **normative**n (wertungsabhängigen) **Tatbestandsmerkmale**n unterschieden werden und knüpfen diese teilweise an **äußere** und teilweise an **innere Tatsache**n an.

Ergeben sich aus einer Rechtsnorm selbstständige (z.B. Leistungs-)Rechte bzw. Pflichten, so handelt es sich bei ihr um eine **Primärnorm**. Demgegenüber werden **Antwortnormen**, welche die Rechtsfolgen bei Verstößen gegen Primärnormen regeln (z.B. Schadensersatzpflicht), als **Sekundärnorm**en bezeichnet. Mitunter tritt die in einer Rechtsnorm enthaltene Rechtsfolge jedoch trotz Vorliegens der jeweiligen tatbestandlichen Voraussetzungen nicht zwingend ein (so aber im Fall einer **gebundenen Entscheidung**), sondern verfügt der Normanwender (z.B. Behörde) über ein dahingehendes **Ermessen**, „ob" er im konkreten Fall überhaupt eine der nach dem Gesetz in Betracht kommenden Rechtsfolgen setzt (Entschließungsermessen) und bejahendenfalls, „wie" diese genau ausgestaltet ist (Auswahlermessen).

Die von einer Antwortnorm grundsätzlich angeordnete Rechtsfolge tritt im konkreten Fall allerdings dann nicht ein, wenn in diesem eine **Gegennorm** einschlägig ist (z.B. rechtsverhindernde, -vernichtende oder -hemmende Einwendung bzw. Einrede).

Normen, die bei der Anwendung einer anderen Rechtsnorm helfen, sind zum einen **Legaldefinition**en, mit denen der Gesetzgeber die Bedeutung des in einer anderen Vorschrift verwendeten Begriffs verbindlich festlegt (z.B. § 194 Abs. 1 BGB: „Anspruch").

Zum anderen gehören auch **Verweisungsnorm**en zu den sog. **Hilfsnormen**: Soll die Rechtsfolge von § Z, auf den § X verweist, nur dann eintreten, wenn zusätzlich zum Tatbestand von § X auch noch derjenige von § Z verwirklicht ist, so handelt es sich um eine **Rechtsgrundverweisung**. Demgegenüber tritt die in § Z enthaltene Rechtsfolge im Fall einer **Rechtsfolgenverweisung** bereits dann ein, wenn allein der Tatbestand der verweisenden Rechtsnorm (§ Y) erfüllt ist. Verweist eine Vorschrift auf eine andere in einer ganz bestimmten zeitlichen Fassung, so spricht man von einer **statischen** Verweisung. Hingegen wird im Fall einer **dynamischen** Verweisung auf die im Zeitpunkt der jeweiligen Rechtsanwendung geltende (aktuelle) Fassung der verwiesenen Vorschrift Bezug genommen (inkl. etwaiger zwischenzeitlicher Änderungen).

Gesetzesauslegung

Eine weitere Art von Hilfsnormen sind schließlich gesetzliche Vermutungen, mit denen der Gesetzgeber Schwierigkeiten bei der Sachverhaltsermittlung begegnet. Entspricht die bei Vorliegen der jeweiligen Voraussetzungen eintretende gesetzliche Vermutung nicht den wirklichen Tatsachen, so ist nur bei einer **widerleglichen Vermutung** der Beweis des Gegenteils zulässig, nicht dagegen im Fall einer **unwiderleglichen Vermutung**. Während bei der Letztgenannten der vermutete Tatbestand möglicherweise auch tatsächlich gegeben ist, liegt dieser im Fall einer gesetzlichen **Fiktion** mit Sicherheit nicht vor.

Online-Wissens-Check
Wie ist eine Rechtsnorm typischerweise aufgebaut?
Überprüfen Sie jetzt online Ihr Wissen zu den in diesem Abschnitt erarbeiteten Themen. Unter www.juracademy.de/skripte/login steht Ihnen ein Online-Wissens-Check speziell zu diesem Skript zur Verfügung, den Sie kostenlos nutzen können. Den Zugangscode hierzu finden Sie auf der Codeseite.

B. Gesetzesauslegung

Ist der vollständige Rechtssatz hiernach ermittelt, so ist nunmehr die Bedeutung seiner einzelnen Merkmale zu bestimmen (definieren), da ohne Klarheit hierüber nicht entschieden werden kann, ob der konkrete Sachverhalt (z.B. Geschäftsräume) den abstrakten Vorgaben des Gesetzes unterfällt (z.B. Art. 13 Abs. 1 GG: Schutz der „Wohnung").[78] Das ist das **Ziel** (Ergebnis) der Auslegung,[79] deren **Gegenstand** in der überwiegend kodifizierten bundesdeutschen Rechtsordnung das geschriebene Gesetzesrecht[80] bildet und die sich als **Mittel** der juristischen Auslegungskriterien bedient.[81]

120

Dass dieses Unterfangen mitunter Schwierigkeiten bereitet, liegt zum einen darin begründet, dass Normen aus sprachlichen Sätzen bestehen, sprachliche Verständigung aber ein vielschichtiger und nicht selten ungenauer Vorgang ist.[82] So kann – abhängig vom individuellen **Vorverständnis** („Vorstellungshorizont") – der Autor eines Textes mit den darin verwendeten Wörtern (z.B. § 833 S. 2 BGB: „Haustier") womöglich einen ganz anderen Vorstellungsinhalt verbinden (z.B. von Natur aus zahme Tiere wie etwa Rinder) als der Adressat (z.B. gezähmte

121

---

78 Vgl. *Bitter/Rauhut*, JuS 2009, S. 289 (292); *Vogel*, Methodik, S. 112 f.; *Wank*, Auslegung, S. 26; *Wienbracke*, Einführung in die Grundrechte, 2013, Rn. 62 m.w.N.
79 Vgl. *Muthorst*, Grundlagen, § 7 Rn. 1; *Vogel*, Methodik, S. 113; *Wank*, Auslegung, S. 27; *Zippelius*, Methodenlehre, S. 40.
80 Genauer: Die **einzelnen** in ihm enthaltenen („problematischen"; vgl. Rn. 127, 148) **Begriffe**, siehe *Rüthers/Fischer/Birk*, Rechtstheorie, Rn. 730a. Vgl. auch Rn. 10.
81 Vgl. *Muthorst*, Grundlagen, § 7 Rn. 3; *Rüthers/Fischer/Birk*, Rechtstheorie, Rn. 697, 725. „Die Sinnermittlung von Texten ist eine allgemeine Aufgabe und Arbeitsmethode der Geisteswissenschaft (**Hermeneutik**)", *Horn*, Einführung in die Rechtswissenschaft und Rechtsphilosophie, 5. Auflage 2011, Rn. 177 (Hervorhebung d.d. Verf.).
82 *Muthorst*, Grundlagen, § 5 Rn. 12; *Schwacke*, Methodik, S. 45; *Rüthers/Fischer/Birk*, Rechtstheorie, Rn. 154, 164, 166.

Tiere wie etwa Rehe).[83] Insoweit geht es in der Rechtswissenschaft letztlich um die Lösung desselben Problems, vor dem auch die anderen Textwissenschaften stehen, nämlich die „Übersetzung" der Zeichen (Wörter) aus der Sprachwelt des Autors in diejenige des Adressaten:[84] Ebenso wie beispielsweise in der Literaturwissenschaft die Figur des „Eulenspiegel" von einigen schlicht als fröhlicher Spaßvogel aufgefasst wird, andere in ihr hingegen einen sozialkritischen Aufwiegler sehen,[85] so sind auch die im Gesetz anzutreffenden Begriffe nicht selten i.d.S. mehrdeutig, dass sie einen gewissen „Bedeutungsspielraum" aufweisen.[86] Dies trifft v.a. auf die vom Gesetzgeber aus Gründen der Flexibilität bewusst unbestimmt formulierten Rechtsbegriffe zu (z.B. § 826 BGB: „gute Sitten").[87]

122 Doch auch im Übrigen wird das Verständnis von Gesetzestexten zum anderen dadurch erschwert, dass diese häufig von einem recht **hohen Abstraktionsniveau** gekennzeichnet sind.[88] Um die schier unendliche Zahl vielgestaltiger Lebensvorgänge zu erfassen, müssen die „nur" endlich vielen Rechtsvorschriften notgedrungen allgemein formuliert sein.[89] Würde sich der Gesetzgeber hingegen darauf beschränken, ausschließlich deskriptive Tatbestandsmerkmale zu verwenden, die unmittelbar in ihrer Bedeutung für jedermann erschließbar sind (Rn. 92; z.B. in § 242 Abs. 1 StGB statt „fremde bewegliche Sache" eine Aufzählung aller Tatobjekte wie „Computer, Geldscheine, Telefone" etc.), so bestünde die Gefahr, dass die Gesetze zu starr und kasuistisch – und damit letztlich impraktikabel und lückenhaft – würden sowie dem Wandel der Lebensverhältnisse oder den Besonderheiten des Einzelfalls nicht mehr gerecht werden könnten. Insbesondere die Verwendung wertausfüllungsbedürftiger Begriffe bis hin zu Generalklauseln (Rn. 93; z.B. § 242 BGB: Pflicht zur Leistungsbewirkung nach „Treu und Glauben") wird daher weder durch das allgemeine, aus dem Rechtsstaatsprinzip des Art. 20 Abs. 3 GG folgende Bestimmtheitsgebot noch durch dessen besonders strikte Ausprägung im strafrechtlichen Bereich (Art. 103 Abs. 2 GG) verfassungsrechtlich von vornherein ausgeschlossen.[90] Vielmehr hat der Gesetzgeber Rechtsvorschriften (nur) so genau zu fassen, „wie dies nach der Eigenart der zu ordnenden Lebenssachverhalte mit Rücksicht auf den Normzweck möglich ist."[91] Solange sich der genaue Inhalt einer Vorschrift mit Hilfe der anerkannten juristischen Auslegungsregeln (Rn. 136 ff.) ermitteln lässt, steht ihre Auslegungsbedürftigkeit nicht im Widerspruch zum verfassungsrechtlichen Bestimmtheitserfordernis.[92]

---

83 *Muthorst*, Grundlagen, § 4 Rn. 18; *Schwacke*, Methodik, S. 149 f.; *Zippelius*, Methodenlehre, S. 16 f., 38. Zur Gefahr des „**hermeneutischen Zirkel**s" („man muss [...] schon verstanden haben, was man erst verstehen will", *Muthorst*, Grundlagen, § 4 Rn. 18) siehe etwa *Sauer*, in: Krüper, Grundlagen des Rechts, § 9 Rn. 15 m.w.N., der insoweit § 164 Abs. 2 BGB als Beispiel benennt: „Kann das verstehen, wer mit dem Zivilrecht und der Stellvertretung nicht bereits vertraut ist?".

84 *Muthorst*, Grundlagen, § 5 Rn. 12 a.E.; *Rüthers/Fischer/Birk*, Rechtstheorie, Rn. 155, 156.

85 *Rüthers/Fischer/Birk*, Rechtstheorie, Rn. 157 m.w.N. auch zu weiteren Deutungen.

86 *Zippelius*, Methodenlehre, S. 16.

87 *Schwacke*, Methodik, S. 47 ff. Siehe auch Rn. 196, 235.

88 Vgl. *Beaucamp/Treder*, Methoden, Rn. 136. Eine **kasuistische Gesetzgebungstechnik** (vgl. z.B. §§ 308 f. BGB) ist dagegen die **Ausnahme**, siehe *Schwacke*, Methodik, S. 5, 46.

89 *Rüthers/Fischer/Birk*, Rechtstheorie, Rn. 185; *Schmalz*, Methodenlehre, Rn. 164; *Schwacke*, Methodik, S. 1 f., 47. Siehe ferner *Zippelius*, Methodenlehre, S. 8, der auf den insoweit bestehenden **Widerspruch zwischen Rechtssicherheit und Einzelfallgerechtigkeit** hinweist.

90 Zum Ganzen siehe BVerfGE 126, 170 (195 f.) m.w.N.; *Beaucamp/Treder*, Methoden, Rn. 137; *Schwacke*, Methodik, S. 5, 46, 49, 80, 103. Siehe auch Rn. 132, 235.

91 BVerfGE 126, 170 (195). Zur je nach Auslegungsziel (**objektive** bzw. **subjektive Theorie**; Rn. 128) unterschiedlichen Handhabung des Bestimmtheitsgrundsatzes siehe *Rüthers/Fischer/Birk*, Rechtstheorie, Rn. 823b.

92 BVerfGE 110, 33 (56 f.) m.w.N. *Wank*, Auslegung, S. 9 a.E. empfiehlt insoweit dieselbe Vorgehensweise wie bei **Rechtsprinzipien** (Rn. 115). Negativbeispiel bei *Tettinger/Mann*, Einführung, Rn. 239 a.E. unter Hinweis auf BVerfGE 102, 370 (395 f.).

Gesetzesauslegung 2 B

Um auch derartige Vorschriften (z.B. § 138 Abs. 1 BGB: „Ein Rechtsgeschäft, das gegen die guten Sitten verstößt, ist nichtig") rechtspraktisch handhabbar zu machen, gilt es, ihren jeweiligen Leitgedanken herauszuarbeiten (z.B. Verhinderung von Rechtsgeschäften, die wegen ihrer Abweichung von den ethischen Grundlagen der Rechtsgemeinschaft für diese unerträglich sind) und anhand von **Fallgruppen** zu konkretisieren (u.a. wucherähnliche Rechtsgeschäfte).[93] In jeder von diesen werden Fälle zusammengefasst, die sowohl in tatsächlicher als auch in rechtlich-wertender Hinsicht gleich liegen (z.B. objektiv auffälliges Missverhältnis zwischen Leistung und Gegenleistung sowie subjektiv Handeln in verwerflicher Gesinnung).[94] Für die Bildung dieser Fallgruppen kann die Überlegung hilfreich sein, welchen „Regel-Anwendungsfall" der Gesetzgeber bei der Normierung der betreffenden Vorschrift vor Augen hatte und ausgehend von diesem eine Skala von Fällen zu erstellen, die auf der einen Seite eindeutig von dieser Vorschrift erfasst werden (z.B. der vereinbarte Kreditzins übersteigt das marktübliche Zinsniveau um relativ 200%) und auf der anderen Seite zweifelsohne nicht mehr unter diese fallen (z.B. der vereinbarte Kreditzins übersteigt das marktübliche Zinsniveau um relativ 20%), sog. **Fallvergleichung**.[95] In Abhängigkeit davon, wie nah der konkrete Fall (z.B. der vereinbarte Kreditzins übersteigt das marktübliche Zinsniveau um relativ 100%) unter Berücksichtigung aller im Einzelnen bestehenden Umstände (z.B. Niedrigzinsphase, keine Zinsanpassungsklausel, lange Laufzeit) an welchem Ende der Skala einzuordnen ist, ist dieser (nicht) unter den jeweiligen Gesetzesbegriff zu subsumieren. In der praktischen Rechtsanwendung werden die unbestimmten Rechtsbegriffe und Generalklauseln durch die zu ihnen in der höchstrichterlichen Rechtsprechung jeweils entwickelten Fallgruppen insofern überformt, als es maßgeblich darauf ankommt, ob der konkrete Sachverhalt einer von diesen zugeordnet werden kann.[96] Diese sollten daher zu den gängigsten „Formeln" der juristischen Hauptfächer bekannt sein, tritt insoweit das „Falldenken" doch zumindest neben „das Denken vom Gesetz her".[97] Diese Vorgehensweise ist dem anglo-amerikanischen *case law* nicht unähnlich, bei dem der konkret zu entscheidende Fall den in der Vergangenheit bereits entschiedenen Fällen unter dem Aspekt gegenübergestellt wird, ob er mit diesen in den entscheidungsrelevanten Punkten vergleichbar ist.[98]

123

---

[93] *Armbrüster*, in: MüKo, BGB, 6. Auflage 2012, § 138 Rn. 1, 112, 119 f. m.w.N.; *Jauernig*, BGB, 14. Auflage 2011, Rn. 16 m.w.N.; *Wank*, Auslegung, S. 9, 49, 90. Hierbei handelt es sich **nicht** etwa um eine Methode der **Subsumtion** (Rn. 77), siehe *Zippelius*, Methodenlehre, S. 58, 60. Siehe auch Rn. 11.

[94] *Vogel*, Methodik, S. 146 f. mit dem Hinweis, dass das Wertungselement eine Fallgruppe im o.g. Sinn **von** bloßer **Kasuistik** (Rn. 122) unterscheide; *Zippelius*, Methodenlehre, S. 59: „Grundgedanke des typisierenden Fallvergleichs ist also die **Gleichbehandlung**" (Hervorhebung im Original).

[95] BGHZ 99, 333 (336); 104, 102 (105); 110, 336 (338 ff.); BGH, NJW 1991, S. 834 (835 a.E.); *Schmalz*, Methodenlehre, Rn. 283 f., 342 f.; *Vogel*, Methodik, S. 145; *Wank*, Auslegung, S. 47 f. *Zippelius*, Methodenlehre, S. 62 ordnet die Fallvergleichsmethode der **teleologischen Auslegung** (Rn. 199 ff.) zu. Dort (S. 58, 62 f.) auch zur **Präzisierung der Rechtsfolgen** (z.B. Bemessung von Schmerzensgeld) im Wege des typisierenden Fallvergleichs und dessen Bedeutung im Rahmen der **Rechtsfortbildung** (Rn. 228 ff.).

[96] Zum Ganzen siehe *Schmalz*, Methodenlehre, Rn. 344; *Schwacke*, Methodik, S. 114 f.; *Vogel*, Methodik, S. 86 f., 146 f. Zur Frage, ob es sich bei der Konkretisierung von unbestimmten Rechtsbegriffen und Generalklauseln noch um **Gesetzesauslegung** oder bereits um **Rechtsfortbildung** handelt, siehe Rn. 235 a.E. *Zippelius*, Methodenlehre, S. 58 f. stellt auch insoweit auf den **Wortlaut** als absolute Grenze ab (Rn. 150, 215).

[97] *Tettinger/Mann*, Einführung, Rn. 241; *Vogel*, Methodik, S. 98.

[98] *Tettinger/Mann*, Einführung, Rn. 242; *Zippelius*, Methodenlehre, S. 59. Siehe auch Fn. 59 zu Rn. 20.

124 | **Hinweis**

Neben der vorstehend aufgezeigten **Konkretisierung** (Präzisierung) **von Norminhalten**[99] erfüllt die Rechtsprechung in methodischer Hinsicht noch folgende weitere Funktionen:

- **Aktualisierung des Normverständnisses** (z.B. handelt es sich bei einem Softwaremangel um einen Sachmangel i.S.d. § 434 BGB?);
- **Zusammenschau verschiedener Normen** (z.B. schonender Ausgleich des von Art. 14 Abs. 1 GG geschützten Eigentumsrechts des Vermieters mit dem Grundrecht des Mieters auf Informationsfreiheit aus Art. 5 Abs. 1 S. 1 GG, der eine Parabolantenne an der Außenfassade des Mietshauses anbringen möchte, im Rahmen von § 535 Abs. 1 S. 2 BGB: „vertragsgemäßer Gebrauch") und
- **Ausfüllung von planwidrigen Gesetzeslücken** (Analogie; Rn. 248 ff.).[100]

125 Schließlich sind entgegen der auf das römische Recht zurückgehenden sog. **Eindeutigkeitsregel**[101] („*In-claris-verbis*"-/„*Sens-Clair*"-Regel bzw. „*Plain-Meaning-Rule*") selbst scheinbar „eindeutige" Vorschriften der Auslegung zugänglich – „bereits die Überlegung, ob Auslegungszweifel bestehen, bedeutet eine Ermittlung des Inhalts der Vorschrift und ist damit Auslegung"[102] –, wird das zutreffende Verständnis einer Vorschrift doch nicht nur durch ihren Wortlaut, sondern auch durch ihren systematischen und historischen Kontext sowie ferner ihren Sinn und Zweck bestimmt (so ist z.B. das Merkmal „unter freiem Himmel" in Art. 8 Abs. 2 GG nicht etwa dahingehend auszulegen, dass es auf die fehlende Überdachung der Versammlung „nach oben" ankäme; maßgeblich ist nach der Zielsetzung dieser Vorschrift vielmehr die fehlende räumliche Begrenzung der Versammlung „zu den Seiten hin").[103]

126 Zudem ist nicht ausgeschlossen, dass der augenscheinlich „klare Wortlaut" deshalb zu „berichtigen" ist, weil dieser auf einem **Druckfehler** oder **Redaktionsversehen** des Gesetzgebers beruht (z.B. verwies § 1511 Abs. 3 BGB a.F. auf § 1500 BGB, obwohl ersichtlich § 1501 BGB gemeint war; erst durch Gesetz vom 23.7.2002, BGBl. I S. 2850, wurde dieses „Zitierversehen" bereinigt).[104] In einem solchen Fall bildet – im Gegensatz zu inhaltlichen Unstimmigkeiten[105] – die korrigierte Textfassung den Gegenstand der weiteren Auslegung (vgl. auch § 319 Abs. 1 ZPO, § 42 S. 1 VwVfG).[106]

---

99 Allgemein *Schmalz*, Methodenlehre, Rn. 58 m.w.N. unter Hinweis auf die den Gerichtsentscheidungen vielfach vorangestellten **Leitsätze**. Hierzu sowie zur Unterscheidung zwischen den die Entscheidung tragenden (**ratio decidendi**) und nicht tragenden (**obiter dictum**) Urteilsgründen siehe *Vogel*, Methodik, S. 91 f.; *Zippelius*, Methodenlehre, S. 63 f.

100 Zum Ganzen siehe *Tettinger/Mann*, Einführung, Rn. 100 ff. m.w.N.

101 BVerfGE 4, 331 (351); BGH, NJW 1956, S. 1553. Vgl. auch *Butzer/Epping*, Arbeitstechnik, S. 34 und *Beaucamp/Treder*, Methoden, Rn. 25, 133, denen zufolge bestimmte Tatbestandsmerkmale nur „sehr selten auslegungsbedürftig" seien bzw. die Bedeutung eines Rechtsbegriffs nur dann durch Auslegung zu ermitteln sei, wenn dieser unterschiedliche Bedeutungen haben kann. Siehe aber auch *dies.*, a.a.O., Rn. 135 f. Siehe auch Rn. 127.

102 *Schmalz*, Methodenlehre, Rn. 222. Vgl. auch *Larenz/Canaris*, Methodenlehre, S. 164 unter Hinweis auf *Esser*, Grundsatz und Norm in der richterlichen Fortbildung des Privatrechts, 4. Auflage 1990, S. 253.

103 *Rüthers/Fischer/Birk*, Rechtstheorie, Rn. 142, 732; *Schmalz*, Methodenlehre Rn. 239; *Schwacke*, Methodik, S. 82, 90; *Wank*, Auslegung, S. 51; *Wienbracke*, Einführung in die Grundrechte, 2013, Rn. 430 ff. m.w.N. Siehe auch Rn. 136 f.

104 BT-Drucks. 14/9266, S. 48; BVerfGE 11, 139 (149); *Rüthers/Fischer/Birk*, Rechtstheorie, Rn. 733; *Schwacke*, Methodik, S. 83.

105 Zur **Auflösung von Normwidersprüchen** siehe Rn. 34, 165 ff, 210, zur **Gesetzeskorrektur** siehe Rn. 225.

106 *Beaucamp/Treder*, Methoden, Rn. 295 f.; *Muthorst*, Grundlagen, § 7 Rn. 21; *Schmalz*, Methodenlehre, Rn. 437 f. m.w.N.

> **JURIQ-Klausurtipp** 127
>
> Dass **abstrakt** gesehen richtigerweise **jeder Rechtsbegriff auslegungsfähig und -bedürftig** ist (Rn. 125), bedeutet nicht, dass auch bei der **konkreten Rechtsanwendung** entsprechende Überlegungen stets anzustellen sind! Vielmehr bedarf es dann, wenn der zu begutachtende Sachverhalt (z.B. V ändert die Kaufpreisangabe in dem mit K geschlossenen, notariell beurkundeten Grundstückskaufvertrag nachträglich zu seinen Gunsten ab) evident dem Begriffskern (Rn. 152) des jeweiligen gesetzlichen Merkmals zuzuordnen ist (z.B. § 267 Abs. I StGB: „Urkunde"), keiner vertiefenden Ausführungen – weder zur Gesetzesinterpretation noch zur Subsumtion. Angezeigt sind nähere Ausführungen insoweit vielmehr nur in nicht derart eindeutigen, d.h. in problematischen Fällen (z.B. wenn Z im „Cocktailbar-Fall" [Rn. 2, 78] einen Bleistiftstrich auf dem Pappdeckel ausradieret).[107]

I. Auslegungsziel

Bevor im Folgenden näher auf die einzelnen Auslegungskriterien eingegangen wird, ist zunächst das Auslegungsziel zu präzisieren, da dieses die Erstgenannten beeinflusst.[108] Insoweit stehen sich bereits seit der zweiten Hälfte des 19. Jahrhunderts im Ausgangspunkt zwei Meinungslager gegenüber:[109] „Während die ‚**subjektive**' **Theorie** auf den historischen Willen des ‚Gesetzgebers' = Gesetzesverfassers, auf dessen Motive in ihrem geschichtlichen Zusammenhang abstellt, ist nach der ‚**objektiven**' **Theorie** [...] Gegenstand der Auslegung das Gesetz selbst."[110] Lassen sich auch auf dem Boden des Grundgesetzes Argumente zugunsten beider Ansätze finden – die Bindung der Rechtsprechung an das Gesetz (Art. 20 Abs. 3, Art. 97 Abs. 1 GG; Rn. 10 ff.) lässt sich sowohl auf den Gesetzestext als auch auf die hinter diesem stehenden Absichten des (damaligen) Gesetzgebers beziehen –,[111] so verwundert es daher nicht, dass das Bundesverfassungsgericht eine **vermittelnde Auffassung** vertritt: „Maßgebend für die Auslegung einer Gesetzesvorschrift ist der in dieser zum Ausdruck kommende objektivierte Wille des Gesetzgebers"[112], sog. Andeutungs- bzw. Vereinigungstheorie.[113]

128

---

107 Zum Ganzen vgl. *Muthorst*, Grundlagen, § 6 Rn. 17 f., 24; *Schmalz*, Methodenlehre, Rn. 27, 167; *Vogel*, Methodik, S. 101 ff., 118; *Zippelius*, Methodenlehre, S. 74. Siehe auch Rn. 148.
108 *Muthorst*, Grundlagen, § 7 Rn. 8; *Schwacke*, Methodik, S. 89; *Wank*, Auslegung, S. 27. Konkret zu allen vier Auslegungskriterien *Butzer/Epping*, Arbeitstechnik, S. 45. Siehe auch Rn. 147, 154, 188, 200, 220.
109 *Larenz/Canaris*, Methodenlehre, S. 137. Siehe auch die Darstellung bei *Schwacke*, Methodik, S. 85 ff.
110 BVerfGE 11, 126 (129 f.). Nachweise zu den Vertretern beider Theorien inkl. ihrer jeweiligen **Unterarten** finden sich bei *Engisch*, Einführung in das juristische Denken, 11. Auflage 2010, S. 160 ff. Siehe auch die Darstellung bei *Schwacke*, Methodik, S. 85 ff.
111 *Larenz/Canaris*, Methodenlehre, S. 138. **A.A.** *Wank*, Auslegung, S. 27 f.
112 So bereits BVerfGE 1, 299 (312).
113 Terminologie nach *Schwacke*, Methodik, S. 87; *Wank*, Auslegung, S. 31, der darauf hinweist (S. 37), dass „der **Meinungsstreit** zwischen subjektiver und objektiver Theorie erheblich **weniger praktische Bedeutung** hat, als es scheint" (vgl. auch Rn 220; Hervorhebungen d.d. Verf.). Ebenso *Sauer*, in: Krüper, Grundlagen des Rechts, § 9 Rn. 32 a.E. Vielmehr besteht der **Kern des Streits heute** darin, inwieweit sich der Rechts„anwender" im Rahmen der „Auslegung" von den historischen Vorgaben entfernen darf, ohne dabei die **Grenze zur Rechtsfortbildung** zu überschreiten, siehe Rn. 195 f. und *Bitter/Rauhut*, JuS 2009, S. 289 (292, 298).

129 > **Hinweis**
>
> Der Streit um die Frage, welche Auslegung – die subjektive oder die objektive – die richtige ist, lässt sich auch als solcher um den **Rang der historischen Auslegung** begreifen.[114]

130 Diese heute in Rechtsprechung und Lehre h.M.[115] überzeugt. **Gegen** die alleinige Anwendung der **subjektive**n **Theorie** spricht, dass insoweit, als hiernach der Wille des historischen Gesetzgebers – in zugespitzer Form: die persönlichen Vorstellungen der am Gesetzgebungsverfahren Beteiligten (Rn. 189) – für die Auslegung verbindlich ist (entstehungszeitlich-subjektive Theorie; „*ex tunc*"), eine Versteinerung der Rechtsordnung droht, wenn sich nach dem Erlass des Gesetzes die gesellschaftlichen Verhältnisse wandeln (z.B. Erfindung des Internets; ist etwa ein über „Skype" abgegebenes Angebot ein solches unter Anwesenden i.S.v. § 147 Abs. 1 BGB?) oder die rechtlichen Wertungen ändern (ist z.B. gegenwärtig ein sog. Geliebtentestament gem. § 138 Abs. 1 BGB sittenwidrig?).[116] Doch auch insoweit, als die subjektive Theorie bei älteren Gesetzen auf die Wertungen des hypothetischen bzw. realen (str.) heutigen[117] Gesetzgebers abstellt (geltungszeitlich-subjektive Theorie; „*ex nunc*"), indem sie eine entsprechende Fortschreibung der im Gesetz verkörperten Wertungen fordert, sieht sie sich dem Einwand ausgesetzt, dass sie nicht stets zu einem Ergebnis führt.[118]

131 Zentraler **Kritik**punkt an der **objektive**n **Theorie** wiederum ist, dass diese mit dem gegenüber dem – im Wege der historischen Auslegung zuweilen eindeutig bestimmbaren (Rn. 190) – „Willen des Gesetzgebers" verselbstständigten „Willen des Gesetzes" vordergründig nach einem Phantom sucht („ein Text hat keinen eigenen Willen"[119]) und es der Sache nach der ihrerseits kaum nachvollziehbaren Bewertung des jeweiligen Interpreten überlässt, welche scheinbar objektiv vernünftige und zeitgemäße Aussage („das Gesetz kann klüger sein als die Väter des Gesetzes"[120]) er dem Gesetz entnimmt („,objektive' Auslegung ist subjektiv"[121]).[122] Damit aber gerät dieser Ansatz in Konflikt mit dem Gewaltenteilungsprinzip des Art. 20 Abs. 2 S. 2 GG, wonach Rechtsnormen von den an diese gebundenen Gerichten lediglich angewandt, nicht hingegen auch gesetzt werden, was vielmehr Aufgabe der Legislative ist (objektive Theorie als Deckmantel richterlicher Rechtsfortbildung).[123] Je selbstständiger aber der vermeintliche Wille des Gesetzes von der Judikative festlegt wird, umso eher macht

---

114 *Muthorst*, Grundlagen, § 7 Rn. 15 m.w.N. Siehe auch Rn. 184 ff., 220.
115 Siehe *Rüthers/Fischer/Birk*, Rechtstheorie, Rn. 798 ff.; *Schmalz*, Methodenlehre, Rn. 263, jeweils m.w.N.
116 Vgl. *Beaucamp/Treder*, Methoden, Rn. 189 m.w.N.; *Schwacke*, Methodik, S. 87; *Vogel*, Methodik, S. 97; *Wank*, Auslegung, S. 30 ff.; *Zippelius*, Methodenlehre, S. 17.
117 „Die Legitimitätsgrundlage des heute anzuwendenden Rechts liegt nicht in der Vergangenheit, sondern in der Gegenwart. Die heutige Rechtsgemeinschaft kann jederzeit über das überkommene Recht verfügen", *Zippelius*, Methodenlehre, S. 20. Vgl. z.B. Art. 123 Abs. 1 GG.
118 *Röhl/Röhl*, Allgemeine Rechtslehre, 3. Auflage 2008, S. 631; *Vogel*, Methodik, S. 97; *Wank*, Auslegung, S. 30. Siehe auch Rn. 192.
119 *Rüthers/Fischer/Birk*, Rechtstheorie, Rn. 797.
120 BVerfGE 36, 342 (362). Näher hierzu *Horn*, Einführung in die Rechtswissenschaft und Rechtsphilosophie, 5. Auflage 2011, Rn. 179a: „Der [Gesetzes-]Text kann auch Bedeutungen und Konsequenzen enthalten, die den am Gesetzgebungsverfahren beteiligten Personen gar nicht bewusst waren, aber später in der Auslegung und Anwendung der Normen durch die Gerichte und durch die rechtswissenschaftliche Diskussion allmählich hervortreten".
121 *Röhl/Röhl*, Allgemeine Rechtslehre, 3. Auflage 2008, S. 631.
122 *Beaucamp/Treder*, Methoden, Rn. 189 f. m.w.N.; *Muthorst*, Grundlagen, § 7 Rn. 5.
123 BVerfGE 128, 193 (210); *Beaucamp/Treder*, Methoden, Rn. 181, 183 m.w.N. Siehe auch Rn. 20, 232, 234.

Auslegungsziel 2 B I

diese sie sich anstatt zu dessen „Diener" zu seinem „Herren".[124] Um dies zu verhindern, sind die Regelungsabsichten und Wertvorstellungen des Gesetzgebers bei der Auslegung **daher** i.S.d. o.g. **Andeutungs- bzw. Vereinigungstheorie** mit einzubeziehen.[125]

> **JURIQ-Klausurtipp** 132
>
> Während das Ziel der Auslegung grundsätzlich darin besteht, die Bedeutung des betreffenden gesetzlichen Merkmals allgemein (abstrakt) derart umfassend zu definieren, dass kein Sachverhalt mehr denkbar ist, bzgl. dessen Zweifel an seiner Subsumierbarkeit unter dieses Merkmal bestehen, so bedarf es im Rahmen der Fallbearbeitung einer Begriffsdefinition dagegen nur insoweit, als diese für die Beurteilung erforderlich ist, ob die im jeweiligen Aufgabentext mitgeteilten Tatsachen vom insofern in Betracht kommenden gesetzlichen Merkmal erfasst werden oder nicht.[126] Namentlich in der Klausur ist die Gesetzesauslegung folglich auf die Ermittlung des Sinngehalts der jeweiligen Vorschrift speziell in Bezug auf den konkret zu beurteilenden Fall beschränkt (z.B. überweist Käufer K den Kaufpreis i.H.v. 100 € aufgrund eines „Zahlendrehers" nicht auf das Bankkonto des Verkäufers V, sondern eines fremden Dritten D), d.h. soweit die betreffende Rechtsfrage für dessen Entscheidung erheblich ist (z.B. ob K gegen D einen Anspruch auf Herausgabe der 100 € aus § 812 Abs. 1 S. 1 BGB hat. Ob es sich darüber hinaus beispielsweise auch bei der Befreiung von einer Verbindlichkeit um „etwas" i.S.v. § 812 Abs. 1 S. 1 BGB handelt, ist eine Frage, auf deren Beantwortung es zur Lösung des konkreten Falls – Fehlüberweisung der 100 € durch K an D – nicht ankommt und im zugehörigen Gutachten daher auch nicht anzusprechen ist[127]). Aber Achtung: Trotz dieser ausschnitthaften sog. **Fallbezogenheit der Auslegung** (keine lehrbuchhaften bzw. kommentarmäßigen Ausführungen) muss diese stets allgemeingültig bleiben (Formulierungsbeispiel: „Etwas' i.S.v. § 812 Abs. 1 S. 1 BGB ist jeder Vermögensvorteil. Ein solcher liegt jedenfalls bei einem positiven Vermögenszuwachs vor").[128] Auch die bloße Aufzählung von Anwendungsfällen (sog. **Kasuistik**) definiert einen Begriff nicht.[129]

Beispiel[130] B ist berechtigter Besitzer einer Baumaschine, an deren Nutzung er infolge 133 einer zweitägigen Blockade durch den Demonstranten D gehindert wurde. Hat B gegen D einen Anspruch auf Ersatz der entgangenen Nutzung aus § 823 Abs. 1 BGB?

Ein auf § 823 Abs. 1 BGB gestützter Anspruch des B gegen D auf Nutzungsersatz wegen Blockade der Baumaschine kommt ersichtlich nur unter dem Gesichtspunkt der Verletzung eines „sonstigen Rechts" in Betracht. Dieser Begriff ist allgemein zu definieren (also nicht nur in Bezug auf B und auch keine bloße Aufzählung wie: „sonstige Rechte' i.S.v. § 823 Abs. 1 BGB sind beschränkte dingliche Rechte, Anwartschaftsrechte, Immaterialgüterrechte etc.") – allerdings nur insoweit, als dies zur Beantwortung der konkreten Fallfrage nötig ist (hier also bzgl. des berechtigten Besitzes an einer Sache; ob § 823 Abs. 1 BGB darüber hinaus etwa auch den unrechtmäßigen Besitzer schützt, ist im vorliegenden

---

124 *Muthorst*, Grundlagen, § 7 Rn. 5. Vgl. auch den dortigen Hinweis auf *Heck*: **Normanwender als „denkender Gehilfe" des Normgebers** (hierzu siehe Rn. 244). Siehe ferner die Kritik von *Sauer*, in: Krüper, Grundlagen des Rechts, § 9 Rn. 41 an *Hirsch*, ZRP 2006, S. 161.
125 *Schwacke*, Methodik, S. 87, 92 m.w.N.
126 *Butzer/Epping*, Arbeitstechnik, S. 26 f. Vgl. auch BVerfGE 122, 248 (283) abw. Meinung *Voßkuhle, Osterloh, Di Fabio*; *Muthorst*, Grundlagen, § 6 Rn. 10, 12; *Schmalz*, Methodenlehre, Rn. 27.
127 *Schwacke*, Methodik, S. 80; *Vogel*, Methodik, S. 16. Vgl. auch *Tettinger/Mann*, Einführung, Rn. 212.
128 Zum Ganzen siehe *Schmalz*, Methodenlehre, Rn. 25 ff.; 223 f.
129 *Vogel*, Methodik, S. 7, 112. Vgl. auch Rn. 122.
130 Nach BGHZ 137, 89; *Schmalz*, Methodenlehre, Rn. 223 ff.; *Vogel*, Methodik, S. 112.

Fall irrelevant und daher nicht zu thematisieren). Die zu beantwortende Auslegungsfrage lautet somit: „Schützt § 823 Abs. 1 BGB mit dem Begriff ‚sonstiges Recht' den berechtigten Besitz an einer Sache?" ∎

II. Auslegungsmittel

134 Welcher Methode sich der Rechtsanwender zur Ermittlung des Bedeutungsinhalts des Gesetzes bzw. der darin enthaltenen Begriffe zu bedienen hat, ist gesetzlich nicht geregelt („fehlendes Methodengesetz"[131]);[132] namentlich die §§ 133, 157 BGB betreffen nur die Auslegung von Willenserklärungen bzw. Verträgen. Auch das Grundgesetz schreibt eine bestimmte Auslegungsmethode nicht vor.[133] Dass die Auslegung gleichwohl nicht dem Gutdünken des jeweiligen Auslegers, d.h. dem willkürlichen Meinen bzw. subjektiven „Für-Richtig-Halten" seitens des einzelnen Richters, Verwaltungsbeamten etc. überlassen ist (juristisches Denken hat „leidenschaftslos, unparteilich, unbefangen und vorurteilsfrei" zu sein[134]), sondern dieser sich hierfür bestimmter **objektive**r **Kriterien** zu bedienen hat („es gibt keine ‚Freiheit der Methodenwahl'"[135]), ist ein Gebot des verfassungsrechtlichen Rechtsstaatsprinzips, welches unter dem Gesichtspunkt der Rechtssicherheit nicht nur ein vorhersehbares, sondern auch ein rational nachvollziehbares und damit kontrollierbares Auslegungsergebnis fordert („Methodenfehler sind [...] Rechtsfehler"[136], vgl. § 546 ZPO, § 337 Abs. 2 StPO).[137] (Auch) Insoweit handelt es sich bei der Jurisprudenz mithin um einen „nach Inhalt und Form [...] ernsthafte[n] planmäßige[n] Versuch zur Ermittlung der Wahrheit"[138] – und damit um „Wissenschaft".[139] Das Instrument hierzu, d.h. zur Erlangung „richtiger" (i.S.v. juristisch vertretbarer, freilich nicht notwendig auch eindeutiger) Entscheidungen, ist die Methodenlehre.[140] Den danach anerkannten Auslegungskriterien („Regeln der Kunst"[141], *leges artis* der Rechtswissenschaft) kommt letztlich sogar Verfassungsrang zu, steht eine (Gerichts-)Entscheidung, die den methodisch vorgegebenen Korridor des rechtlich Vertretbaren verlässt, doch nicht mehr mit „Gesetz und Recht" i.S.v. Art. 20 Abs. 3 GG in Einklang.[142]

---

131 *Rüthers/Fischer/Birk*, Rechtstheorie, Rn. 704.
132 *Schwacke*, Methodik, S. 88; *Vogel*, Methodik, S. 5.
133 BVerfGE 88, 145 (166 f.). Vgl. auch *Hassemer*, in: Kaufmann/Hassemer/Neumann, Einführung in die Rechtsphilosophie und Rechtstheorie der Gegenwart, 8. Auflage 2011, S. 263 m.w.N.
134 So die von *Muthorst*, Grundlagen, § 4 Rn. 6 referierte Ansicht von *Wurzel*, Das juristische Denken, 1904.
135 *Rüthers*, JuS 2011, S. 865 (868) m.w.N. auch zur **a.A.**
136 *Vogel*, Methodik, S. 4. Vgl. auch *ders.*, a.a.O., S. 6: „Methodenverfall führt regelmäßig zu Rechtsfehlern".
137 *Beaucamp/Treder*, Methoden, Rn. 6, 9, 133, 138 m.w.N.; *Larenz/Canaris*, Methodenlehre, S. 140; *Sauer*, in: Krüper, Grundlagen des Rechts, § 9 Rn. 12; *Schwacke*, Methodik, S. 88; *Tettinger/Mann*, Einführung, Rn. 212 unter Hinweis auf BVerfGE 82, 30 (38 f.); *Vogel*, Methodik, S. 1 f., 4: „**Das Recht selbst bestimmt die Methode des Umgangs mit sich**"; deren Regeln sind mithin **Metaregeln** (von griech. „meta" = „über"), siehe *Beaucamp/Treder*, a.a.O., Rn. 3 m.w.N. Siehe auch Rn. 122.
138 So die Definition des Begriffs „Wissenschaft" (i.S.v. Art. 5 Abs. 3 GG) in BVerfGE 35, 79 (112).
139 Näher *Muthorst*, Grundlagen, § 2; *Rüthers/Fischer/Birk*, Rechtstheorie, Rn. 280 ff.
140 Vgl. *Beaucamp/Treder*, Methoden, Rn. 1, 133; *Schmalz*, Methodenlehre, Rn. 309 f.; *Schwacke*, Methodik, S. 2; *Vogel*, Methodik, S. 8 f. mit dem Hinweis, dass Methode **nicht** zugleich materielle **Gerechtigkeit** gewährleistet (a.A. *Schwintowski*, Methodenlehre, 2005, S. 12, 16); *Zippelius*, Methodenlehre, S. 1. Siehe auch Rn. 11, 222. Der **Begriff „Methode"** lässt sich zurückführen auf „méthodos" (griech. = „planmäßiges Verfahren zum Gewinnen von Erkenntnissen"), siehe *Bitter/Rauhut*, JuS 2009, S. 289.
141 *Zippelius*, Methodenlehre, S. 67.
142 BVerfGE 113, 88 (104); *Sauer*, in: Krüper, Grundlagen des Rechts, § 9 Rn. 12 f., 18. *Bitter/Rauhut*, JuS 2009, S. 289 (290) weisen darüber hinaus auf das **Willkürverbot** (**Art. 3 Abs. 1 GG**) hin. Siehe auch *Wienbracke*, Einführung in die Grundrechte, 2013, Rn. 658 ff. m.w.N.

> **JURIQ-Klausurtipp** 135
>
> Wenngleich richtigerweise **jeder Rechtssatz auslegungsbedürftig ist**,[143] so wäre es im Rahmen der Fallbearbeitung dennoch verfehlt, sich die Bedeutung jedes einzelnen hierfür jeweils relevanten gesetzlichen Merkmals anhand der juristischen Auslegungsmethoden von Grund auf neu zu erschließen. Denn auch wenn für dieses keine **Legaldefinition** (Rn. 101 ff.) vorhanden sein sollte, so haben Rechtsprechung und Lehre doch zahlreiche „**Standarddefinitionen**" entwickelt. Diese „Auslegungsvorschläge" sind bei der Falllösung regelmäßig ohne Weiteres zugrunde zu legen (und demgemäß zuvor auswendig zu lernen).[144] Demgegenüber ist eine **eigenständige** Erarbeitung des Bedeutungsinhalts der vom Gesetzgeber verwendeten Begriffe unter Zugrundelegung der juristischen **Auslegung**skriterien (Rn. 136 ff.) namentlich dann angezeigt, wenn hierzu noch keine (gefestigte) Rechtsprechung und Lehrmeinung existiert (z.B. weil es sich um ein neues Gesetz handelt) oder aber wenn es gilt, bestehende Interpretationen kritisch zu hinterfragen.[145] Zusammenfassend gilt also:[146]
>
> 1. Ist in Bezug auf den jeweils in Frage stehenden Gesetzesbegriff (den zu definierenden Ausdruck, sog. *definiendum*; z.B. § 121 Abs. 1 S. 1 BGB: „unverzüglich") eine **Legaldefinition** vorhanden (z.B. § 121 Abs. 1 S. 1 BGB: „ohne schuldhaftes Zögern"), so ist der Rechtsanwender an das durch diese festgelegte Begriffsverständnis (den definierenden Ausdruck, sog. *definiens*) zwingend gebunden. Eine hiervon abweichende Interpretation (z.B. „unverzüglich" = „sofort") wäre unzulässig („Auslegungsverbot"[147]).[148] Erweist sich die Legaldefinition allerdings ihrerseits als unklar, so ist sie selbst auszulegen (z.B. „ohne schuldhaftes Zögern" = „wenn das Zuwarten […] durch die Umstände des Falles geboten ist", was bei einem Abwarten von zwei Wochen grundsätzlich nicht mehr zu bejahen ist[149]).[150]
> 2. Hat, wie häufig der Fall, der Gesetzgeber den von ihm verwendeten Begriff nicht definiert, wird dieser aber von **Rechtsprechung und Lehre** ständig in einem bestimmten Sinn verstanden, so ist diese **gefestigte Auslegung** („Standarddefinition") anzuwenden.[151]
> 3. Existiert weder eine Legaldefinition noch eine (überzeugende) gefestigte Auslegung, so ist eine **eigenständige** Gesetz**es**auslegung durch den Fallbearbeiter anhand der nachfolgend dargestellten juristischen Auslegungskriterien erforderlich.
>
> Achtung: Das „Autoritätsargument", nämlich dass es sich bei einer bestimmten Gesetzesinterpretation um die in Rechtsprechung und Lehre „**herrschende Meinung**" (h.M.)[152] handelt (s.o. „2."), darf nicht mit den nachfolgend dargestellten juristischen Sachargumenten verwechselt werden.[153] „Sich auf Autoritäten zu berufen (,*argumentum ab auctoritate*') ist kein eigentliches juristisches Argument."[154] Vielmehr bemisst sich die Überzeugungskraft jeder zu einer Rechtsfrage vertretenen Auffassung umgekehrt gerade danach, inwiefern diese sich auf

---

143 *Rüthers/Fischer/Birk*, Rechtstheorie, Rn. 142, 731. Siehe auch Rn. 125.
144 Zum Ganzen siehe *Butzer/Epping*, Arbeitstechnik, S. 28. Vgl. auch *Schwacke*, Methodik, S. 49, 90.
145 *Beaucamp/Treder*, Methoden, Rn. 4 f.; *Vogel*, Methodik, S. 7.
146 Zum Folgenden vgl. auch *Wank*, Auslegung, S. 14, 35, 37 a.E., 46.
147 *Vogel*, Methodik, S. 75 f. Vgl. auch *Schwacke*, Methodik, S. 31, 83.
148 *Rüthers/Fischer/Birk*, Rechtstheorie, Rn. 202; *Tettinger/Mann*, Einführung, Rn. 212.
149 *Armbrüster*, in: MüKo, BGB, 6. Auflage 2012, § 121 Rn. 7 m.w.N.
150 Zum Ganzen siehe *Butzer/Epping*, Arbeitstechnik, S. 27 a.E.; *Muthorst*, Grundlagen, § 5 Rn. 41 ff.
151 Vgl. auch Art. 1 Abs. 3 schweiz. ZGB, wonach das Gericht „**bewährte**r **Lehre und Überlieferung**" zu folgen hat.
152 Wer insofern überhaupt „Autorität" hat und was die jeweils herrschende Meinung ist, ist weniger durch Zählen als vielmehr **durch Gewichten der Bedeutung der einschlägigen Stellungnahmen zu ermitteln**, siehe *Vogel*, Methodik, S. 107 f. m.w.N.
153 *Butzer/Epping*, Arbeitstechnik, S. 49; *Schmalz*, Methodenlehre, Rn. 301, 320.
154 *Vogel*, Methodik, S. 106. Vgl. auch *Muthorst*, Grundlagen, § 7 Rn. 73, 75.

die anerkannten juristischen Auslegungskriterien zu stützen vermag.[155] Für die Praxis, aber auch die Klausur, wird gleichwohl empfohlen, pragmatisch zu verfahren und regelmäßig die h.M. zugrunde zu legen, d.h. die Auslegungskriterien – ergebnisorientiert – derart anzuwenden, dass sie zum betreffenden Auslegungsresultat (der h.M.) führen; denjenigen, der einer hiervon abweichenden (Minder-)Meinung (M.M.) folgt, treffe die weitergehende Argumentationslast.[156] Ist die Auslegung eines Begriffs in Rechtsprechung und Lehre umstritten, so kann in der juristischen Ausbildung jede „vertretbare" Meinung (Rn. 223) zugrunde gelegt werden. In der Praxis hingegen wird der (höchstrichterlichen) Rechtsprechung gefolgt.[157]

1. „Klassische" juristische Auslegungskriterien

136 Objektive Hilfsmittel zur Gesetzesauslegung sind in der juristischen Methodenlehre herausgearbeitet worden.[158] Insofern immer noch von grundlegender Bedeutung ist das diesbezügliche Werk von *Carl Friedrich von Savigny* aus dem Jahr 1840.[159] Danach habe sich der Rechtsanwender zur „Reconstruction des dem Gesetze innewohnenden Gedankens" als dem „Geschäft der Auslegung" vier Elemente (sog. *Canones*[160]) zu bedienen, nämlich dem grammatischen, (teleo-[161])logischen, historischen und systematischen.[162] Diese „Auslegung aus dem Wortlaut der Rechtsnorm (**grammatische Auslegung**), aus ihrem Zusammenhang (**systematische Auslegung**), aus ihrem Zweck (**teleologische Auslegung**) und aus den Gesetzesmaterialien und der Entstehungsgeschichte (**historische Auslegung**)"[163] ist nicht nur im Schrifttum[164], sondern ebenfalls in der ständigen Rechtsprechung sowohl des Bundesverfassungsgerichts[165] als auch des EuGH[166] anerkannt.[167]

---

155 *Schmalz*, Methodenlehre, Rn. 328. Siehe auch *ders.*, a.a.O., Rn. 62: Die h.M. ist keine Rechtsnorm.
156 Zum Ganzen siehe *Schmalz*, Methodenlehre, Rn. 62, 324, 328 mit Hinweis (Rn. 325 f.) auf die „Eisenbahn"-Entscheidung in RGZ 1, 247 zur kritischen Hinterfragung mancher „herrschender Meinung", die von Interessengruppen geprägt ist („**Meinung der Herrschenden**", *Vogel*, Methodik S. 106). Hierzu siehe auch Rn. 200. Demgegenüber siehe freilich Rn. 134, 224 zur Wissenschaftlichkeit.
157 Zum Ganzen siehe *Wank*, Auslegung, S. 36, 46. *Adomeit/Hähnchen*, Rechtstheorie, Rn. 92 empfehlen eine **klausurtaktische** Vorgehensweise: Im Zweifel sei derjenigen Lösung zu folgen, „mit der sich der Sachverhalt rechtlich ausschöpfen lässt. Eine noch so ,vertretbare' Ansicht, die nur Stoff für 1/2 Seite bietet, wird wenig Gegenliebe finden". Siehe auch Rn. 20.
158 *Larenz/Canaris*, Methodenlehre, S. 140; *Wank*, Auslegung, S. 39.
159 Statt vieler siehe nur *Pawlowski*, Einführung in die juristische Methodenlehre, 2. Auflage 2000, Rn. 148.
160 Von lat. „Canon" = „Regel, Richtschnur".
161 Vgl. *Schwacke*, Methodik, S. 88 a.E. Abweichende Begründung bei *Sauer*, in: Krüper, Grundlagen des Rechts, § 9 Rn. 17.
162 *von Savigny*, System des heutigen Römischen Rechts, Band I, 1840, S. 213. Zu Wortlaut sowie Sinn und Zweck siehe auch schon Digesten 1.3.17. Hierauf weist *Horn*, Einführung in die Rechtswissenschaft und Rechtsphilosophie, 5. Auflage 2011, Rn. 46 hin.
163 BVerfGE 11, 126 (130) (Hervorhebungen d.d. Verf.). Vgl. auch § 6 öster. ABGB: „Einem Gesetze darf in der Anwendung kein anderer Verstand beigelegt werden, als welcher aus der eigentümlichen Bedeutung der Worte in ihrem Zusammenhange und aus der klaren Absicht des Gesetzgebers hervorleuchtet".
164 Statt vieler siehe nur die bei *Rüthers/Fischer/Birk*, Rechtstheorie, Rn. 700 (Fn. 881) Genannten.
165 Siehe etwa BVerfGE 93, 37 (81) m.w.N.
166 Jüngst etwa EuGH, NJW 2013, S. 29 (36). Hierzu siehe *Wienbracke*, ZEuS 2013, S. 1.
167 Einen Kurzüberblick über die verschiedenen in der rechtsgeschichtlichen Entwicklung vertretenen Methodentheorien (**Begriffsjurisprudenz, Positivismus, Freirechtslehre, Interessenjurisprudenz, Wertungsjurisprudenz**) verschafft *Schmalz*, Methodenlehre, Rn. 211 ff., der es unter Hinweis auf *Vogel*, Methodik, S. 120 nicht für erforderlich hält, zwischen den einzelnen Auslegungskriterien strikt zu trennen und diesen die Sachargumente (z.B. jeweiliger Normzweck) genau zuzuordnen (z.B. historische oder teleologische Auslegung; vgl. auch Fn. 299 in Rn. 188).

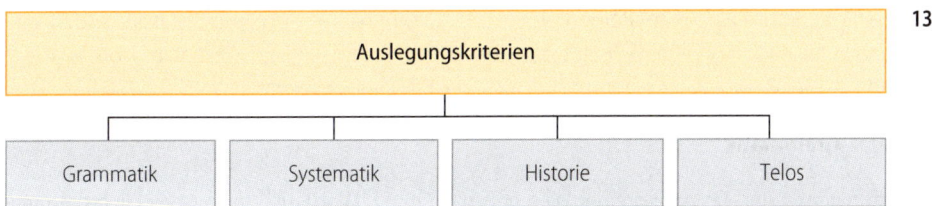

137

138 Was das Verhältnis dieser Auslegungskriterien zueinander anbelangt, so stehen diese nicht etwa derart isoliert nebeneinander, dass der Rechtsanwender nach seinem Belieben (alternativ) eines von ihnen wählen und gestützt allein hierauf zu einem endgültigen Auslegungsergebnis kommen dürfte.[168] Vielmehr handelt es sich bei den vier vorgenannten Elementen um methodische Gesichtspunkte (*Topoi*[169]), die **alle** (kumulativ) nacheinander auf denselben Normtext **anzuwenden** sind.[170] „Die endgültige Stellungnahme bleibt offen, bis alle vier Auslegungskriterien geklärt sind."[171] Denn nur bei einer derart umfassenden Berücksichtigung sämtlicher zur Verfügung stehender Erkenntnismittel ist gewährleistet, dass die betreffende Auslegungsfrage lückenlos von allen Seiten beleuchtet und keiner der für ihre Beantwortung wesentlichen Gesichtspunkte außer Acht gelassen wird.[172] Lediglich dann erübrigt sich ein näheres Eingehen auf ein Auslegungskriterium, wenn sich diesem im Hinblick auf das jeweils zu lösende Auslegungsproblem kein Sachargument entnehmen lässt (was freilich zu begründen ist).[173]

139 Die zu den vier vorgenannten Auslegungsmethoden jeweils gefundenen Teilergebnisse sind abschließend zu einem einheitlichen Gesamtergebnis zusammenzufassen.[174] Weisen die zu Wortlaut, Systematik, Historie und Telos erzielten Zwischenergebnisse alle in dieselbe Richtung, so steht das Auslegungsergebnis damit ohne Weiteres eindeutig fest.[175] Sind sie hingegen unterschiedlich, so stellt sich die (umstr.) Frage nach der **Rangfolge** der Auslegungsmethoden (Rn. 214 ff.).[176]

140 Da Gegenstand der Auslegung das geschriebene Gesetzesrecht ist, d.h. die in diesem sprachlich ausgedrückten Rechtsnormen (Rn. 10, 120), besteht Einigkeit darüber, dass „Ausgangspunkt der Auslegung [...] der Wortlaut der Vorschrift"[177], ihre „verbale Ausgangsbasis"[178], ist.[179] Hinsichtlich der Prüfung der drei weiteren Auslegungsgesichtspunkte gibt es dagegen

---

168 Vgl. *Muthorst*, Grundlagen, § 7 Rn. 8 unter Hinweis auf *Müller/Christensen*, Juristische Methodik, Band I, 10. Auflage 2009, Rn. 374; *Wank*, Auslegung, S. 73. I.d.S. auch schon *von Savigny*, System des heutigen Römischen Rechts, Band I, 1840, S. 215. Siehe auch Rn. 134.
169 Griech. = „Ort, Gemeinplatz" (im übertragenen Sinn).
170 *Horn*, Einführung in die Rechtswissenschaft und Rechtsphilosophie, 5. Auflage 2011, Rn. 177; *Larenz/Canaris*, Methodenlehre, S. 140; *Muthorst*, Grundlagen, § 7 Rn. 17, 25; *Schwacke*, Methodik, S. 106; *Vogel*, Methodik, S. 119. Vgl. auch BVerfGE 11, 126 (130); 35, 263 (279).
171 *Wank*, Auslegung, S. 46.
172 *Butzer/Epping*, Arbeitstechnik, S. 46; *Tettinger/Mann*, Einführung, Rn. 230.
173 *Schmalz*, Methodenlehre, Rn. 302; *Schwacke*, Methodik, S. 106. Vgl. auch Rn. 192.
174 *Horn*, Einführung in die Rechtswissenschaft und Rechtsphilosophie, 5. Auflage 2011, Rn. 177.
175 *Beaucamp/Treder*, Methoden, Rn. 178 m.w.N.; *Wank*, Auslegung, S. 73.
176 *Butzer/Epping*, Arbeitstechnik, S. 46.
177 BVerfGE 122, 248 (283) abw. Meinung *Voßkuhle, Osterloh, Di Fabio*.
178 *Zippelius*, Methodenlehre, S. 37.
179 *Röhl/Röhl*, Allgemeine Rechtslehre, 3. Auflage 2008, S. 613.

keine logisch zwingende **Reihenfolge**.¹⁸⁰ Allerdings hat es sich insoweit als zweckmäßig erwiesen, nach (1) dem Wortlaut auf (2) die Systematik, sodann (3) auf die Historie und abschließend (4) auf den Sinn und Zweck der Vorschrift einzugehen.¹⁸¹

a) Grammatik

141 Im Rahmen der Auslegung einer Vorschrift nach ihrem **Wortlaut**¹⁸² (sog. sprachlich-grammatische bzw. philologische Auslegung) geht es darum, die Bedeutung einer Rechtsnorm bzw. eines einzelnen in ihr enthaltenen Begriffs anhand von Wortsinn (Semantik) und Satzbau (Syntax) zu ermitteln.¹⁸³ Entgegen dem ersten Anschein bereitet diese Aufgabe regelmäßig deshalb Schwierigkeiten, weil mit Ausnahme namentlich von Zahlenwörtern (z.B. § 195 BGB: „drei Jahre") die meisten der in Rechtssätzen vorkommenden Begriffe mehrdeutig sind (v.a. unbestimmte Rechtsbegriffe wie z.B. § 1 S. 1 UWG: „unlautere geschäftliche Handlungen").¹⁸⁴ Auch gelingt dem Gesetzgeber die Verbindung der einzelnen Merkmale innerhalb einer Rechtsnorm nicht immer in eindeutiger Weise (siehe z.B. § 266 Abs. 1 StGB: „Wer die ihm durch Gesetz, behördlichen Auftrag oder Rechtsgeschäft eingeräumte Befugnis, über fremdes Vermögen zu verfügen oder einen anderen zu verpflichten, mißbraucht oder die ihm kraft Gesetzes, behördlichen Auftrags, Rechtsgeschäfts oder eines Treueverhältnisses obliegende Pflicht, fremde Vermögensinteressen wahrzunehmen, verletzt und dadurch dem, dessen Vermögensinteressen er zu betreuen hat, Nachteil zufügt, wird […] bestraft." Bezieht sich die Vermögensbetreuungspflicht auch auf den Missbrauchstatbestand?).¹⁸⁵

142 > **Hinweis**
>
> Nach Art. 55 Abs. 1 EUV ist der Vertrag über die Europäische Union (**EUV**) „in einer Urschrift in bulgarischer, dänischer, deutscher, englischer, estnischer, finnischer, französischer, griechischer, irischer, italienischer, lettischer, litauischer, maltesischer, niederländischer, polnischer, portugiesischer, rumänischer, schwedischer, slowakischer, slowenischer, spanischer, tschechischer und ungarischer Sprache abgefaßt, wobei **jeder Wortlaut gleichermaßen verbindlich ist.**"¹⁸⁶ Entsprechendes gilt nach Art. 358 AEUV in Bezug auf den Vertrag über die Arbeitsweise der Europäischen Union (**AEUV**). Deckt der Vergleich dieser authentischen Texte einen nicht auszuräumenden Bedeutungsunterschied auf, so ist gem. Art. 33 Abs. 4 WVRK letztlich¹⁸⁷ diejenige Bedeutung zugrunde zu legen, „die unter Berücksichtigung von Ziel und Zweck des Vertrags die Wortlaute am besten miteinander in Einklang bringt."

---

180 Vgl. *Beaucamp/Treder*, Methoden, Rn. 175; *Muthorst*, Grundlagen, § 7 Rn. 18; *Schmalz*, Methodenlehre, Rn. 303; *Tettinger/Mann*, Einführung, Rn. 229.
181 *Tettinger/Mann*, Einführung, Rn. 229.
182 Streng genommen ist nicht auf den Wort„laut" (i.S.v. Klang), sondern auf den **Wort„sinn"** (i.S.v. Bedeutung) abzustellen, siehe *Wank*, Auslegung, S. 39. Dieser ist ausgehend vom Normtext zu ermitteln, siehe *Beaucamp/Treder*, Methoden, Rn. 143. Vgl. auch *Schwacke*, Methodik, S. 89.
183 *Muthorst*, Grundlagen, § 7 Rn. 9; *Schwacke*, Methodik, S. 89.
184 *Schmalz*, Methodenlehre, Rn. 341; *Schwacke*, Methodik, S. 91 f.; *Wank*, Auslegung, S. 39 f.; *Zippelius*, Methodenlehre, S. 16. Siehe auch Rn. 122.
185 *Sauer*, in: Krüper, Grundlagen des Rechts, § 9 Rn. 23.
186 Ab dem 1.7.2013 zusätzlich auch noch in kroatischer Sprache.
187 Vorrangig sind Art. 31 f. WVRK anzuwenden.

Eine erste Orientierung bietet insoweit (Rn. 141) der allgemeine Sprachgebrauch. Denn obwohl Gesetzestexte fachsprachliche Texte sind, handelt es sich bei der Rechtssprache dennoch „nur" um einen Sonderfall der allgemeinen Sprache – und nicht etwa um eine von dieser völlig losgelöste Zeichensprache.[188] Letztlich entscheidend für die Gesetzesauslegung ist allerdings nicht der allgemeine, sondern der spezifisch juristische Sprachgebrauch.[189] „Gesetze haben stets eine ‚juristische' Bedeutung", die mit dem umgangssprachlichen Begriffsverständnis zwar zusammenfallen kann, aber nicht muss (z.B. wird der „Eigentümer" einer Immobilie alltagssprachlich regelmäßig als deren „Besitzer" bezeichnet, wohingegen juristisch streng zwischen beiden zu unterscheiden ist, vgl. nur § 985 BGB[190]).[191] Die Aufgabe des Rechtsanwenders besteht folglich darin, aus dem durch den allgemeinen Sprachgebrauch eröffneten Bedeutungsspielraum („möglicher Wortsinn") die **juristisch „richtige"** **Bedeutung** zu **bestimmen**.[192] Konkret kommt es insofern 143

- vorrangig auf diejenige Bedeutung an, welche das betreffende Gesetz dem in Frage stehenden Begriff beimisst (etwa mittels einer Legaldefinition, z.B. § 11 Abs. 1 Nr. 7 StGB: „Im Sinne dieses Gesetzes ist Behörde: auch ein Gericht"), sog. **gesetzesspezifischer Sprachgebrauch**; 144

- existiert kein solcher, so ist an zweiter Stelle auf den **allgemeinen juristischen**[193] **Sprachgebrauch** abzustellen (z.B. ist der in § 2 Abs. 1 S. 1 GmbHG verwendete, dort aber nicht definierte Begriff der „notariellen Form" i.S.v. § 128 BGB zu verstehen[194]). Hilfsmittel zu dessen Feststellung sind u.a. die jeweiligen Gesetzeskommentare (z.B. der „Palandt" zum BGB); 145

- nur dann, wenn auch dieser nicht vorhanden ist, ist subsidiär der – etwa anhand anerkannter Wörterbücher der deutschen Sprache (z.B. *Duden*, *Grimm*, *Wahrig*) – zu ermittelnde **allgemeine Sprachgebrauch** maßgeblich (so z.B. in Bezug auf den Begriff „Gewissen" i.S.v. Art. 4 Abs. 1 GG der Fall[195]).[196] 146

Ob es dabei jeweils auf den Wortsinn zum **Zeitpunkt** der Gesetzesentstehung oder der Gesetzesanwendung ankommt, ist zwischen den Vertretern der subjektiven Theorie einerseits und denjenigen der objektiven Theorie andererseits umstritten.[197] Während Erstere grundsätzlich die entstehungszeitliche Wortbedeutung für maßgeblich erachten, rekurrieren Letztere auf das geltungszeitliche Verständnis.[198] 147

---

188 Zum Ganzen siehe *Larenz/Canaris*, Methodenlehre, S. 141, 145. Vgl. auch *Schwacke*, Methodik, S. 45.
189 *Schwacke*, Methodik, S. 46, 89; *Wank*, Auslegung, S. 41.
190 *Schwacke*, Methodik, S. 46 f. Weiteres **Beispiel** ist der Begriff **„Leihe"** (§ 598 BGB), siehe *Vahle*, DVP 2012, S. 2.
191 *Vogel*, Methodik, S. 115 f. (im Original mit Hervorhebung). Vgl. auch BVerfG, NJW 2009, S. 2370 (2371).
192 *Zippelius*, Methodenlehre, S. 39 f.
193 Werden in einem Gesetz **nicht-juristische Fachbegriffe** verwendet (z.B. § 6 Abs. 1 Nr. 1 lit. f) IfSG: „enteropathisches hämolytisch-urämisches Syndrom (HUS)"), so ist diesen die jeweilige fachspezifische (z.B. medizinische) Bedeutung zugrunde zu legen. Demgegenüber ist bei solchen Gesetzen, die sich an das „allgemeine Publikum" wenden (z.B. StGB), ebenfalls zu berücksichtigen, wie der jeweilige Begriff ohne Rückgriff auf spezielle Fachkenntnisse verstanden werden kann, siehe *Schmalz*, Methodenlehre, Rn. 231.
194 *Roth*, in: ders./Altmeppen, GmbHG, 7. Auflage 2012, § 2 Rn. 22.
195 BVerfGE 12, 45 (54).
196 Zum Ganzen siehe *Beaucamp/Treder*, Methoden, Rn. 143 f.; *Muthorst*, Grundlagen, § 7 Rn. 10 f.; *Schmalz*, Methodenlehre, Rn. 231 f., jeweils m.w.N. aus der Rechtsprechung; *Schwacke*, Methodik, S. 89, 91; *Vogel*, Methodik, S. 114 f.; *Wank*, Auslegung, S. 41. **Kritisch** zur Verwendung von **„Wikipedia"** *Forgó*, JA Sonderheft 2011, S. 44 (46) m.w.N.
197 *Rüthers/Fischer/Birk*, Rechtstheorie, Rn. 739 ff. m.w.N. zu beiden Auffassungen. Siehe auch Rn. 128.
198 *Wank*, Auslegung, S. 47.

148 **Hinweis**

Deutlich *Wank*: „Wenn der juristische Laie einen juristischen Gesetzestext liest, meint er vielfach: Der Text enthält Worte der deutschen Sprache; Deutsch kann ich; also weiß ich, was dort steht [...]. Das ist ein Irrtum. Gesetzestexte sind fachsprachliche Texte. Man muss daher zu jedem Ausdruck im Gesetz dazulesen ‚im juristischen Sinne'."[199] Relevant wird dies freilich nur dann, wenn es sich nicht um einen evidenten Fall handelt. Zertrümmert dagegen jemand etwa die Fensterglasscheibe eines Fabrikgebäudes mit einem Hammer, so „ist für jeden, der Deutsch spricht, klar, dass der [Täter] eine ‚fremde Sache ... zerstört' hat (§ 303 Abs. 1 StGB)."[200]

149 **Beispiel**[201] L ist Lehrer für Deutsch und Politik. Als engagierter Atomkraftgegner parkte er seinen Pkw mittig in der Einfahrt zu einem Atomkraftwerk, wodurch er wie geplant mehrere Fahrzeugführer an der Weiterfahrt hinderte. Nachfolgend wird L wegen Nötigung gem. § 240 Abs. 1 StGB angeklagt. In der Hauptverhandlung trägt L vor, er sei freizusprechen. Denn er habe niemanden mit „Gewalt" i.S.d. Vorschrift zu etwas genötigt. Was der Begriff „Gewalt" bedeutet, sei ihm als Deutschlehrer aus der Lektüre mehrerer Wörterbücher der deutschen Sprache bestens bekannt, wonach „Gewalt" u.a. als „körperliche Kraft" definiert werde (*Duden*, Das Bedeutungswörterbuch, Band 10, 4. Auflage 2010, S. 440). An deren Vorhandensein fehle es vorliegend jedoch gerade. Hat L mit seiner Auffassung Recht?

Nein. Maßgeblich für die Auslegung gesetzlicher Tatbestandsmerkmale ist primär das juristische Begriffsverständnis. Danach erfasst das Merkmal „Gewalt" i.S.v. § 240 Abs. 1 StGB auch die Blockade einer Straße durch das Abstellen eines Fahrzeugs auf dieser.[202] Auf das im Verhältnis hierzu subsidiäre, ggf. abweichende Begriffsverständnis in der Umgangssprache kommt es folglich nicht an. ■

150 Vollzieht sich die juristische Auslegung damit ausgehend vom allgemeinen Sprachgebrauch, so markiert der hiernach, aus der Sicht des Normadressaten (des Bürgers) zu bestimmende mögliche Wortsinn in Anbetracht von Art. 20 Abs. 3 GG sowie des Gewaltenteilungsprinzips (Art. 20 Abs. 2 S. 2 GG) zugleich die **äußerste Grenze der Gesetzesinterpretation**, jenseits dessen die Rechtsfortbildung beginnt (Rn. 228 ff.).[203] M.a.W.: Der allgemeine Sprachgebrauch steckt das Terrain ab, auf dem sich die Auslegung anhand der drei übrigen Auslegungsmethoden vollzieht.[204] Soweit Ersterer mehrere Deutungen zulässt (z.B. a, b, c, d und e) – ein eindeutiger Wortlaut lässt sich fast nie bestimmten –, richtet es sich nach den Letztgenannten, welche dieser Interpretationen die juristisch zutreffende ist (z.B. b).[205] Gibt der allgemeine Sprachgebrauch ein bestimmtes Ergebnis (z.B. f) dagegen nicht her, weil es im Wortlaut der Vorschrift nicht wenigstens angedeutet wird, so vermag dieses im Rahmen der *Aus-*

---

199 *Wank*, Auslegung, S. 41.
200 Zum Ganzen siehe *Vogel*, Methodik, S. 102. Siehe auch Rn. 127.
201 Nach *Wank*, Auslegung, S. 41. Vgl. auch *Schmalz*, Methodenlehre, Rn. 118 und *Schwacke*, Methodik, S. 48, 84, jeweils zum **Begriff „Nachtzeit"** (§ 19 Abs. 1 Nr. 4 BJagdG, § 292 Abs. 2 Nr. 2 StGB, § 104 Abs. 3 StPO).
202 Näher BVerfGE 104, 92 (102 f.).
203 BVerfGE 71, 108 (115); *Beaucamp/Treder*, Methoden, Rn. 148 m.w.N.; *Schwacke*, Methodik, S. 92 f. *Wank*, Auslegung, S. 42, spricht in Bezug auf die „Theorie der Wortsinngrenze" von einer der **„heiligen Kühe"** der Rechtswissenschaft. Einschränkend *Vogel*, Methodik, S. 117 f. m.w.N.: Grenzfunktion des häufig weiten allgemeinen Sprachgebrauchs nur im Rahmen des jeweiligen gesetzlichen Zusammenhangs; *Zippelius*, Methodenlehre, S. 39. Siehe auch Rn. 20.
204 *Larenz/Canaris*, Methodenlehre, S. 145; *Schwacke*, Methodik, S. 93; *Zippelius*, Methodenlehre, S. 39 f.
205 *Schwacke*, Methodik, S. 91 ff.; *Wank*, Auslegung, S. 41 f. Siehe auch Rn. 141.

legung auch nicht mit systematischen, historischen und/oder teleologischen Gesichtspunkten begründet zu werden, sog. **Andeutungstheorie bzw. Theorie der Wortsinngrenze**.[206] Denn „jede Auslegung des Gesetzes findet ihre absolute Schranke dort, wo der klare Wortlaut ihr entgegensteht."[207] Das bedeutet freilich nicht, dass es schlechthin ausgeschlossen wäre, ein solches Resultat (z.B. f) der weiteren Fallbearbeitung zugrunde zu legen.[208] Wird aber die Wortlautgrenze überschritten, „um ein bestimmtes, als sachgerecht erkanntes Ergebnis zu erlangen, gebietet es die methodische Ehrlichkeit, zunächst offen zu legen, dass dies mit den Mitteln der Auslegung nicht erreicht werden kann",[209] sondern eben nur unter den vergleichsweise engen Voraussetzungen der **Rechtsfortbildung** (Rn. 228 ff.).[210] Dass in der Rechtspraxis gleichwohl auch in Fällen der letztgenannten Art mitunter noch von „Auslegung" gesprochen wird, ist methodisch daher alles andere als „sauber".[211]

Beispiel[212] Gem. § 6 Abs. 2 LSchG a.F. war „während der allgemeinen Ladenschlußzeiten 151 [...] nur die Abgabe von Ersatzteilen für Kraftfahrzeuge [...] sowie die Abgabe von Betriebsstoffen gestattet." Weil Tankstellenbetreiber T entgegen dieser Vorschrift auch während der allgemeinen Ladenschlußzeiten Waren wie Zigaretten, Zeitschriften, Süßigkeiten und Getränke verkaufte, erließ die zuständige Behörde eine Ordnungsverfügung gegenüber T mit der sie diesen aufforderte, während der allgemeinen Ladenschlußzeiten die Abgabe aller nicht in § 6 Abs. 2 LSchG a.F. genannten Artikel zu unterlassen. Auf die hiergegen erhobene Anfechtungsklage hin entschied das Verwaltungsgericht unter Hinweis auf den inneren Zusammenhang zwischen Haupt- und Nebenleistung (Zubehör), die Entstehungsgeschichte von § 6 Abs. 2 LSchG a.F. sowie den Sinn und Zweck des Ladenschlussgesetzes, dass diese Bestimmung „dahin *auszulegen* [ist], dass die Abgabe bestimmter Waren des Reisebedarfs für Kraftfahrer als Zubehör, d.h. als ein den Bedürfnissen der Kundschaft Rechnung tragendes Zusatzangebot zulässig ist." Nur eine solche „Auslegung" trage dem Grundrecht der Berufsfreiheit (Art. 12 Abs. 1 GG) Rechnung.

Diese Argumentation überzeugt nicht. Denn der Wortlaut von § 6 Abs. 2 LSchG a.F. ist i.d.S. eindeutig, dass während der allgemeinen Ladenschlusszeiten „nur" die Abgabe der dort abschließend aufgezählten Artikel, nämlich „Ersatzteile für Kraftfahrzeuge" und „Betriebsstoffe", gestattet war – wozu die von T verkauften Waren wie Zigaretten, Zeitschriften, Süßigkeiten und Getränke gerade nicht gehörten. War angesichts dieses klaren Wortlauts somit von vornherein kein Raum für die Berücksichtigung von hiervon abweichenden systematischen, historischen und teleologischen Überlegungen vorhanden, so vermag ein anderes als das auf der Ebene des Wortlauts erzielte Ergebnis im Wege der „Auslegung" von § 6 Abs. 2 LSchG a.F. mithin nicht erreicht zu werden. Diese Sichtweise wurde im Übrigen augenscheinlich ebenfalls vom Gesetzgeber geteilt, der § 6 Abs. 2 LSchG a.F. nachfolgend um den Begriff des „Reisebedarfs" ausdrücklich ergänzt hat. ■

---

[206] *Butzer/Epping*, Arbeitstechnik, S. 33; *Schwacke*, Methodik, S. 92. Diese Theorie hat insoweit, als sie den „Bereich der Gesetzesanwendung von dem der [...] Rechtsfortbildung nach rational einsichtigen Merkmalen" abgrenzt, nach wie ihre Berechtigung, siehe *Rüthers/Fischer/Birk*, Rechtstheorie, Rn. 734 ff. m.w.N., die insoweit von einer „**modifizierten Andeutungstheorie**" sprechen. **A.A.** *Wank*, Auslegung, S. 42, dem zufolge die Grenze der Auslegung aus dem Sinn des Gesetzes resultiere, sog. **Gesetzessinntheorie**. Siehe auch Rn. 215 f.
[207] BVerwGE 90, 265 (269). Plastisch BVerfGE 87, 209 (225): „Zombies" sind keine „Menschen" i.S.v. § 131 **Abs. 1 StGB**, der sich nunmehr freilich auch auf „menschenähnliche Wesen" erstreckt.
[208] *Larenz/Canaris*, Methodenlehre, S. 143; *Wank*, Auslegung, S. 42.
[209] *Horn*, Einführung in die Rechtswissenschaft und Rechtsphilosophie, 5. Auflage 2011, Rn. 178.
[210] *Muthorst*, Grundlagen, § 7 Rn. 20; *Zippelius*, Methodenlehre, S. 39, 50.
[211] Vgl. *Larenz/Canaris*, Methodenlehre, S. 143; *Schmalz*, Methodenlehre, Rn. 236.
[212] Nach BVerwGE 94, 244; *Schwacke*, Methodik, S. 92. Siehe auch das *Beispiel* in Rn. 231.

152 Hieran (Rn. 150) ändert sich auch dadurch nichts, dass die Ermittlung der genauen Wortlautgrenze durchaus mit erheblichen Schwierigkeiten verbunden sein kann.[213] Sofern es hierauf zur Lösung der betreffenden Fallfrage überhaupt ankommt, d.h. der im konkreten Sachverhalt geschilderte Umstand weder eindeutig dem **Begriffskern** des jeweiligen gesetzlichen Merkmals zuzuordnen ist (z.B. „Zugang" einer Willenserklärung gem. § 130 Abs. 1 S. 1 BGB jedenfalls dann, wenn der Empfänger das die Willenserklärung enthaltende Schreiben liest) noch zweifelsfrei nicht unter dieses gefasst werden kann (**Negativabgrenzung**; z.B. Absender frankiert das Schreiben und wirft es in einen Postbriefkasten), er m.a.W. im sog. **Begriffshof** angesiedelt ist (z.B. Einwurf des Schreibens in den Briefkasten des Empfängers), entscheidet sich anhand der übrigen Auslegungskriterien, ob der Gesetzesbegriff bis an die Grenze des möglichen Wortsinns, also weit (**extensiv**), oder eng (**restriktiv**) zu interpretieren ist.[214]

153 **Beispiel**[215] Gem. § 224 Abs. 1 Nr. 2 Alt. 2 StGB wird mit Freiheitsstrafe von i.d.R. sechs Monaten bis zu zehn Jahren bestraft, wer eine Körperverletzung mittels eines „gefährlichen Werkzeugs" begeht. Nach st.Rspr. ist hierunter jeder Gegenstand zu verstehen, „der nach seiner objektiven Beschaffenheit und nach der Art seiner Benutzung im Einzelfall geeignet ist, erhebliche Körperverletzungen herbeizuführen."[216] Sind diese Voraussetzungen in den drei nachfolgend genannten Konstellationen jeweils erfüllt?

- A schlägt B mit einer Rohrzange auf den Hinterkopf.
- Mit seinem beschuhten Fuß tritt C dem D gegen das Schienbein.
- E versetzt F einen Faustschlag ins Gesicht.

Bei einer Rohrzange handelt es sich ohne Weiteres um ein „gefährliches Werkzeug" i.S.v. § 224 Abs. 1 Nr. 2 Alt. 2 StGB, wohingegen Körperteile des Täters (hier: Faust) eindeutig nicht hierunter fallen. Ob ein beschuhter Fuß ein „gefährliches Werkzeug" i.S.v. § 224 Abs. 1 Nr. 2 Alt. 2 StGB darstellt, versteht sich nicht von selbst, sondern bedarf der näheren Prüfung: Wie sich aus der gesetzlichen Überschrift von § 224 StGB ergibt, ist der gesetzliche Strafrahmen für eine Körperverletzung i.S.d. Vorschrift im Vergleich zu § 223 StGB deshalb erhöht, weil ihre Begehungsweise besonders gefährlich erscheint. Bezogen auf Fälle der hiesigen Art wird daher regelmäßig gefordert, dass es sich entweder um einen festen (schweren) Schuh handelt oder aber, dass mittels eines „normalen" Straßenschuhs mit Wucht (heftig) dem Tatopfer in das Gesicht oder andere besonders empfindliche Körperteile getreten wird, um die Begehung der Körperverletzung mit einem „gefährlichen Werkzeug" i.S.v. § 224 Abs. 1 Nr. 2 Alt. 2 StGB bejahen zu können.[217]

---

213 Vgl. *Larenz/Canaris*, Methodenlehre, S. 143.
214 *Beaucamp/Treder*, Methoden, Rn. 146; *Bitter/Rauhut*, JuS 2009, S. 289 (293); *Butzer/Epping*, Arbeitstechnik, S. 33; *Rüthers/Fischer/Birk*, Rechtstheorie, Rn. 167; *Schmalz*, Methodenlehre, Rn. 156, 234 ff.; *Schwacke*, Methodik, S. 93; *Vogel*, Methodik, S. 118; *Wank*, Auslegung, S. 44, 47 ff. m.w.N. Siehe auch Rn. 186, 211 ff.
215 Nach BGH, GA 1989, S. 132; BGH, NStZ 2010, S. 151; BGH, Beschluss vom 11.01.2011, 4 StR 450/10, juris; *Hardtung*, in: MüKo, StGB, 2. Auflage 2012, § 224 Rn. 1 m.w.N.
216 BGH, Beschluss vom 20.03.2012, 4 StR 20/12, juris, m.w.N.
217 Zum nachfolgenden Schaubild vgl. *Beaucamp/Treder*, Methoden, Rn. 147.

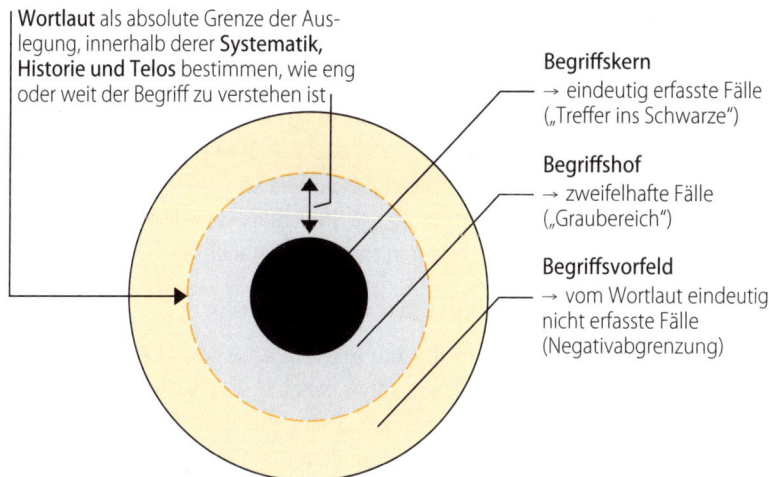

b) Systematik

Die Rechtsordnung setzt sich aus einer Vielzahl einzelner Vorschriften zusammen (Rn. 5). Diese stehen allerdings nicht unverbunden nebeneinander, sondern sind zu einem einheitlichen Ganzen („System") miteinander verbunden.[218] Folglich vermag die zutreffende Bedeutung eines Rechtssatzes bzw. Rechtsbegriffs nicht isoliert aus diesem heraus ermittelt zu werden.[219] Vielmehr ist stets auch der Zusammenhang („das Sinnganze"[220]) zu berücksichtigen, in den der jeweilige Auslegungsgegenstand gestellt ist.[221] Hieraus leiten die Vertreter der subjektiven Theorie ab, wie der Gesetzgeber die betreffende Rechtsnorm verstanden wissen wollte.[222] Den Anhängern der objektiven Theorie zufolge ist unter mehreren, dem Wortlaut nach in Betracht kommenden Interpretationsmöglichkeiten, diejenige zu wählen, die am ehesten in den jeweiligen juristischen Kontext passt.[223] Im Einzelnen ist innerhalb der **systematischen Auslegung** wie folgt zu unterscheiden:[224]

154

aa) Äußere Systematik

Mitunter können sich bereits aus dem äußeren Regelungszusammenhang, in dem sich eine Rechtsnorm bzw. ein Rechtsbegriff befindet (dem jeweiligen „Standort"), Anhaltspunkte für die Auslegung ergeben.[225] Insoweit kann von Bedeutung sein,

155

---

218 *Rüthers/Fischer/Birk*, Rechtstheorie, Rn. 139 f., 744; *Schwacke*, Methodik, S. 7. Siehe auch Rn. 34.
219 *Butzer/Epping*, Arbeitstechnik, S. 34; *Schmalz*, Methodenlehre, Rn. 243.
220 *Zippelius*, Methodenlehre, S. 43.
221 *Butzer/Epping*, Arbeitstechnik, S. 34. Vgl. auch BVerfGE 1, 14 (32).
222 *Muthorst*, Grundlagen, § 7 Rn. 13. Siehe auch Rn. 128.
223 *Beaucamp/Treder*, Methoden, Rn. 149 m.w.N.; *Larenz/Canaris*, Methodenlehre, S. 146; *Muthorst*, Grundlagen, § 7 Rn. 13; *Schwacke*, Methodik, S. 96; *Wank*, Auslegung, S. 55, 62. Vgl. auch BVerwGE 41, 334 (339). Siehe auch Rn. 128.
224 *Zippelius*, Methodenlehre, S. 43 unter Hinweis auf **mögliche Widersprüche** zwischen den (Teil-)Ergebnissen, die sich jeweils aus der äußeren und inneren Systematik ergeben (S. 46 f.). Zum Folgenden siehe *Rüthers/Fischer/Birk*, Rechtstheorie, Rn. 750 f.; *Larenz/Canaris*, Methodenlehre, S. 145 ff.
225 Vgl. *Butzer/Epping*, Arbeitstechnik, S. 35; *Schwacke*, Methodik, S. 94.

156 • welcher **Teilrechtsordnung** (Privatrecht, Strafrecht, Öffentliches Recht; Rn. 26 f.) das betreffende Gesetz zuzuordnen ist (z.B. gilt im Zivilrecht ein objektiver und im Strafrecht ein subjektiver Fahrlässigkeitsbegriff);[226]

157 • wo genau innerhalb der Gliederung des Gesetzes (welcher **Abschnitt** etc.) die auszulegende Vorschrift verortet ist (obwohl z.B. § 15 Abs. 2 S. 1 GewO seinem Wortlaut nach einschränkungslos auf jedes „Gewerbe" anwendbar zu sein scheint, folgt doch aus der systematischen Stellung dieser Vorschrift in „Titel II Stehendes Gewerbe" der GewO, dass ihr eben nur stehende Gewerbe unterfallen, nicht dagegen auch Reisegewerbe);[227]

158 **Beispiel**[228] Gem. Art. 1 Abs. 1 S. 1 GG ist „die Würde des Menschen [...] unantastbar."

Gegen die Annahme, dass es sich hierbei um ein nach Art. 93 Abs. 1 Nr. 4a GG mit der Verfassungsbeschwerde rügefähiges „Grundrecht" handelt, spricht der Wortlaut von Art. 1 Abs. 3 GG („die *nachfolgenden* Grundrechte"). Demgegenüber folgt aus der systematischen Stellung auch von Art. 1 Abs. 1 S. 1 GG in dem mit „Die Grundrechte" überschriebenen I. Abschnitt des Grundgesetzes, dass es sich bei der Menschenwürde sehr wohl um ein Grundrecht handelt. ■

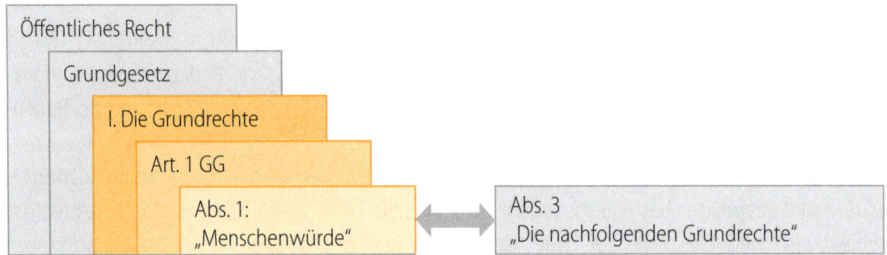

159 • welche Regelungen die **vorhergehenden und nachfolgenden Normen** treffen (z.B. ergibt sich aus dem unmittelbaren normativen Umfeld von § 1372 BGB, nämlich den §§ 1373 bis 1390 BGB, die allein den Zugewinnausgleich unter lebenden Ehegatten regeln, dass § 1372 BGB auf die Güterstandsbeendigung infolge des gleichzeitigen Todes der Eheleute nicht unmittelbar anwendbar ist, obwohl der Wortlaut von § 1372 BGB bei isolierter Betrachtung auch diesen Fall zu erfassen scheint: Beendigung des Güterstands „auf andere Weise als durch den Tod *eines* Ehegatten");[229]

160 • wie die **amtliche Überschrift** des in Rede stehenden Artikels/Paragraphen lautet (z.B. genügt es für die Berichtigung eines Verwaltungsakts nach § 42 Var. 2 VwVfG nicht, dass in diesem ein Rechenfehler enthalten ist; vielmehr muss dieser auch noch „offenbar" sein. Wenngleich sich diese Einschränkung dem Gesetzeswortlaut nach nur auf „ähnliche Unrichtigkeiten" bezieht, so ergibt sich dennoch u.a. aus der gesetzlichen Überschrift von § 42 VwVfG [„Offenbare Unrichtigkeiten im Verwaltungsakt"], dass sie ebenfalls auf Schreib- und Rechenfehler zu erstrecken ist);[230]

---

226 *Horn*, Einführung in die Rechtswissenschaft und Rechtsphilosophie, 5. Auflage 2011, Rn. 180; *Schwacke*, Methodik, S. 94; *Zippelius*, Methodenlehre, S. 9.
227 *Ennuschat*, in: Tettinger/Wank/Ennuschat, GewO, 8. Auflage 2011, § 35 Rn. 15; *Schmalz*, Methodenlehre, Rn. 246; *Schwacke*, Methodik, S. 95; *Vogel*, Methodik, S. 120.
228 Nach *Butzer/Epping*, Arbeitstechnik, S. 35 m.w.N. Zum nachfolgenden Schaubild vgl. *Beaucamp/Treder*, Methoden, Rn. 156.
229 BGHZ 72, 85 (87); *Butzer/Epping*, Arbeitstechnik, S. 35.
230 BSG, NVwZ-RR 1991, 1 (zum wortgleichen § 38 SGB X); *Beaucamp/Treder*, Methoden, Rn. 158; *Wank*, Auslegung, S. 55.

Auslegungsmittel 2 B II

> **JURIQ-Klausurtipp** 161
>
> Bevor mit der Überschrift des jeweiligen Gesetzestexts argumentiert wird, ist zu prüfen, ob es sich bei dieser tatsächlich um eine **authentische Überschrift** durch den Gesetzgeber (siehe z.B. diejenige zu § 126 BGB: „Schriftform" sowie zu § 223 StGB: „Körperverletzung") oder lediglich um eine solche handelt, die der (private) Herausgeber/Verleger der betreffenden Gesetzessammlung „erfunden" hat. Letzteres ist daran zu erkennen, dass die Überschrift in eckigen Klammern steht (siehe z.B. im „Sartorius" die Überschrift zu Art. 12 GG: „[Berufsfreiheit]").[231]

- in welchem (Ab-/Halb-)**Satz** innerhalb der Rechtsnorm die fragliche Regelung enthalten ist (z.B. können aufgrund der systematischen Stellung von Art. 9 Abs. 2 GG vor Art. 9 Abs. 3 S. 1 GG Eingriffe in das dort normierte Grundrecht der Koalitionsfreiheit richtigerweise nicht auf die Schranken des Art. 9 Abs. 2 GG gestützt werden).[232] Oftmals enthält der erste Absatz einer Rechtsvorschrift eine Grundregel (z.B. § 28 Abs. 1 VwVfG), die in den nachfolgenden Absätzen präzisiert (Rn. 105) oder erweitert/eingeschränkt wird (z.B. § 28 Abs. 2, 3 VwVfG).[233]

162

> **Hinweis** 163
>
> Die Argumentation mit dem „äußeren System" darf nicht überbewertet werden, da der **Gesetzgeber nicht immer „systematisch"** vorgeht (z.B. findet § 254 Abs. 2 S. 2 BGB entgegen seiner systematischen Stellung nicht nur auf § 254 Abs. 2 S. 1 BGB, sondern auch auf § 254 Abs. 1 BGB Anwendung und hätte daher richtigerweise als selbstständiger Absatz 3 formuliert werden müssen).[234]

Darüber hinaus gilt der Grundsatz, dass wenn der Gesetzgeber innerhalb eines Gesetzes denselben Begriff mehrfach verwendet, dieser im Zweifel stets dieselbe Bedeutung hat („Einheitlichkeit der Terminologie"[235]; z.B. meint Art. 20 Abs. 2 S. 1 GG mit dem Begriff „Volk" ebenso das „deutsche Volk" wie die Präambel und Art. 56 sowie Art. 146 GG).[236] Zwingend ist dies jedoch nicht.[237] Denn **derselbe Begriff** kann nicht nur dann unterschiedliche Bedeutungen haben, wenn er in verschiedenen Gesetzen verwendet wird (z.B. unterfällt dem Begriff „Eigentum" i.S.v. § 903 BGB nur solches an Sachen, wohingegen Art. 14 Abs. 1 S. 1 GG darüber hinaus ebenfalls schuldrechtliche Forderungen als „Eigentum" schützt).[238] Vielmehr muss auch innerhalb desselben Gesetzes ein Begriff nicht „überall denselben Inhalt haben [...]. Die Auslegung hängt [nämlich] von der Funktion ab, die der Begriff innerhalb der jeweiligen Norm zu erfüllen hat"[239], sog. „**Relativität der Rechtsbegriffe**"[240] (z.B. verwendet Art. 2 Abs. 1 GG den Begriff

164

---

[231] *Tettinger/Mann*, Einführung, Rn. 219.
[232] *Muthorst*, Grundlagen, § 7 Rn. 12; *Wienbracke*, Einführung in die Grundrechte, 2013, Rn. 355 m.w.N.
[233] *Schwacke*, Methodik, S. 95. Siehe auch im Skript „Allgemeines Verwaltungsrecht", Rn. 182 ff.
[234] BGHZ 1, 248 (249); 3, 46 (48) m.w.N.; *Larenz/Canaris*, Methodenlehre, S. 147; *Muthorst*, Grundlagen, § 7 Rn. 21; *Schwacke*, Methodik, S. 62, 95. *Röhl/Röhl*, Allgemeine Rechtslehre, 3. Auflage 2008, S. 622 f. zufolge komme der **systematischen Auslegung** insgesamt nur eine **geringe Bedeutung** zu.
[235] *Zippelius*, Methodenlehre, S. 43 a.E.
[236] BVerfGE 83, 37 (50 f.); *Schmalz*, Methodenlehre, Rn. 247.
[237] Vgl. *Beaucamp/Treder*, Methoden, Rn. 150; *Muthorst*, Grundlagen, § 7 Rn. 9; *Schwacke*, Methodik, S. 49 f., 97.
[238] *Tettinger/Mann*, Einführung, Rn. 217, 270; *Wienbracke*, Einführung in die Grundrechte, 2013, Rn. 283 m.w.N.
[239] BVerfGE 6, 32 (38).
[240] *Vogel*, Methodik, S. 58 f. m.w.N. und unter Hinweis auf *Müller-Erzbach*, JhJ 61 (1913), S. 343.

"verfassungsmäßige Ordnung" in einem weiteren Sinn als Art. 9 Abs. 2 GG).[241] Theoretisch hat ein und derselbe Ausdruck damit maximal so viele Bedeutungen, wie er in unterschiedlichen Zusammenhängen verwendet wird.[242]

bb) Innere Systematik

165 Idealtypisch sind die einzelnen Normen einer Rechtsordnung inhaltlich derart aufeinander abgestimmt, dass sie ein in sich widerspruchsfreies (**inneres**) **System**[243] bilden, sog. „Einheit der Rechtsordnung" (z.B. ist die Rechtswidrigkeit der Verletzung eines der in § 823 Abs. 1 BGB genannten Rechte nicht nur dann zu verneinen, wenn im konkreten Fall ein zivilrechtlicher Rechtfertigungsgrund wie § 227 Abs. 1 BGB eingreift, sondern auch bei Einschlägigkeit etwa von § 34 StGB).[244] Soweit dies in der Realität nicht der Fall ist – die einschlägigen Gesetzesvorschriften haben nicht selten verschiedene Entstehungszeitpunkte und gehen damit auf eine entsprechende Vielzahl unterschiedlicher gesellschaftlicher Wertvorstellungen zurück –, gebietet es die aus dem Grundsatz der Gerechtigkeit abgeleitete Forderung nach einheitlichen (gleichen) Rechtsmaßstäben für alle Rechtsunterworfenen, (Wertungs-)Widersprüche zwischen den einzelnen Regelungen der Rechtsordnung im Wege der Auslegung zu vermeiden.[245] Dies gilt[246]

166 • zum einen im Verhältnis von Rechtssätzen verschiedener Rangstufen der Normenhierarchie zueinander, sog. „vertikale Normenharmonisierung".[247] Paradebeispiel ist insoweit die **verfassungskonforme Auslegung**:[248] „Falls eine Norm des einfachen Rechts unter Berücksichtigung der vier klassischen juristischen Auslegungskriterien (Wortlaut, Systematik, Historie und Telos) mehrere Deutungsmöglichkeiten zulässt (z.B. aufgrund eines unbestimmten Rechtsbegriffs oder Ermessensspielraums), von denen wenigstens eine zu einem [verfassungs-]konformen Ergebnis führt, [ist] zwingend dieser Interpretation der Vorzug zu geben und […] die als verfassungswidrig erkannte Interpretationsvariante zu verwerfen."[249] „Denn der Respekt vor der gesetzgebenden Gewalt gebietet es, im Rahmen des verfassungsrechtlich Zulässigen so viel wie möglich von dem aufrechtzuerhalten, was der Gesetzgeber gewollt hat."[250] Darüber hinaus wird zugunsten dieser geltungserhaltenden Auslegung angeführt, dass grundsätzlich davon auszugehen sei, dass der Gesetzgeber mit der Schaffung von Rechtsnormen nicht gegen höherrangiges Recht verstoßen will.[251]

---

241 *Wienbracke*, Einführung in die Grundrechte, 2013, Rn. 358, 522 f. m.w.N.
242 *Wank*, Auslegung, S. 45.
243 Terminologie nach *Heck*, Begriffsbildung und Interessenjurisprudenz, 1932, S. 139 ff.
244 *Wagner*, in: MüKo, BGB, 6. Auflage 2012, § 823 Rn. 312, 314 m.w.N.; *Wank*, Auslegung, S. 56. Vgl. auch *Muthorst*, Grundlagen, § 13 Rn. 73 ff. Siehe auch Rn. 34.
245 Vgl. BVerfGE 33, 23 (27) m.w.N. und siehe *Rüthers/Fischer/Birk*, Rechtstheorie, Rn. 145 f., 276 f., 744, 752, 774 ff.; *Schwacke*, Methodik, S. 93. Siehe auch Rn. 236.
246 Zum Folgenden siehe auch *Schwacke*, Methodik, S. 93.
247 *Schmalz*, Methodenlehre, Rn. 256. Siehe auch Rn. 36 ff., 50.
248 Näher hierzu *Rüthers/Fischer/Birk*, Rechtstheorie, Rn. 759 ff. Zur Einordnung der **verfassungskonforme**n Auslegung „als Unterfall der systematischen Interpretation" – entgegen *Bitter/Rauhut*, JuS 2009, S. 289 (295) – siehe *Tettinger/Mann*, Einführung, Rn. 220 m.w.N., die hiervon a.a.O. (Rn. 275) die „verfassungsorientierte[…] Gesetzesauslegung" unterscheiden, wobei diese Differenzierung allerdings unzweckmäßig ist (siehe *Schmalz*, Methodenlehre, Rn. 367 m.w.N.); *Schwacke*, Methodik, S. 94, 118; *Zippelius*, Methodenlehre, S. 36, 43 f.
249 *Wienbracke*, Einführung in die Grundrechte, 2013, Rn. 84 m.w.N. Siehe auch Rn. 89, 96.
250 BVerfGE 90, 263 (274 f.). Vgl. auch BVerfGE 118, 212 (234) m.w.N. Umgekehrt kommt eine **verfassungskonforme Auslegung** daher **dann nicht** in Betracht, **wenn** der betreffenden Vorschrift „**ein** hinreichend bestimmter und **vom Gesetzgeber gewollter Regelungsgehalt nicht zu entnehmen ist**", siehe BVerfGE 107, 104 (128) (Hervorhebungen d.d. Verf.).
251 *Beaucamp/Treder*, Methoden, Rn. 154 m.w.N.; *Muthorst*, Grundlagen, § 7 Rn. 14.

Auslegungsmittel   2 B II

Beispiel[252] Nach § 35 Abs. 2 BauGB „können" bestimmte Bauvorhaben „im Einzelfall zugelassen werden, wenn ihre Ausführung oder Benutzung öffentliche Belange nicht beeinträchtigt und die Erschließung gesichert ist." Bei verfassungskonformer Auslegung dieser einfachgesetzlichen Vorschrift ist der Begriff „können" reduzierend i.S.v. „müssen" auszulegen. Denn andernfalls dürfte die Verwaltung selbst dann nach ihrem Ermessen darüber entscheiden, ob sie ein Bauvorhaben i.S.v. § 35 Abs. 2 BauGB zulässt, wenn öffentliche Belange nicht beeinträchtigt sind und die Erschließung gesichert ist. Das aber würde gegen Art. 14 Abs. 1 S. 2 GG verstoßen, wonach Inhalt und Schranken des Eigentums allein durch den Gesetzgeber bestimmt werden. Das Recht des Grundstückseigentümers, sein Grundstück im Rahmen der Gesetze zu bebauen, wird durch die Eigentumsgarantie des Art. 14 Abs. 1 S. 1 GG geschützt. ■

167

> **Hinweis**
>
> Die Normenhierarchie (Rn. 36 ff.) gebietet es, eine niederrangige Vorschrift (z.B. des einfachen Bundesrechts) im Rahmen des methodisch Vertretbaren (Rn. 168) so auszulegen, dass sie höherrangigen Vorschriften nicht widerspricht (s.o.) – und zwar weder solchen der unmittelbar höheren Rangstufe (z.B. Grundgesetz) noch etwaiger weiterer darüberstehender Hierarchieebenen (z.B. EU-Primärrecht). Eine umgekehrte Vorgehensweise – die **Auslegung einer Rechtsnorm einer höherrangigen Hierarchiestufe** (z.B. Art. 19 Abs. 3 GG: „juristische Personen") **nach Maßgabe des niederrangigen** (z.B. Privat-)**Rechts** (wonach z.B. die oHG keine juristische Person ist, vgl. § 124 HGB) – wäre daher ein **gravierender** rechts**methodischer Fehler**.[253]

„Diesem Postulat nach grundrechts-(als Unterfall verfassungs-)konformer Auslegung (,Konstitutionalisierung der Rechtsordnung') werden allerdings durch den Wortlaut, aber auch durch die Entstehungsgeschichte und den Gesetzeszweck zugleich wieder **Grenzen** gezogen. Ein Normverständnis nämlich, ,das in Widerspruch zu dem klar erkennbar geäußerten Willen des Gesetzgebers treten würde, kann auch im Wege verfassungskonformer Auslegung nicht begründet werden', würde ansonsten doch der normative Gehalt der betreffenden Vorschrift grundlegend neu bestimmt. Das aber kann aufgrund des Gewaltenteilungsprinzips (Art. 20 Abs. 2 S. 2 GG) nicht durch einen Richterspruch geschehen. ,Vielmehr muss dem Gesetzgeber die Entscheidung vorbehalten bleiben, ob er die verfassungswidrige Regelung durch eine verfassungsmäßige ersetzen will. Seiner rechtspolitischen Entscheidung kann und darf [selbst] das BVerfG nicht vorgreifen.' Auch würde eine solche ,Korrektur' des Gesetzes ,nicht zuletzt Art. 100 Abs. 1 GG zuwiderlaufen, der die Autorität des parlamentarischen Gesetzgebers im Verhältnis zur Rechtsprechung wahren soll.' ,Durch verfassungskonforme Auslegung lässt sich daher zwar das vom Gesetzgeber Gewollte einschränken oder präzisieren, nicht aber inhaltlich verändern.'"[254]

168

---

252 Nach BVerwGE 18, 247; *Wienbracke*, Einführung in die Grundrechte, 2013, Rn. 85.
253 Vgl. *Hopt*, in: Baumbach/Hopt, HGB, 35. Auflage 2012, § 124 HGB Rn. 1; *Wienbracke*, Einführung in die Grundrechte, 2013, Rn. 36 m.w.N. Hierdurch ist freilich **nicht** *per se* **ausgeschlossen, dass beide** (niederrangige und höherrangige Begriffsdefinition) **im Ergebnis übereinstimmen**, vgl. *ders.*, a.a.O., Rn. 320 m.w.N.
254 *Wienbracke*, Einführung in die Grundrechte, 2013, Rn. 84 m.w.N. (Hervorhebung abweichend vom Original). Siehe auch Rn. 20, 54 sowie Rn. 225 zur **Gesetzeskorrektur**.

169 > **Hinweis**
>
> **Voraussetzung** dafür, eine Rechtsnorm so zu interpretieren, dass sie mit der Verfassung in Einklang steht (**verfassungskonforme Auslegung**) ist, dass
> - der Wortlaut der Vorschrift mehrere Interpretationsmöglichkeiten zulässt,
> - zumindest eine von diesen Interpretationsmöglichkeiten mit dem Grundgesetz in Einklang steht und
> - diese verfassungskonforme Interpretation nicht gegen den Willen des Gesetzgebers verstößt.[255]

170 Entsprechend der Vielzahl der Stufen der Normenpyramide (Rn. 49) hat es bei der verfassungskonformen Auslegung des einfachen Rechts allerdings nicht sein Bewenden. Vielmehr gilt allgemein, dass – im Rahmen des methodisch Vertretbaren (vgl. Rn. 169) – eine rangniedere Rechtsnorm egal welcher Stufe so auszulegen ist, dass sie nicht in Widerspruch zu höherrangigem Recht steht, sog. „rangkonforme Auslegung". Namentlich ist daher EU-Sekundärrecht primärrechtskonform, das nationale Recht **europarechtskonform** (bzgl. Richtlinien: richtlinienkonform[256]), Landesrecht bundesrechtskonform und eine Rechtsverordnung/Satzung gesetzeskonform auszulegen.[257]

171 **Beispiel**[258] Über den Kreis der natürlichen Personen hinaus gelten die Grundrechte gem. Art. 19 Abs. 3 GG auch für juristische Personen, soweit sie ihrem Wesen nach auf diese anwendbar sind. Einschränkend bestimmt Art. 19 Abs. 3 GG allerdings weiter, dass dies nur für „inländische" juristische Personen gilt. Letzteres steht freilich in Widerspruch zum höherrangigen EU-Recht, konkret den europäischen Grundfreiheiten bzw. – subsidiär – dem allgemeinen Diskriminierungsverbot des Art. 18 Abs. 1 AEUV. Danach nämlich sind die EU-Mitgliedstaaten verpflichtet, juristische Personen aus einem anderen EU-Mitgliedstaat auch im Hinblick auf den zu erlangenden Rechtsschutz Inländern gleichzustellen. Dieser Widerspruch lässt sich in Anbetracht des eindeutigen Wortlauts von Art. 19 Abs. 3 GG auch nicht etwa im Wege der (europarechtskonformen) Auslegung dieser Vorschrift beheben. Denn es würde die Wortlautgrenze übersteigen, wollte man das Merkmal „inländische" als „deutsche einschließlich europäische" juristische Personen deuten; auch das EU-„Ausland" ist eben kein „Inland". Vielmehr greift daher der Anwendungsvorrang des EU-Rechts (Rn. 57) ein, d.h. das in Art. 19 Abs. 3 GG enthaltene Tatbestandsmerkmal „inländisch" ist insoweit unanwendbar, als dadurch juristische Personen aus dem EU-Ausland diskriminiert werden. ∎

---

255 Zum Ganzen siehe *Butzer/Epping*, Arbeitstechnik, S. 39; *Schwacke*, Methodik, S. 119.
256 Näher hierzu *Roth*, in: Riesenhuber, Europäische Methodenlehre, 2. Auflage 2010, § 14 m.w.N.
257 Zum Ganzen siehe *Beaucamp/Treder*, Methoden, Rn. 152 ff., 335, 341, 385 m.w.N.; *Schmalz*, Methodenlehre, Rn. 362; *Schwacke*, Methodik, S. 96, 120; *Vogel*, Methodik, S. 122; *Wank*, Auslegung, S. 57; *Zippelius*, Methodenlehre, S. 33. Zur **völkerrechtskonforme**n **Auslegung** siehe *Muthorst*, Grundlagen, § 7 Rn. 14 und speziell zur **EMRK** siehe BVerfGE 111, 307 (317); *Wienbracke*, Einführung in die Grundrechte, 2013, Rn. 8 m.w.N.
258 Nach BVerfGE 129, 78; *Wienbracke*, Einführung in die Grundrechte, 2013, Rn. 41 m.w.N.

> **Hinweis** 172
>
> In der Fallbearbeitung wird die rangkonforme Auslegung (als „Inhaltskontrolle") bereits bei der Frage relevant, ob die betreffende Vorschrift (z.B. Ermächtigungsgrundlage) überhaupt **wirksam** bzw. – bei Kollision des nationalen Rechts mit dem EU-Recht – anwendbar ist (Rn. 50 ff.). Nur sofern dies zu bejahen ist, ist im Anschluss daran zu ermitteln, in welchem Sinn die (wirksame/anwendbare) Vorschrift **auszulegen** ist („Inhaltsbestimmung").[259]

- zum anderen auch zwischen **gleichrangigen Vorschriften**, sog. „horizontale Normenharmonisierung".[260] Auch insoweit gilt es, (Wertungs-)Widersprüche zu vermeiden.[261] Sofern mehrere vertretbare Auslegungsmöglichkeiten bestehen, ist daher diejenige zu wählen, bei der die Rechtsnorm keinen Widerspruch zu einer anderen aufweist.[262] Ist dies nicht möglich, so sind die sich widersprechenden Normen derselben Rangstufe ungültig bzw. unanwendbar.[263] 173

Diese im Rahmen der systematischen Auslegung zu beachtenden Wertungen können sich insbesondere aus **allgemeinen Rechtsprinzipien** nicht nur einer höheren (z.B. der aus dem Rechtsstaatsprinzip bzw. den Grundrechten folgende Verhältnismäßigkeitsgrundsatz bei der Anwendung etwa von § 81a StPO), sondern auch derselben Rangstufe der Normenhierarchie ergeben (z.B. vermögen aufgrund der „Einheit der Verfassung" auch vorbehaltlos gewährleistete Grundrechte wie die Kunstfreiheit des Art. 5 Abs. 3 GG zum Schutz von Grundrechten Dritter – etwa: allgemeines Persönlichkeitsrecht aus Art. 2 Abs. 1 i.V.m. Art. 1 Abs. 1 GG – sowie sonstiger Güter mit Verfassungsrang als sog. verfassungsimmanente Schranken begrenzt zu werden).[264] 174

Ferner ist zu berücksichtigen, wie das Gesetz **vergleichbare Interessenkonflikte** in **anderen Rechtsnormen** – oder gar in derselben Vorschrift – aufgelöst hat (z.B. sind „sonstige Rechte" i.S.v. § 823 Abs. 1 BGB nur solche, die wie die weiteren dort genannten Rechtsgüter „Leben", „Körper", „Gesundheit", „Freiheit" und „Eigentum" absolut gegenüber jedermann geschützt sind, nicht hingegen auch relative Rechte wie Forderungen).[265] Denn weil davon auszugehen ist, „dass der Gesetzgeber sachlich Zusammenhängendes so geregelt hat, dass die gesamte Regelung einen durchgehenden, verständlichen Sinn ergibt", sind „einzelne Rechtssätze, die der Gesetzgeber in einen sachlichen Zusammenhang gestellt hat, grundsätzlich so zu interpretieren […], dass sie logisch miteinander 175

---

259 Zum Ganzen siehe *Wank*, Auslegung, S. 57 f.
260 *Schmalz*, Methodenlehre, Rn. 256.
261 *Zippelius*, Methodenlehre, S. 33, 44. Siehe auch Rn. 34.
262 *Vogel*, Methodik, S. 123; *Wank*, Auslegung, S. 62.
263 *Zippelius*, Methodenlehre, S. 32.
264 BVerfGE 16, 194 (201 ff.); 19, 342 (348 f.); 28, 243 (261); *Butzer/Epping*, Arbeitstechnik, S. 36 f.; *Vogel*, Methodik, S. 123; *Wienbracke*, Einführung in die Grundrechte, 2013, Rn. 153, 492 m.w.N.; *Zippelius*, Methodenlehre, S. 44 f. Zur Gewinnung von rechtlichen Wertungen aus fremden Rechtsordnungen im Wege der **Rechtsvergleichung** vgl. BVerfGE 32, 54 (70); BGH, NJW 1992, S. 1463 (1466 f.) und siehe *Muthorst*, Grundlagen, § 7 Rn. 17; *Zippelius*, Methodenlehre, S. 47. Speziell zum „gliedstaatlichen Rechtsvergleich" im Bundesstaat zwischen Grundgesetz und Länderverfassungen sowie zwischen den einzelnen Länderverfassungen siehe *Butzer/Epping*, Arbeitstechnik, S. 38. Siehe auch Rn. 115.
265 *Bitter/Rauhut*, JuS 2009, S. 289 (293); *Schwacke*, Methodik, S. 128; *Zippelius*, Methodenlehre, S. 44.

vereinbar sind",²⁶⁶ d.h. sachlich übereinstimmen.²⁶⁷ V.a. darf eine Rechtsvorschrift bzw. ein Rechtsbegriff nicht so ausgelegt werden, dass diese(r) selbst oder aber ein(e) andere(r) sinnlos bzw. überflüssig wird.²⁶⁸

176 **Beispiel**²⁶⁹ Nach dem Wortlaut von § 133 BGB ist bei der Auslegung einer Willenserklärung (z.B. Bestellung von 100 „Pfund" Rindfleisch durch den in England aufgewachsenen Käufer K bei Verkäufer V in Düsseldorf) „nicht an dem buchstäblichen Sinn" des Erklärten zu haften, sondern „der wirkliche Wille" zu erforschen. Würde man hierunter das subjektiv Gemeinte verstehen (z.B. meint K mit einem „Pfund" 453,59g), so käme es zu einem Widerspruch zu § 119 Abs. 1 BGB. Danach nämlich muss der Erklärende beim unbewussten Auseinanderfallen von Wille und Erklärung (Irrtum) im Interesse der Rechtssicherheit seine Willenserklärung so gegen sich gelten lassen, wie sie der Empfänger (hier: V) nach Treu und Glauben unter Berücksichtigung der Verkehrssitte verstehen musste (ein „Pfund" = 500g); dem Erklärenden steht vielmehr nur ein Anfechtungsrecht zu (ggf. verbunden mit einer Schadensersatzpflicht nach § 122 Abs. 1 BGB). Folglich ist § 133 BGB so zu interpretieren, dass empfangsbedürftige Willenserklärungen nach Maßgabe des Empfängerhorizonts auszulegen sind, vgl. auch § 157 BGB. ∎

177 Darüber hinaus lassen sich gesetzgeberische Wertungen ebenfalls im Wege des Umkehr- sowie des **Erst-recht-Schluss**es (*argumentum a fortiori*) gewinnen,²⁷⁰ wobei in Bezug auf Letzteren weiter zwischen den folgenden zwei Varianten zu unterscheiden ist:²⁷¹ Nach dem – als solchem „nicht ungefährlichen"²⁷² – ***argumentum a minore ad maius***²⁷³ gilt, dass wenn das Gesetz (z.B. § 904 S. 2 BGB) eine bestimmte Rechtsfolge (z.B. Schadensersatz) schon für einen weniger wichtigen Fall vorsieht (z.B. die Einwirkung auf die fremde Sache ist gerechtfertigt, § 904 S. 1 BGB), diese erst recht in einem gewichtigeren Fall (z.B. die Einwirkung auf die fremde Sache ist nicht gerechtfertigt) zur Anwendung gelangt.²⁷⁴

---

266 BVerfGE 48, 246 (257).
267 *Larenz/Canaris*, Methodenlehre, S. 148 f. Dort (S. 149) und bei *Schwacke*, Methodik, S. 97 auch zur insoweit bestehenden Nähe zur **teleologischen Auslegung**. Siehe auch Rn. 209.
268 *Muthorst*, Grundlagen, § 7 Rn. 23; *Schmalz*, Methodenlehre, Rn. 252.
269 Nach *Beaucamp/Treder*, Methoden, Rn. 158; *Schmalz*, Methodenlehre, Rn. 252; *Schwacke*, Methodik, S. 96; *Zippelius*, Methodenlehre, S. 44.
270 Vgl. etwa *Vogel*, Methodik, S. 121. Abweichend von der bei vielen Autoren „freischwebenden" Behandlung u.a. des Erst-recht- und des Umkehrschlusses als „**typische juristische Argumentationsmuster**" (o.Ä.) lassen sich diese durchaus in die Auslegungslehre einfügen; so auch *Schmalz*, Methodenlehre, Rn. 322. Andere Terminologie bei *Bitter/Rauhut*, JuS 2009, S. 289 (297), die einen Gegensatz zwischen dem *argumentum a maiore ad minus* (logische Begründbarkeit des Mehr-/Weniger-Verhältnisses) und dem Erst-recht-Schluss (nur wertende Begründung dieser Relation) ausmachen und Letzteren in Zusammenhang mit der Analogie bringen (S. 298).
271 *Butzer/Epping*, Arbeitstechnik, S. 53.
272 *Tettinger/Mann*, Einführung, Rn. 264.
273 Lat. = „Schluss vom Kleineren auf das Größere".
274 *Butzer/Epping*, Arbeitstechnik, S. 53 mit dem weiteren **Beispiel**, dass wenn schon das Mitführen von unerlaubten Hilfsmitteln zum Nichtbestehen einer Prüfung führt, dies erst recht im Fall des Gebrauchmachens von diesen gilt; *Zippelius*, Methodenlehre, S. 55 f. m.w.N. Plastisch *Beaucamp/Treder*, Methoden, Rn. 304: „Wenn man schon keine Hunde und Katzen in seiner Mietwohnung halten darf, dann erst recht keine Bären und Elefanten". Zum nachfolgenden Schaubild vgl. *Muthorst*, Grundlagen, § 7 Rn. 62.

Auslegungsmittel 2 B II

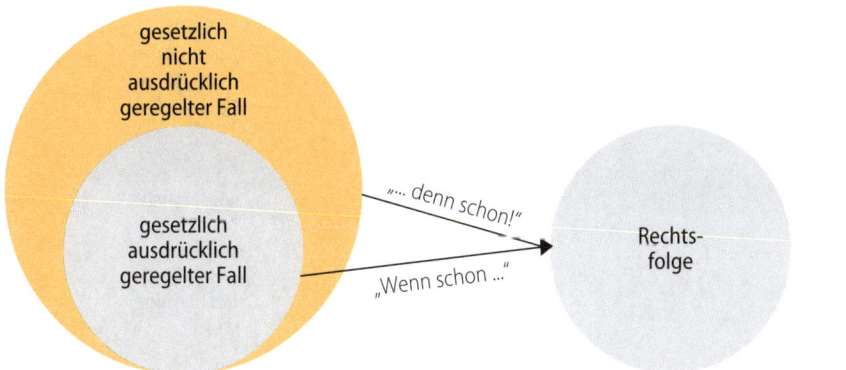

178

> **Hinweis** 179
>
> Voraussetzung für ein *argumentum a minore ad maius* ist:[275]
> 1. Der gesetzlich ausdrücklich geregelte Sachverhalt und der gesetzlich nicht ausdrücklich geregelte Sachverhalt dürfen sich allein dadurch unterscheiden, dass in beiden ein **gemeinsames Merkmal in verschieden großer Ausprägung** vorliegt. Im Übrigen müssen die Verhältnisse gleich sein (*ceteris paribus*).
> 2. Für dieses **Merkmal**, das **linear steigerungsfähig** sein muss („die eine Ausprägung darf nicht etwa qualitativ ganz anders sein als die andere"; kein *aliud*-Verhältnis), muss eine komparative Regel („je... desto...") gelten, mittels derer sich die beiden Sachverhalte verbinden lassen.

Während dieser Schluss sich auf die Tatbestandsseite einer Rechtsnorm bezieht und die in ihr getroffene Regelung auf weitere, im Gesetz nicht ausdrücklich genannte Fälle ausdehnt,[276] betrifft das ***argumentum a maiore ad minus***[277] in seiner *positiven* Ausprägung die Rechtsfolgenseite und besagt nach Art des „Matrjoschka-Puppen-Prinzips", dass eine weitgefasste gesetzliche Rechtsfolgenanordnung (das „Mehr"; z.B. gesetzliche Regelung, wonach es im Ermessen der Behörde steht, ob sie eine Genehmigung erteilt oder nicht) zugleich – als „Minus" – auch weniger weit reichende Folgen mit umfasst (z.B. Erteilung der Genehmigung mit einer Nebenbestimmung nach § 36 Abs. 2 VwVfG).[278]

180

---

275 Zum Folgenden vgl. *Muthorst*, Grundlagen, § 7 Rn. 63 ff. betreffend **beide Varianten des Erst-Recht-Schlusses** (Rn. 177).
276 Vgl. *Zippelius*, Methodenlehre, S. 55.
277 Lat. = „Schluss vom Größeren auf das Kleinere". Plastisch *Beaucamp/Treder*, Methoden, Rn. 306: "**Wenn vier Liter in einen Krug passen, so gehen auch drei Liter hinein**".
278 *Beaucamp/Treder*, Methoden, Rn. 306; *Butzer/Epping*, Arbeitstechnik, S. 53; *Schmalz*, Methodenlehre, Rn. 182; *Tettinger/Mann*, Einführung, Rn. 264; *Zippelius*, Methodenlehre, S. 57. Siehe auch im Skript „Allgemeines Verwaltungsrecht", Rn. 79. Zum nachfolgenden Schaubild vgl. *Muthorst*, Grundlagen, § 7 Rn. 62. Weiteres **Beispiel: Das Recht zur fristlosen Kündigung (Mehr) nach § 626 Abs. 1 BGB berechtigt erst recht zur fristgemäßen Kündigung (Weniger)**, siehe etwa *Bitter/Rauhut*, JuS 2009, S. 289 (297).

181

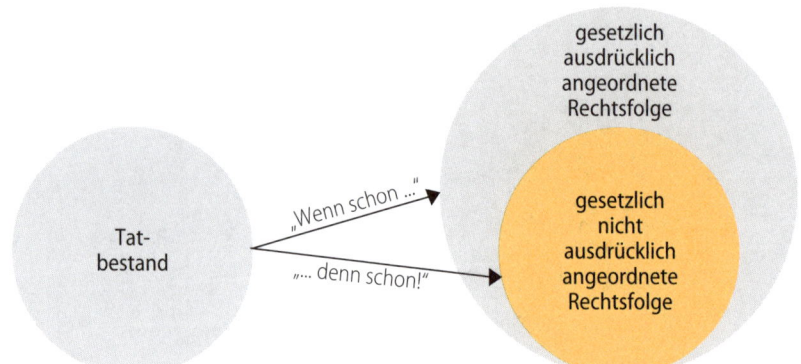

182 *Negativ* führt dieses Argument auf der Tatbestandsseite dazu, dass wenn das Gesetz eine bestimmte Rechtsfolge (z.B. Freiheits-/Geldstrafe) noch nicht einmal für den gewichtigeren Fall (z.B. vorsätzliche Beihilfe zum Selbstmord) anordnet, diese erst recht nicht für weniger gewichtige Sachverhalte Geltung entfaltet (z.B. fahrlässige Herbeiführung eines Selbstmords).[279]

183
> **Hinweis**
>
> Im Schrifttum wird der Erst-recht-Schluss (*argumentum a fortiori*) in seinen beiden Ausprägungen (*argumentum a minore ad maius* und *argumentum a maiore ad minus*) häufig nicht wie hier dem Bereich der Gesetzesauslegung zugeordnet, sondern als Unterfall der **Rechtsfortbildung** (Rn. 228 ff.) behandelt.[280]

184 Entsprechendes, d.h. das Nicht-Eingreifen der in Rede stehenden Rechtsfolge, gilt, wenn das Gesetz diese allein für einen bestimmten anderen, aber gerade nicht auch für den jeweils vorliegenden, Sachverhalt anordnet.[281] Während sich ein derart abschließender Charakter mitunter bereits ausdrücklich aus dem Gesetzeswortlaut ergibt (siehe das Beispiel in Rn. 151), ist dieser im Übrigen auch dann zu bejahen, wenn in die betreffende Vorschrift ein „nur" hineinzulesen ist.[282] Ein derartiges Normverständnis kann sich wiederum aus einem entsprechenden **Umkehrschluss** (*argumentum e contrario*) ergeben: Greifen die Gründe (z.B. Verhinderung der tatsächlichen Verkürzung einer Frist), die den Gesetzgeber in einem anderen Regelungszusammenhang (z.B. Frist*ende* fällt auf einen Samstag, Sonntag oder Feiertag) zur Anordnung einer bestimmten Rechtsfolge bewogen haben (z.B. Verschiebung des Fristendes auf den Ablauf des nächsten Werktages), bei der Vorschrift (z.B. § 193 BGB), die in Bezug auf den fraglichen Sachverhalt (z.B. Frist*beginn* fällt auf einen Samstag, Sonntag oder Feiertag) gerade keine explizite Regelung trifft und daher eine entsprechende Auslegungsfrage aufwirft, nicht Platz (z.B. weil es für die Frist

---

279 *Beaucamp/Treder*, Methoden, Rn. 308; *Butzer/Epping*, Arbeitstechnik, S. 54; *Vogel*, Methodik, S. 121; *Wank*, Auslegung, S. 88 f. unter Hinweis auf BGHSt 24, 342 (344). *Schwacke*, Methodik, S. 137 zufolge sei es lediglich eine **Frage der Perspektive**, ob das *argumentum a maiore ad minus* oder das *argumentum a minore ad maius* (Rn. 177 ff.) verwendet wird.

280 Statt vieler siehe etwa *Beaucamp/Treder*, Methoden, Rn. 297 f., 303; *Rüthers/Fischer/Birk*, Rechtstheorie, Rn. 897 f. („Analogie"); *Schwacke*, Methodik, S. 130, 137; *Wank*, Auslegung, S. 88 f. Wie hier dagegen bereits *Muthorst*, Grundlagen, § 8 Rn. 21; *Schoch*, Übungen im Öffentlichen Recht I, 2000, S. 73; *Vogel*, Methodik, S. 121. Siehe auch Rn. 252.

281 *Butzer/Epping*, Arbeitstechnik, S. 52.

282 *Schmalz*, Methodenlehre, Rn. 183, 251; *Vogel*, Methodik, S. 121; *Wank*, Auslegung, S. 89. Siehe auch Rn. 259.

ohne Belang ist, auf was für einen Wochentag ihr erster Tag fällt), so ist dieses Schweigen des Gesetzgebers i.d.S. als negative Antwort zu verstehen, dass die in Frage stehende Rechtsfolge dort eben nicht eintreten soll (z.B. keine entsprechende Anwendung von § 193 BGB, wenn der Frist*beginn* auf einen Samstag, Sonntag oder Feiertag fällt).[283] M.a.W.: Das Gesetz ordnet für den Fall A die Rechtsfolge Z gerade deshalb an, weil dieser sich durch ein bestimmtes Merkmal M auszeichnet, das im Fall B nicht vorliegt, weshalb Z auf diesen keine Anwendung findet.[284]

> **Hinweis** 185
>
> Das **Gegenstück zum Umkehrschluss ist der Analogieschluss** (Rn. 248 ff.). Wenngleich beide ein Schweigen des Gesetzes zur betreffenden Rechtsfrage voraussetzen, so handelt es sich bei Ersterem – im Gegensatz zu Letzterem – richtigerweise gleichwohl nicht um ein Instrument zur lückenschließenden Rechtsfortbildung (str.). Denn anders als im Fall der Analogie erweist sich das Gesetz im Fall des Umkehrschlusses gerade nicht als planwidrig lückenhaft,[285] wird bei Vorliegen der Voraussetzungen dieser Argumentationsfigur doch aus der Festlegung des Tatbestands einer Rechtsnorm zugleich gefolgert, dass andere Lebenssachverhalte gerade nicht von dieser erfasst werden:[286] Die für den Fall A getroffene gesetzliche Regelung gilt für den ähnlichen Fall B „gerade deshalb nicht, weil der Gesetzgeber sie trotz der Ähnlichkeit der Fälle nicht auf diesen Fall [B] erstreckt hat (Umkehrschluss)."[287] In welchem Sinn das jeweilige gesetzliche Schweigen – entweder „beredt"[288] i.S.d. Umkehrschlusses oder als planwidrige Lücke i.S.d. Analogie – zu deuten ist, ist eine Frage der juristischen Wertung, welche sich nach Maßgabe der übrigen Auslegungskriterien vollzieht.[289]

Schließlich lassen sich auch aus dem Typ einer Rechtsnorm Hinweise für deren Auslegung gewinnen.[290] So sind beispielsweise **Ausnahmevorschriften** (z.B. § 80 Abs. 2 VwGO, wonach in den dort genannten Fällen Widerspruch und Anfechtungsklage keine aufschiebende Wirkung haben) regelmäßig eng (restriktiv) auszulegen (*singularia non sunt extenda*[291]), um die Grundentscheidung des Gesetzgebers, von der sie abweichen („Regel-Ausnahme-Verhältnis"; z.B. haben Widerspruch und Anfechtungsklage nach § 80 186

---

283 *Grothe*, in: MüKo, BGB, 6. Auflage 2012, § 193 Rn. 1, 5 m.w.N.; *Tettinger/Mann*, Einführung, Rn. 262; *Vogel*, Methodik, S. 121. Siehe auch *Larenz/Canaris*, Methodenlehre, S. 209: „Eben deshalb, weil das Gesetz die Rechtsfolge R (nur) an den Tatbestand A geknüpft hat, gilt sie für andere Tatbestände [...] nicht". Siehe auch im Skript „Verwaltungsprozessrecht", Rn. 209 m.w.N.
284 *Muthorst*, Grundlagen, § 7 Rn. 66.
285 Zum Ganzen siehe *Schwacke*, Methodik, S. 138 m.w.N. auch zur **a.A.**, u.a. etwa *Beaucamp/Treder*, Methoden, Rn. 297 f. Vgl. auch *Muthorst*, Grundlagen, § 8 Rn. 21; *Schoch*, Übungen im Öffentlichen Recht I, 2000, S. 73.
286 Nicht von ungefähr sprechen *Butzer/Epping*, Arbeitstechnik, S. 52 in Bezug auf das *argumentum e contrario* synonym auch vom **argumentum e silentio**.
287 *Sauer*, in: Krüper, Grundlagen des Rechts, § 9 Rn. 40. Siehe auch Rn. 228.
288 *Rüthers/Fischer/Birk*, Rechtstheorie, Rn. 899. Siehe auch Rn. 254.
289 Zum Ganzen siehe *Beaucamp/Treder*, Methoden, Rn. 300 m.w.N.; *Butzer/Epping*, Arbeitstechnik, S. 53. Siehe auch Rn. 257.
290 *Tettinger/Mann*, Einführung, Rn. 228.
291 Lat. = „Ausnahmen dürfen nicht ausgedehnt werden". **A.A.** BVerfGE 47, 239 (250): „Unsere Rechtsordnung [kennt] keinen Rechtssatz, wonach Ausnahmevorschriften stets restriktiv interpretiert werden müßten". „Der Charakter einer Ausnahmevorschrift verbietet nur, sie über ihren eindeutigen Inhalt und Sinn hinaus ausdehnend auszulegen; mehr gibt die Formel ‚Ausnahmevorschriften sind eng auszulegen' nicht her", siehe die abw. M. in BVerfGE 37, 363 (404). Zur **Analogiefähigkeit** siehe Rn. 270.

Abs. 1 VwGO grundsätzlich aufschiebende Wirkung), nicht zu unterlaufen.[292] Sofern gesetzlich nicht durch entsprechende Formulierungen ausdrücklich als solche gekennzeichnet (so aber z.B. § 8 Abs. 1 S. 1 HwO: „In Ausnahmefällen"), kann es mitunter freilich schwierig sein zu ermitteln, ob es sich bei der betreffenden Regelung um eine Ausnahme handelt oder ob sie einen allgemeinen Rechtsgedanken enthält.[293] Insbesondere ist nicht jede Gegennorm, die ggf. nur eine Regelung zur Beweislast trifft, zwangsläufig auch eine Ausnahmevorschrift (so aber z.B. § 935 Abs. 2 im Verhältnis zu § 935 Abs. 1 BGB; Rn. 98 f.).[294] Ferner liegt eine solche auch dann nicht vor, wenn sie einen gleichberechtigten allgemeinen Rechtsgedanken enthält, der auch für weitere typische Konfliktfälle gilt (so z.B. § 935 Abs. 1 BGB in Bezug auf § 932 BGB; erst die in diesen beiden Vorschriften verankerten Rechtsgedanken zusammen ergeben das gesetzgeberische Konzept vom „Schutz des gutgläubigen Erwerbs mit der Zurücksetzung desjenigen Eigentümers, der seine Sache freiwillig aus der Hand gegeben hat"[295]).[296]

c) Historie

187 Über den vorstehend aufgezeigten systematischen Zusammenhang hinaus sind Rechtsvorschriften stets auch in einen historischen Kontext eingebettet, was ebenfalls bei ihrer Auslegung zu berücksichtigen ist (vgl. ausdrücklich Art. 33 Abs. 5 GG: Bezugnahme auf die „*hergebrachten* Grundsätze des Berufsbeamtentums").[297] Im Einzelnen sind unter dem Oberbegriff **„historische Auslegung"** folgende Aspekte relevant:[298]

---

[292] *Beaucamp/Treder*, Methoden, Rn. 157 m.w.N.; *Butzer/Epping*, Arbeitstechnik, S. 54; *Schmalz*, Methodenlehre, Rn. 257; *Schwacke*, Methodik, S. 113. Der **Vorrang der speziellen Ausnahmevorschrift gegenüber der allgemeinen Grundregel** (Rn. 64 ff.) ist auf den in der Ausnahmeregelung bezeichneten Bereich begrenzt, siehe *Horn*, Einführung in die Rechtswissenschaft und Rechtsphilosophie, 5. Auflage 2011, Rn. 181. Näher zu § 80 Abs. 1, 2 VwGO und den dahinterstehenden Wertungen (u.a. aus Art. 19 Abs. 4 S. 1 GG) siehe im Skript „Verwaltungsprozessrecht", Rn. 281. Dort (Rn. 282 f.) speziell auch zur engen Auslegung des Begriffs „Kosten" i.S.v. § 80 Abs. 2 S. 1 Nr. 1 VwGO. Siehe aber auch Rn. 264 zur **analogen Anwendung von § 80 Abs. 2 S. 1 Nr. 2 VwGO auf verkehrsregelnde Verkehrszeichen**.
[293] *Bitter/Rauhut*, JuS 2009, S. 289 (293); *Butzer/Epping*, Arbeitstechnik, S. 54 f.; *Schmalz*, Methodenlehre, Rn. 258 mit dem Hinweis, dass selbst die **ausdrückliche gesetzgeberische Kennzeichnung** einer Norm als „Ausnahme" nicht entscheidend sei. Ebenso *Schwacke*, Methodik, S. 113 f.
[294] *Adomeit/Hähnchen*, Rechtstheorie, Rn. 88; *Schmalz*, Methodenlehre, Rn. 258 mit dem weiteren Hinweis (Rn. 257), dass eine **Norm, die einem allgemeinen Rechtsprinzip entspricht**, das sich auch in anderen Vorschriften findet, **tendenziell weit auszulegen** sei; *Schwacke*, Methodik, S. 113 f. Siehe auch Rn. 115, 270.
[295] *Larenz/Canaris*, Methodenlehre, S. 176.
[296] *Bitter/Rauhut*, JuS 2009, S. 289 (293); *Schwacke*, Methodik, S. 113.
[297] *Beaucamp/Treder*, Methoden, Rn. 163; *Muthorst*, Grundlagen, § 7 Rn. 15; *Schmalz*, Methodenlehre, Rn. 261 a.E.; *Zippelius*, Methodenlehre, S. 36. **A.A.** noch BVerfGE 1, 299 (312): „Der Entstehungsgeschichte einer Vorschrift kommt für deren Auslegung nur insofern Bedeutung zu, als sie die Richtigkeit einer nach den [drei übrigen Auslegungs-]Grundsätzen ermittelten Auslegung bestätigt oder Zweifel behebt, die auf dem angegebenen Weg allein nicht ausgeräumt werden können". Dagegen zutreffend BGHZ 46, 74 (80 f.) m.w.N.; *Wank*, Auslegung, S. 65.
[298] Hierzu sowie zum gesamten Folgenden siehe *Schmalz*, Methodenlehre, Rn. 261 m.w.N.; *Vogel*, Methodik, S. 128.

aa) **Entstehungsgeschichte** *(Genese)* der Rechtsnorm

Die Interpretation einer Vorschrift anhand ihrer Entstehungsgeschichte (sog. „genetische Auslegung") zielt darauf ab, den **Wille**n **des historischen Gesetzesgebers** zu ermitteln.[299] Wenngleich dieser allein nach der subjektiven Theorie für die Auslegung verbindlich ist („Rechtssätze (Normbegriffe) [sind] so zu deuten, dass die Vorstellungen [...], die der Gesetzgeber mit ihnen verband, verwirklicht werden"[300]), so ist dieses Auslegungskriterium dennoch auch bei Ablehnung dieser Theorie von Bedeutung:[301] Den „Objektivisten" zufolge gibt die entstehungsgeschichtliche Auslegung einer Rechtsnorm nämlich zumindest einen Hinweis darauf, wie diese zu verstehen ist (von mehreren möglichen Deutungen ist diejenige zu wählen, die „der Regelungsabsicht des Gesetzgebers [...] am besten entspricht"[302])[303] und kann nach der vom Bundesverfassungsgericht vertretenen Andeutungstheorie „der Wille des Gesetzgebers [...] bei der Auslegung des Gesetzes [...] insoweit berücksichtigt werden, als er in dem Gesetz selbst einen hinreichend bestimmten Ausdruck gefunden hat."[304] Umgekehrt ist es dem Rechtsanwender „verwehrt, dem Gesetz einen Sinn zu unterlegen, den der Gesetzgeber offensichtlich nicht hat verwirklichen wollen, den er nicht ausgedrückt hat und den das Gesetz auch nicht im Verlaufe einer Rechtsentwicklung aufgrund gewandelter Anschauungen erhalten hat."[305] Die Entstehungsgeschichte der auszulegenden Rechtsnorm ist daher stets zu ermitteln, gleich welcher der vorgenannten Theorien gefolgt wird.[306]

188

Erkenntnisquellen für die Ermittlung der Motive des historischen Gesetzgebers sind die sog. **Gesetzesmaterialien**, d.h. zuvörderst die jeweiligen Parlamentsdokumente (auf Bundesebene: Bundestags-/Bundesrats-Drucksachen und -protokolle sowie Ausschussprotokolle).[307] Ist – wie häufig der Fall – ein Gesetz auf eine Initiative der Bundesregierung zurückzuführen (Art. 76 Abs. 1 Var. 1 GG), so sind zudem auch der entsprechende ministerielle Referenten- sowie der nachfolgende Regierungsentwurf (inkl. amtlicher Begründung) heranzuziehen, soweit das vom Bundestag/-rat daraufhin beschlossene Gesetz mit diesen Vorlagen übereinstimmt.[308] Auf die persönlichen Vorstellungen der an der Entstehung des Gesetzes Beteiligten kommt es demgegenüber nicht an.[309] Denn der Gesetzgeber ist keine Einzelperson, sondern

189

---

299 *Horn*, Einführung in die Rechtswissenschaft und Rechtsphilosophie, 5. Auflage 2011, Rn. 179; *Schwacke*, Methodik, S. 97. Nach *Sauer*, in: Krüper, Grundlagen des Rechts, § 9 Rn. 27 a.E., 33 handele es sich bei der historischen (genetischen) Interpretation nicht um ein **eigenständiges Auslegungskriterium**, sondern nur um eine **Hilfe zur Ermittlung von Sinn und Zweck des Gesetzes**. Vgl. auch *Zippelius*, Methodenlehre, S. 41. Siehe auch Fn. 297 zu Rn. 187.
300 *Schwacke*, Methodik, S. 97 (im Original mit Hervorhebungen). Siehe auch Rn. 128.
301 *Wank*, Auslegung, S. 65.
302 *Larenz/Canaris*, Methodenlehre, S. 149.
303 *Muthorst*, Grundlagen, § 7 Rn. 15 a.E.
304 BVerfGE 11, 126 (130). Vgl. auch BVerfGE 62, 1 (45) m.w.N. Siehe auch Rn. 128.
305 BVerfGE 86, 59 (64). Siehe auch Rn. 168 f.
306 *Wank*, Auslegung, S. 65. Plastisch *Bitter/Rauhut*, JuS 2009, S. 289 (294): „**Wer nach der Botschaft eines Textes sucht, tut gut daran, [...] den Autor zu befragen**".
307 *Beaucamp/Treder*, Methoden, Rn. 160; *Schmalz*, Methodenlehre, Rn. 266; *Tettinger/Mann*, Einführung, Rn. 82 ff. Siehe auch die dortigen (Rn. 86) Angaben speziell zum **GG** und zum **BGB**. Plastisch spricht *Muthorst*, Grundlagen, § 7 Rn. 15 im vorliegenden Zusammenhang auch von der „**Schöpfungsgeschichte**" des Gesetzes, deren Ermittlung Aufgabe einer „**historische**[n] **Forschung**" ist, siehe *Larenz/Canaris*, Methodenlehre, S. 151. Siehe auch Fn. 299 zu Rn. 188.
308 *Wank*, Auslegung, S. 66 f. Zur sog. **Paktentheorie** siehe *Beaucamp/Treder*, Methoden, Rn. 160 m.w.N.
309 Vgl. BVerfGE 1, 299 (312); 11, 126 (130) unter Hinweis auf *Radbruch*, Rechtsphilosophie, 4. Auflage 1950, S. 210 f.; 54, 277 (298) unter Hinweis auf *Larenz*, Methodenlehre der Rechtswissenschaft, 4. Auflage 1979, S. 316 f. Siehe auch Rn. 130.

vielmehr ein Gremium (auf Bundesebene: Bundestag und Bundesrat, vgl. Art. 38 Abs. 3 GG i.V.m. § 1 Abs. 1 S. 1 BWahlG, Art. 51 GG).[310]

190 **Beispiel**[311] Art. 2 Abs. 1 GG gewährt jedem „das Recht auf die freie Entfaltung seiner Persönlichkeit". Wenngleich diese „feierlich" anmutende Formulierung Anlass dazu geben könnte, dieses Grundrecht besonders im Lichte des Art. 1 Abs. 1 GG zu sehen und daraus abzuleiten, dass Art. 2 Abs. 1 GG mit dazu bestimmt sei, das Menschenbild des Grundgesetzes zu prägen, kann das Grundgesetz mit der „freien Entfaltung der Persönlichkeit" letztlich dennoch nicht nur die Entfaltung innerhalb jenes Kernbereichs der Persönlichkeit gemeint haben, der das Wesen des Menschen als geistig-sittliche Person ausmacht. Vielmehr schützt Art. 2 Abs. 1 GG die Handlungsfreiheit in einem umfassenden Sinn. Denn es waren allein sprachliche Gründe – und nicht etwa rechtliche Erwägungen –, die den Verfassungsgeber dazu bewogen haben, die ursprüngliche Fassung „Jeder kann tun und lassen was er will" durch den jetzigen Wortlaut des Art. 2 Abs. 1 GG zu ersetzen, vgl. *v. Mangoldt*, Parlamentarischer Rat, 42. Sitzung des Hauptausschusses, S. 533. Auch so profane Tätigkeiten wie etwa das Autofahren ohne Sicherheitsgurt fallen daher in den sachlichen Schutzbereich von Art. 2 Abs. 1 GG. ■

191 **JURIQ-Klausurtipp**

Auf **europäischer Ebene** fordert Art. 296 Abs. 2 AEUV ausdrücklich die Begründung von Rechtsakten. Bei Verordnungen (Art. 288 Abs. 2 AEUV) und Richtlinien (Art. 288 Abs. 3 AEUV) wird diese in Gestalt von sog. Erwägungsgründen vorangestellt.[312]

192 Trotz Heranziehung aller verfügbaren Anhaltspunkte kommt es dennoch vor, dass sich das gesetzgeberische **Motiv nicht ermitteln lässt** (z.B. weil der Gesetzgeber sich zum konkreten Problem überhaupt nicht geäußert hat, etwa der Verfassungsgeber zu dem aus Art. 2 Abs. 1 i.V.m. Art. 1 Abs. 1 GG abgeleiteten Grundrecht auf Gewährleistung der Vertraulichkeit und Integrität informationstechnischer Systeme).[313] In einem solchen Fall erübrigt sich ein näheres Eingehen auf das Auslegungskriterium „Entstehungsgeschichte".[314]

193 **JURIQ-Klausurtipp**

Im Gegensatz zu Haus- und Seminararbeiten etc. stehen die Gesetzesmaterialien in der **Klausur regelmäßig** nicht zur Verfügung, so dass in diesem Rahmen hierzu i.d.R. auch **keine Aussagen** erwartet/getroffen werden können.[315]

---

310 *Larenz/Canaris*, Methodenlehre, S. 149; *Wank*, Auslegung, S. 29.
311 Nach BVerfGE 6, 32; BVerfG, NJW 1987, S. 180; *Wienbracke*, Einführung in die Grundrechte, 2013, Rn. 61.
312 *Schmalz*, Methodenlehre, Rn. 268. Siehe auch Rn 17.
313 BVerfGE 120, 274; *Beaucamp/Treder*, Methoden, Rn. 161 m.w.N.; *Rüthers/Fischer/Birk*, Rechtstheorie, Rn. 791 mit dem weiteren Hinweis, dass der **Regelungszweck** mitunter **unklar** oder **mehrdeutig** sein kann (z.B. weil die Gesetzesmaterialien widersprüchlich sind); *Schwacke*, Methodik, S. 98 f.
314 *Schmalz*, Methodenlehre, Rn. 270. Siehe auch Rn. 138 und den **Übungsfall** in Rn. 226 f.
315 *Beaucamp/Treder*, Methoden, Rn. 160; *Wank*, Auslegung, S. 65 f.

bb) Geschichtliches Umfeld beim Normerlass

Über die Entstehungsgeschichte i.e.S. hinaus ist im Rahmen der historischen Auslegung ebenfalls das allgemeine geschichtliche Umfeld im Zeitpunkt des Normerlasses einzubeziehen.[316] Denn jedes Gesetz ist ein „Kind seiner Zeit",[317] d.h. sein Text ist regelmäßig kein absolut für sich stehendes Objekt, das jedem Rechtsanwender zu jedem Zeitpunkt denselben Gebotsinhalt vermittelt.[318] Vielmehr ist der Bedeutungsinhalt von Wörtern durch die Veränderung der **historischen, sozialen und politischen Verhältnisse** einem Wandel unterworfen.[319] Dies gilt es auch bei der Auslegung des Gesetzes zu beachten, insbesondere wenn diese in einem großen zeitlichen Abstand von dessen Entstehungszeitpunkt erfolgt.[320]

194

Dabei hilft die Klärung der seinerzeitigen tatsächlichen Verhältnisse in einem ersten Schritt dazu, den **Normtext besser zu verstehen** (so z.B. wurde Art. 1 Abs. 1 GG v.a. deshalb 1948/49 in das Grundgesetz eingeführt, um die vor Mai 1945 erfahrene Erniedrigung, Brandmarkung und Ächtung von Menschen zukünftig zu verhindern; namentlich hiervor schützt daher die „Menschenwürde").[321] In einem zweiten Schritt kann deren Abgleich mit den aktuell vorzufindenden Gegebenheiten eine **Anpassung des historischen Normzwecks** an Letztere erfordern, sofern die unter anderen Umständen erlassene Regelung angesichts geänderter Rahmenbedingungen nicht mehr zur Konfliktlösung taugt.[322] „Die Auslegung einer Gesetzesnorm kann nicht immer auf die Dauer bei dem ihr zu ihrer Entstehungszeit beigelegten Sinn stehenbleiben. Es ist zu berücksichtigen, welche vernünftige Funktion sie im Zeitpunkt der Anwendung haben kann. Die Norm steht ständig im Kontext der sozialen Verhältnisse und der gesellschaftlich-politischen Anschauungen, auf die sie wirken soll; ihr Inhalt kann und muss sich unter Umständen mit ihnen wandeln. Das gilt besonders, wenn sich zwischen Entstehung und Anwendung eines Gesetzes die Lebensverhältnisse und Rechtsanschauungen [...] tiefgreifend geändert haben."[323]

195

Im Rahmen der **Auslegung** ist eine solche Vorgehensweise freilich nur dann zulässig, wenn sie sich namentlich innerhalb der Grenzen des – vom Gesetzgeber in vorausschauender Weise ggf. bewusst offen formulierten – Wortlauts der betreffenden Norm hält.[324] Andernfalls darf sie allein unter den Voraussetzungen der **Rechtsfortbildung** erfolgen.[325]

196

Beispiel[326] Gem. § 50 Abs. 2 ZPO a.F. konnten Gewerkschaften als nichtrechtsfähige Vereine nur verklagt werden, nicht aber auch selbst Klage erheben. Durch diese Regelung wollte der Gesetzgeber die Bildung von einflussreichen Vereinigungen mit sozialpolitischer Ziel-

197

---

316 *Vogel*, Methodik, S. 128; *Wank*, Auslegung, S. 66. Eng verwandt hiermit ist die **dogmengeschichtliche Auslegung**, die auf die rechtsinterne Begriffsentwicklung blickt, siehe *Röhl/Röhl*, Allgemeine Rechtslehre, 3. Auflage 2008, S. 619.
317 *Muthorst*, Grundlagen, § 7 Rn. 15.
318 *Rüthers/Fischer/Birk*, Rechtstheorie, Rn. 159. Siehe auch Rn. 121.
319 *Rüthers/Fischer/Birk*, Rechtstheorie, Rn. 162 f. Siehe auch Rn. 130.
320 Vgl. *Rüthers/Fischer/Birk*, Rechtstheorie, Rn. 163. Siehe auch Rn. 220.
321 BVerfGE 1, 97 (104); *Röhl/Röhl*, Allgemeine Rechtslehre, 3. Auflage 2008, S. 619; *Vogel*, Methodik, S. 128 m.w.N.; *Zippelius*, Methodenlehre, S. 21.
322 *Röhl/Röhl*, Allgemeine Rechtslehre, 3. Auflage 2008, S. 619; *Schwacke*, Juristische Methodik, S. 99, 101 ff., 105 f. (mit dem plastischen Fernseher-**Beispiel**); *Zippelius*, Methodenlehre, S. 19 ff., 42.
323 BVerfGE 34, 269 (288 f.). Siehe auch Rn. 220.
324 Vgl. *Zippelius*, Methodenlehre, S. 42. Dort und in Rn. 225 auch zur **Abgrenzung zur Gesetzeskorrektur**. Ferner siehe Rn. 122, 215, 217, 220 a.E., 235.
325 *Rüthers/Fischer/Birk*, Rechtstheorie, Rn. 730d, 788. Siehe auch das *Beispiel* in Rn. 151 und Rn. 228 ff.
326 Nach BGHZ 50, 325.

setzung erschweren oder sie zumindest unter staatliche Kontrolle bringen. Da sich das Verhältnis des Staates zu den Gewerkschaften nachfolgend jedoch grundlegend gewandelt hatte (Anerkennung ihrer Bedeutung für das Gemeinwohl; vgl. Art. 9 Abs. 3 GG), hat die Rechtsprechung ihnen auch schon vor der Neufassung von § 50 Abs. 2 ZPO die volle prozessuale Parteifähigkeit zuerkannt. Denn um die ihnen zugewiesenen Aufgaben zu erfüllen, müssen sie einen großen persönlichen und sachlichen Apparat unterhalten, wodurch wiederum die Führung von Prozessen vor den ordentlichen Gerichten unvermeidlich wird. Allein diese Sichtweise habe auch dem Willen des (aktuellen) Gesetzgebers entsprochen, was sich aus der gesetzlichen Zuerkennung der vollen Parteifähigkeit der Gewerkschaften in allen übrigen Gerichtszweigen ergab. ■

198 Weil jede neue Vorschrift an einen früheren Rechtszustand anknüpft, lassen sich ferner auch durch einen Vergleich mit diesem Informationen im Hinblick auf den Inhalt der jeweiligen Rechtsnorm gewinnen.[327] So können **Vorgängerregelung**en nicht nur als Vorbild (so z.B. Art. 118 Abs. 1 S. 1 WRV bzgl. Art. 5 Abs. 2 GG: „allgemeine Gesetze"), sondern auch als Gegenmodell gedient haben (vgl. z.B. Art. 1 Abs. 3 GG im Gegensatz zur WRV, deren Grundrechte z.T. nur als rechtlich unverbindliche Programmsätze verstanden wurden) – mit der Folge, dass im erstgenannten Fall die zur Altregelung entwickelte Auslegung auf die Neuregelung grundsätzlich übertragen werden kann (z.B. die bereits zu Art. 118 Abs. 1 S. 1 WRV vertretene Sonderrechts-/Abwägungslehre).[328]

d) Telos

199 Ausgehend von der Erkenntnis, dass Gesetze mit den in ihnen vorgeschriebenen Verhaltensweisen nichts anderes als Mittel zur Verfolgung von Zwecken sind (Schutz bestimmter Rechte, Güter, Interessen etc.),[329] sie m.a.W. vom Gesetzgeber als Instrumente der Rechtspolitik zur Gestaltung des jeweiligen Lebensbereichs eingesetzt werden, ist nach der **teleologischen**[330] **Auslegung** diejenige Auslegungsvariante vorzuziehen, die der in der betreffenden Rechtsnorm zum Ausdruck kommenden legislativen Interessenbewertung am ehesten entspricht.[331] Die Aufgabe des Rechtsanwenders besteht im vorliegenden Zusammenhang folglich darin, die im Rechtssatz codierte Bewertung einer bestimmten Interessenlage zu decodieren, d.h. (1) herauszufinden, um den Ausgleich welcher in der Lebenswirklichkeit typischerweise vorkommenden Interessen es in der Vorschrift überhaupt geht und (2) welchem von ihnen der Gesetzgeber durch seine Regelung prinzipiell den Vorrang eingeräumt hat, ist

---

327 *Muthorst*, Grundlagen, § 7 Rn. 15, der insoweit von der „**Abstammungsgeschichte**" der Rechtsnorm spricht; *Röhl/Röhl*, Allgemeine Rechtslehre, 3. Auflage 2008, S. 620.
328 *Beaucamp/Treder*, Methoden, Rn. 162 m.w.N.; *Schwacke*, Methodik, S. 97; *Tettinger/Mann*, Einführung, Rn. 223; *Vogel*, Methodik, S. 128; *Wienbracke*, Einführung in die Grundrechte, 2013, Rn. 4, 386 m.w.N. Vgl. auch BVerfGE 32, 54 (69); 124, 300 (328).
329 Den Bürger **belastende Gesetze**, für die sich **kein konkreter Zweck** angeben ließe, wären mangels Verhältnismäßigkeit sogar **verfassungswidrig**, vgl. *Schmalz*, Methodenlehre, Rn. 434 unter Hinweis auf *Löwer*, Cessante ratione legis cessat ipsa lex, 1989; *Vogel*, Methodik, S. 124 f.; *Wienbracke*, Einführung in die Grundrechte, 2013, Rn. 188 m.w.N. Siehe auch Rn. 6, 8, 79.
330 Von „telos" (griech. = „Ziel"), was **nicht mit „Theologie"** (griech. = „die Lehre von Gott") zu **verwechseln** ist, siehe *Beaucamp/Treder*, Methoden, Rn. 166; *Muthorst*, Grundlagen, § 7 Rn. 16; *Schmalz*, Methodenlehre, Rn. 272.
331 *Rüthers/Fischer/Birk*, Rechtstheorie, Rn. 718; *Schmalz*, Methodenlehre, Rn. 273; *Tettinger/Mann*, Einführung, Rn. 224; *Vogel*, Methodik, S. 124 ff.; *Zippelius*, Methodenlehre, S. 41. Zur **Abgrenzung** der **teleologischen Auslegung als Auslegungsmittel vom Auslegungsziel** siehe *Muthorst*, Grundlagen, § 7 Rn. 16 a.E. m.w.N. Siehe auch Rn. 120.

Auslegungsmittel

die Rechtsnorm doch entsprechend dieser Bewertung zu interpretieren.[332] Dieses Ergebnis muss allgemeingültig sein, d.h. es darf nicht nur mit Blick auf den konkret zu entscheidenden Fall gefunden werden.[333]

> **Hinweis** 200
>
> „Hinter jedem Sollen (Norm) [steht] ein gesetzgeberisches Wollen"[334], d.h. eine generalisierte Interessenabwägung (Wertung).[335] Während der **subjektiven** Theorie zufolge allein Letzteres (die vom Urheber des Gesetzes verfolge Zielsetzung) maßgeblich für die Bestimmung des Gesetzeszwecks ist, kann dieser nach der **objektiven** Theorie unabhängig von den Vorstellungen des historischen Gesetzgebers gefunden werden, im Extremfall sogar erst nachträglich durch Rechtsprechung und Literatur („Eigenleben" des Gesetzes[336]).[337]

Der hiernach aus der Fülle der Vielzahl denkbarer Zielsetzungen **zu ermittelnde spezifische** 201 **(konkrete) Gesetzeszweck** (sog. *„ratio legis"*[338]) besteht bei Strafvorschriften im Schutz eines bestimmten Rechtsguts (z.B. schützt § 259 Abs. 1 StGB vor der Aufrechterhaltung der durch einen Diebstahl etc. geschaffenen rechtswidrigen Vermögenslage, weshalb eine Hehlerei an Ersatzsachen hiernach nicht strafbar ist).[339] In jüngeren verwaltungsrechtlichen Gesetzen wird der jeweilige Zweck – insoweit dem Vorbild des europäischen Sekundärrechts folgend – häufig in deren Eingangsvorschriften ausdrücklich benannt (z.B. § 1 Abs. 1 BImSchG: „Zweck dieses Gesetzes ist […]").[340]

> **JURIQ-Klausurtipp** 202
>
> In der Klausur sind v.a. die **Eingangsvorschriften** des im konkreten Fall einschlägigen Gesetzes daraufhin zu untersuchen, ob dessen Zweck in diesen explizit erwähnt wird. Sofern dies zu bejahen ist, erübrigen sich weitergehende Ausführungen zu der Frage, welchen Zweck das Gesetz verfolgt.[341]

---

332 *Beaucamp/Treder*, Methoden, Rn. 167; *Schwacke*, Methodik, S. 101; *Wank*, Auslegung, S. 70. Plastisch *Rüthers/Fischer/Birk*, Rechtstheorie, Rn. 722: **„Ausgelegt kann nur werden, was als Wertentscheidung der Gesetzgebung in den Normtext […] ‚eingelegt' worden […] ist".**
333 *Beaucamp/Treder*, Methoden, Rn. 171 m.w.N. Siehe auch Rn. 132.
334 *Beaucamp/Treder*, Methoden, Rn. 167 m.w.N. Zum diesbzgl. Einfluss etwa von Interessenverbänden (Lobbygruppen) aus dem wirtschaftlichen Bereich vgl. auch schon RGZ 1, 247 (248); *Heck*, AcP 112 (1914), S. 1 (17) als Begründer der sog. **Interessenjurisprudenz**; *Schmalz*, Methodenlehre, Rn. 128. Dort (Rn. 218) weiter: **„Gesetze sind begrifflich gefaßte Wertungen".** Siehe auch Rn. 135.
335 *Schwacke*, Methodik, S. 3, 30, 99; *Vogel*, Methodik, S. 151.
336 *Sauer*, in: Krüper, Grundlagen des Rechts, § 9 Rn. 28; *Schmalz*, Methodenlehre, Rn. 263.
337 *Muthorst*, Grundlagen, § 7 Rn. 16; *Larenz/Canaris*, Methodenlehre, S. 157; *Wank*, Auslegung, S. 69; *Zippelius*, Methodenlehre, S. 41. Siehe auch Rn. 128, 131.
338 Hierzu sowie zur **weiteren Bedeutung** dieses Begriffs siehe *Larenz/Canaris*, Methodenlehre, S. 157.
339 *Maier*, in: MüKo, StGB, 2. Auflage 2012, § 259 Rn. 1, 51; *Schwacke*, Methodik, S. 99 f.; *Vogel*, Methodik, S. 125.
340 *Schmalz*, Methodenlehre, Rn. 275; *Schwacke*, Methodik, S. 100; *Tettinger/Mann*, Einführung, Rn. 224. Dort (Rn. 225) und im Skript „Verwaltungsprozessrecht", Rn. 144 auch speziell zur Frage, ob es sich bei einer Vorschrift um eine **Schutznorm** handelt, die ein **subjektives Recht** (Rn. 9) begründet. *Beaucamp/Treder*, Methoden, Rn. 164, 169 bemühen die in den Erwägungsgründen zu Richtlinien etc. vorangestellten Motive der Gesetzgebung zusätzlich auch im Rahmen der **historischen** Auslegung (Rn. 191).
341 *Tettinger/Mann*, Einführung, Rn. 224.

203 Wo dies nicht der Fall ist und auch die **grammtische, systematische** sowie **historische Auslegung** bei der Bestimmung des Gesetzeszwecks nicht weiterhelfen, ist dieser aus dem **Sinnzusammenhang zwischen Tatbestand und Rechtsfolge** der auszulegenden Rechtsvorschrift zu ermitteln.[342] Denn jeder derartigen Verknüpfung liegt eine Bewertung der verschiedenen Interessen zugrunde, die wiederum mit dem Gesetzeszweck weitgehend identisch ist (z.B. § 932 Abs. 1 BGB: Höherbewertung des Erwerbsinteresses des gutgläubigen Erwerbers gegenüber dem Behaltensinteresse des bisherigen Eigentümers).[343]

204 **Beispiel**[344] § 766 S. 1 BGB verlangt für die Gültigkeit eines Bürgschaftsvertrags die Schriftform. Ist diese auch dann noch gewahrt, wenn der Bürge lediglich die Unterschrift unter eine Blankobürgschaft leistet, die erst zu einem späteren Zeitpunkt von einem hierzu mündlich ermächtigten Dritten durch Einfügen der nach § 766 S. 1 BGB erforderlichen Angaben ergänzt wird?

Nein. Der Sinn und Zweck von § 766 S. 1 BGB besteht darin, den Bürgen zu schützen. Dieser soll durch das Schriftformerfordernis zu größerer Vorsicht angehalten und vor nicht ausreichend überlegten Erklärungen gesichert werden. In Anbetracht dieser Warnfunktion ist die Schriftform allein dann gewahrt, wenn die Urkunde außer dem Willen, überhaupt für eine fremde Schuld einzustehen, auch die Bezeichnung des Gläubigers, des Hauptschuldners sowie der verbürgten Forderung enthält. Dass der Bürge ein Schriftstück unterzeichnet, aus dem sich nur sein Verbürgungswille ergibt, nicht aber auch das übernommene Risiko, ist daher nicht ausreichend, wird ihm dieses hierdurch bei Abgabe seiner Erklärung doch gerade nicht vor Augen geführt. Weil die eingangs geschilderte Bürgschaft der Form des § 766 S. 1 BGB nicht genügt, ist der Vertrag somit gem. § 125 S. 1 BGB nichtig. ∎

205 Soweit hiernach ein Auslegungsspielraum verbleibt, ist es anerkannt, dass in die Entscheidung für bzw. gegen eine bestimmte Norminterpretation auch einzubeziehen ist, welche praktischen – etwa sozialen oder ökonomischen – Folgen diese in der Wirklichkeit typischerweise hat (sog. **Folgenbetrachtung**), wofür wiederum entsprechende empirische Angaben von Bedeutung sein können.[345] Ergibt die juristische Bewertung der prognostizierten außerrechtlichen Folgen, dass diese erwünscht (gewollt) sind (z.B. Schadensprävention), so spricht dieser Umstand für eine demgemäße Deutung; sind sie hingegen unerwünscht (z.B. Schadensabwälzung auf unbeteiligte Dritte), so spricht dies gegen ein entsprechendes Normverständnis.[346]

---

342 *Beaucamp/Treder*, Methoden, Rn. 169, 171; *Wank*, Auslegung, S. 70; *Vogel*, Methodik, S. 125. Siehe auch Rn. 79 ff.

343 *Schmalz*, Methodenlehre, Rn. 276. Dort (Rn. 281) auch zu **§ 935 BGB** (Rn. 98, 186). Durch eine **Ausnahmevorschrift** bringt der Gesetzgeber zum Ausdruck, dass er grundsätzlich ein anderes Interesse für schutzwürdiger hält, siehe *Schwacke*, Methodik, S. 104 und Rn. 186. Siehe auch Rn. 199.

344 Nach BGHZ 132, 119; *Beaucamp/Treder*, Methoden, Rn. 173.

345 *Beaucamp/Treder*, Methoden, Rn. 171 m.w.N.; *Muthorst*, Grundlagen, § 7 Rn. 16, 67 f.; *Rüthers/Fischer/Birk*, Rechtstheorie, Rn. 170, 296; *Schmalz*, Methodenlehre, Rn. 287 mit Hinweis auch auf die diesbzgl. **Kritik** (Folgenberücksichtigung sei Aufgabe des Gesetzgebers, der Rechtsanwender könne die Folgen ggf. nicht abschätzen, Rechtsgewinnung vom Ergebnis her); *Schwacke*, Methodik, S. 111; *Zippelius*, Methodenlehre, S. 49 f. Hiervon abzugrenzen sind die für die Auslegung irrelevanten reinen **Reflexwirkungen** (z.B. drohende Einnahmeverluste der Notare im Fall der ersatzlosen Streichung von § 311b Abs. 1 BGB), siehe *Vogel*, Methodik, S. 126, der zur Folgenermittlung das **Hinwegdenken** der betreffenden Vorschrift in ihrer konkreten Gestalt vorschlägt.

346 *Muthorst*, Grundlagen, § 7 Rn. 16; *Schmalz*, Methodenlehre, Rn. 287 f.; *Wank*, Auslegung, S. 70; *Zippelius*, Methodenlehre, S. 48 ff.

> **Hinweis** 206
>
> Auch die ursprünglich in den USA entwickelte sog. **Ökonomische Analyse des Rechts** (ÖAR)[347] lässt sich unaufgeregt in das Vorstehende einpassen: Soweit dieser Ansatz nicht *de lege ferenda*[348] eine an ökonomischer Effizienz ausgerichtete Rechtsetzung fordert, sondern darüber hinaus in Bezug auf die bestehenden Gesetze (*de lege lata*) deren Auslegung unter wirtschaftlichen Gesichtspunkten postuliert, ist dieses Vorbringen insoweit berechtigt, als die betreffende Rechtsnorm eine ökonomische Zielsetzung verfolgt (so z.B. die europäischen Grundfreiheiten, vgl. Art. 3 Abs. 3 UAbs. 1 EUV, Art. 26 Abs. 2 AEUV – weshalb etwa mitgliedstaatliche Verkaufsmodalitäten nach der *Keck*-Rspr. des EuGH[349] nicht als Eingriff in die durch Art. 34 AEUV geschützte Warenverkehrsfreiheit zu qualifizieren sind).[350] Sofern dies hingegen nicht der Fall ist, handelt es sich bei den ökonomischen Folgen einer Regelung immer nur um eine unter vielen der im Rahmen der Folgenbetrachtung relevanten Aspekte (ferner z.B. soziale, ökologische).[351] In einer solchen Konstellation gleichwohl auf einem unbedingten Primat der Ökonomie über das Recht zu beharren, würde deren Bedeutung überschätzen und sich daher in der Tat als rechtsmethodisch verfehlt erweisen.[352] Vielmehr gilt umgekehrt die „Herrschaft des Rechts auch über die Wirtschaft",[353] d.h. die Belange der Letzteren sind auf juristischer Ebene nur nach Maßgabe des Ersteren relevant – oder eben auch nicht (vgl. z.B. Erwägungsgrund 18 der Richtlinie 2004/113/EG des Rates vom 13.12.2004: „Zur Gewährleistung der Gleichbehandlung von Männern und Frauen sollte die Berücksichtigung geschlechtsspezifischer versicherungsmathematischer Faktoren nicht zu Unterschieden bei den Prämien und Leistungen führen").[354]
>
> Allgemein gilt: Die Konkretisierung der *ratio legis* ist stets mit der **Gefahr** verbunden, dass der Rechtsanwender entsprechend seinem jeweiligen Vorverständnis **persönliche Wertungen** in die zu interpretierende Rechtsvorschrift hineinlegt, um das auf diese Weise subjektiv bestimmte Ergebnis sodann unter dem Deckmantel der teleologischen Auslegung – mithin scheinbar objektiv – aus der Vorschrift wieder herauszuholen.[355] Ein derart unwissenschaftliches und methodenunehrliches Vorgehen lässt sich nur dadurch

---

347 „Ökonomisch' ist diese Analyse des Rechts in dem Sinne, als sie sich der Methoden der Ökonomik bedient", siehe *Bydlinski*, Grundzüge der juristischen Methodenlehre, 2. Auflage 2012, S. 59.
348 Lat. = „Nach zu machendem Recht".
349 EuGH, verb. Rs. C-267/91 und C-268/91, Slg. 1993 I, 6097 (Rn. 16 f.).
350 Vgl. *Franck*, in: Riesenhuber, Europäische Methodenlehre, 2. Auflage 2010, § 6 Rn. 48 ff.; *Horn*, Einführung in die Rechtswissenschaft und Rechtsphilosophie, 5. Auflage 2011, Rn. 131; *Kirchner*, in: Riesenhuber, Europäische Methodenlehre, 2. Auflage 2010, § 5 Rn. 15; *Muthorst*, Grundlagen, § 7 Rn. 16 m.w.N.; *Röhl/Röhl*, Allgemeine Rechtslehre, 3. Auflage 2008, S. 645; *Schmalz*, Methodenlehre, Rn. 290 m.w.N.; *Vogel*, Methodik, S. 116 f.
351 *Horn*, Einführung in die Rechtswissenschaft und Rechtsphilosophie, 5. Auflage 2011, Rn. 133; *Muthorst*, Grundlagen, § 2 Rn. 37; *Schmalz*, Methodenlehre, Rn. 293.
352 *Horn*, Einführung in die Rechtswissenschaft und Rechtsphilosophie, 5. Auflage 2011, Rn. 133; *Vogel*, Methodik, S. 127. Vgl. auch *Schwacke*, Methodik, S. 112: „**verfassungsrechtlich** [...] **zweifelhaft**".
353 *Schmalz*, Methodenlehre, Rn. 291.
354 Hierzu vgl. EuGH, Rs. C-236/09, Slg. 2011, I-773.
355 Vgl. *Beaucamp/Treder*, Methoden, Rn. 168 m.w.N.; *Butzer/Epping*, Arbeitstechnik, S. 36; *Rüthers/Fischer/Birk*, Rechtstheorie, Rn. 724. **A.A.** *Zippelius*, Methodenlehre, S. 14, 67 f., dem zufolge u.U. durchaus „auf das persönliche Rechtsgefühl des Richters [...] zurückzugreifen" sei. Hiergegen siehe wiederum *Tettinger/Mann*, Einführung, Rn. 245. Siehe auch Rn. 121, 134, 229.

verhindern, indem der Gesetzeszweck anhand sachlicher Kriterien bestimmt wird.[356] Namentlich wird gefordert, dass es für diesen einen Anhaltspunkt im Gesetz geben muss.[357]

207 **Beispiel**[358] Abweichend vom Grundsatz des § 312d Abs. 1 S. 1 BGB steht dem Verbraucher bei einem Fernabsatzvertrag das Widerrufsrecht nach § 355 BGB gem. § 312d Abs. 4 Nr. 5 BGB dann nicht zu, wenn dieser in Form einer „Versteigerung (§ 156 BGB)", d.h. durch Zuschlag des Auktionators, geschlossen wurde. Internet-Auktionen (z.B. auf „eBay"), bei denen der Kaufvertrag durch Willenserklärungen – Angebot und Annahme – der Parteien gem. §§ 145 ff. BGB zustande kommt, werden daher nicht von der Ausnahmevorschrift des § 312d Abs. 4 Nr. 5 BGB erfasst. Diese rechtliche Vorgabe wird auch nicht etwa dadurch wieder in Frage gestellt, dass das demnach bestehende Widerrufsrecht die Durchführung von Internet-Auktionen faktisch erschwert oder die betreffenden Unternehmer gar zur Aufgabe dieses Geschäftsmodells zwingt. Vielmehr haben diese sich auf das dem Schutz der Verbraucher dienende Recht nach § 355 BGB einzustellen. ■

208 Mit Blick speziell auf die rechtlichen Folgen einer bestimmten Normauslegung wird diese dann aus dem Kreis der möglichen Deutungsvarianten ausgeschlossen, wenn sie zu einem unsinnigen Ergebnis führen würde („Schluss vom ‚absurden Ergebnis' auf die falsche Auslegung"[359]).[360] Mit Hilfe dieses sog. *argumentum ad absurdum*[361] wird also nicht positiv die Richtigkeit einer bestimmten Interpretation untermauert (z.B. dass Steuergesetze als Inhalts- und Schrankenbestimmungen i.S.v. Art. 14 Abs. 1 S. 2 GG in die Eigentumsfreiheit eingriffen), sondern negativ eine andere widerlegt (z.B. dass Steuergesetze als Enteignungen i.S.v. Art. 14 Abs. 3 GG zu qualifizieren sind; wäre dies nämlich der Fall, so müsste der Gesetzgeber nach Art. 14 Abs. 3 S. 2 GG eine Entschädigung für jede Steuererhebung vorsehen, so dass der Staat aus dieser *per saldo* keine Einnahmen erzielen würde – ein nicht nur in Anbetracht des die Verteilung des Steueraufkommens eigens regelnden Art. 106 GG absurdes Ergebnis).[362]

209 Sowohl zusätzlich als auch alternativ zum jeweiligen konkreten Gesetzeszweck sind im Rahmen der teleologischen Auslegung schließlich noch die **allgemeinen Normzwecke** von Relevanz, welche vom Gesetzgeber generell mit dem Erlass von Rechtsvorschriften verfolgt werden.[363] Diese sind daher namentlich nicht nur so zu interpretieren, dass sie mit höherrangigem Recht und allgemeinen Rechtsprinzipien vereinbar sind, d.h. insbesondere zu „gerech-

---

356 *Rüthers/Fischer/Birk*, Rechtstheorie, Rn. 724; *Schwacke*, Methodik, S. 104. Juristisch daher unzulässige Argumente benennt *Schmalz*, Methodenlehre, Rn. 296, 308.
357 *Horn*, Einführung in die Rechtswissenschaft und Rechtsphilosophie, 5. Auflage 2011, Rn. 183. Siehe auch Rn. 128, 131.
358 Nach BGH, NJW 2005, S. 53; *Adomeit/Hähnchen*, Rechtstheorie, Rn. 69; *Bitter/Rauhut*, JuS 2009, S. 289 (293, 296 f.).
359 *Schmalz*, Methodenlehre, Rn. 289 mit dem plastischen „**Der Tag nach dem Sonntag gilt als Sonntag**"-Beispiel.
360 *Butzer/Epping*, Arbeitstechnik, S. 55. Zur rechtlichen Folgenabschätzung vgl. auch BGHZ 125, 218 (222).
361 Lat. = „Schlussfolgerung in das Unsinnige".
362 Vgl. *Beaucamp/Treder*, Methoden, Rn. 309; *Schwacke*, Methodik, S. 111 f.; *Wienbracke*, Einführung in die Grundrechte, 2013, Rn. 287, jeweils m.w.N.
363 *Schwacke*, Methodik, S. 100 f.; *Vogel*, Methodik, S. 124, 126; *Wank*, Auslegung, S. 69.

Auslegungsmittel 2 B II

ten"[364] (vgl. Art. 3 Abs. 1 GG) und sachangemessenen[365] Ergebnissen führen, sondern auch tatsächlich zur Anwendung gelangen (Normeffizienz, vgl. Art. 4 Abs. 3 EUV) und dabei praktikabel sind (u.a. Verhinderung von Rechtsmissbrauch).[366]

210 Mitunter führt die teleologische Auslegung allerdings zu dem Ergebnis, dass der Gesetzgeber mit einer Rechtsnorm (z.B. § 48 Abs. 2 bis 4 VwVfG) nicht nur einen, sondern gleich **mehrere**, sich ggf. sogar widersprechende **Zweck**(e) verfolgt (z.B. Vertrauensschutz des Bürgers vs. Gesetzmäßigkeit der Verwaltung).[367] In einer solchen Konstellation ist unter mehreren möglichen Auslegungsvarianten diejenige vorzuziehen, die allen relevanten Interessen am besten Rechnung trägt („Mittelweg").[368] Sofern sich eine solche Optimierung der widerstreitenden Regelungszwecke dagegen nicht bewerkstelligen lässt, ist abzuwägen, welchem zugrundliegenden Interesse der Vorrang gebührt (Wertungsentscheidung) – mit der Folge, dass das Gesetz i.d.S. auszulegen ist.[369]

211 Ist der Gesetzeszweck hiernach ermittelt und ergibt dessen Abgleich mit dem Gesetzeswortlaut, dass von diesem an sich auch solche Sachverhalte erfasst werden, die nach dem Zweck der jeweiligen Gesetzesvorschrift gerade nicht unter diese fallen sollen, so ist deren Anwendungsbereich in dem Umfang zu reduzieren, wie der Wortlaut über den Zweck „hinausschießt", würde Letzterer doch ansonsten, d.h. bei buchstabengetreuer Gesetzesbefolgung, verfehlt.[370] In dem Umfang, in dem diese sog. **teleologische Reduktion** („Restriktion") Platz greift, wird die in der betreffenden Vorschrift angeordnete Rechtsfolge daher trotz der eigentlich zu bejahenden Erfüllung ihres Tatbestands nicht ausgesprochen.[371] Umgekehrt kann es der Normzweck freilich auch gebieten, eine Rechtsnorm bis an die Grenze des möglichen Wortsinns, also weit (extensiv), auszulegen.[372]

---

364 Zur hiermit verbundenen Problematik siehe Rn. 11 und vgl. *Wank*, Auslegung, S. 71.

365 Hintergrund: Im Zweifel ist davon auszugehen, dass der Gesetzgeber eine der Sache angemessene Regelung bezweckt, siehe Rn. 175 und *Larenz/Canaris*, Methodenlehre, S. 154. Dort auch näher zur Vorzeichnung einer gesetzlichen Regelung durch die „**Natur der Sache**" und mit Hinweis auf *Müller*, Methodik, 5. Auflage 1993, S. 147 ff. („**Normbereich**"). Z.B. hängt es vom Gegenstand des jeweiligen Antrags ab, welchen Inhalt dieser nach § 22 S. 2 VwVfG haben muss, siehe *Schwacke*, Methodik, S. 104 m.w.N. Zum weiteren Aspekt der „**Sozialadäquanz**" (z.B. begründet bei einem Verkehrsunfall die bloße Teilnahme am allgemeinen Straßenverkehr kein Mitverschulden gem. § 254 BGB) siehe *Schmalz*, Methodenlehre, Rn. 279 m.w.N.

366 *Beaucamp/Treder*, Methoden, Rn. 171 m.w.N.; *Larenz/Canaris*, Methodenlehre, S. 154; *Schmalz*, Methodenlehre, Rn. 285 f., 292 m.w.N.; *Schwacke*, Methodik, S. 101, 105, 111; *Wank*, Auslegung, S. 70 f. Auf die insoweit bestehende Gefahr der **petitio principii** (lat. = „Inanspruchnahme [des zu Beweisenden] als Beweisgrund"; Zirkelschluss), weist *Muthorst*, Grundlagen, § 7 Rn. 79 f. hin. Siehe auch Rn. 115, 166 ff., 174.

367 *Schmalz*, Methodenlehre, Rn. 280 f.; *Schwacke*, Methodik, S. 104; *Vogel*, Methodik, S. 126; *Wank*, Auslegung, S. 71; *Zippelius*, Methodenlehre, S. 45. Hierzu siehe auch im Skript „Allgemeines Verwaltungsrecht", Rn. 310 ff. m.w.N.

368 *Schwacke*, Methodik, S. 104; *Wank*, Auslegung, S. 71; *Zippelius*, Methodenlehre, S. 45. *Schmalz*, Methodenlehre, Rn. 283 bemüht insoweit die Technik der **Fallvergleichung** (Rn. 123).

369 *Beaucamp/Treder*, Methoden, Rn. 172, denen zufolge „Objektivität [...] insoweit utopisch" sei; *Schwacke*, Methodik, S. 104. Auch **bei der Rechtsanwendung im Einzelfall** kann eine **Abwägung** vorzunehmen sein, so ausdrücklich z.B. § 281 Abs. 2 Alt. 2 BGB, § 34 StGB, § 48 Abs. 2 S. 1 VwVfG. **Unbestimmte Rechtsbegriffe** und **Generalklauseln** enthalten **konkludente Abwägungsgebote**, siehe *Schwacke*, Methodik, S. 142 a.E.; *Vogel*, Methodik, S. 153. Zur rationalen Güterabwägung speziell im Bereich der **Grundrechte** siehe *Wienbracke*, Einführung in die Grundrechte, 2013, Rn. 206 ff. m.w.N. Siehe auch Rn. 115, 121 f. und den **Übungsfall** in Rn. 226 f.

370 *Rüthers/Fischer/Birk*, Rechtstheorie, Rn. 902 f.; *Schwacke*, Methodik, S. 140; *Wank*, Auslegung, S. 89.

371 *Butzer/Epping*, Arbeitstechnik, S. 55; *Schmalz*, Methodenlehre, Rn. 403 m.w.N.; *Schwacke*, Methodik, S. 141; *Zippelius*, Methodenlehre, S. 56. Siehe auch das **Schaubild** in Rn. 246.

372 *Vogel*, Methodik, S. 126. Zum Ganzen siehe auch Rn. 152.

212 Beispiel[373] Die Eltern E des fünfjährigen – und mithin geschäftsunfähigen (§ 104 Nr. 1 BGB) – Kindes K schenken diesem zum Geburtstag ein Fahrrad. An sich wäre der – konkludent geschlossene – Schenkungsvertrag (§§ 516 Abs. 1, 518 Abs. 2 BGB) zwischen E und K gem. § 181 BGB (i.V.m. §§ 1629 Abs. 2 S. 1, 1795 Abs. 2 BGB) nicht wirksam. Denn nach dem Wortlaut dieser Vorschrift können E nicht als Vertreter (§ 1629 Abs. 1 BGB) des beschenkten K mit sich im eigenen Namen (als Schenker) ein Rechtsgeschäft vornehmen. Allerdings ist für die Auslegung einer Vorschrift nicht allein ihr Wortlaut maßgebend. Vielmehr kommt es auch auf deren Sinn und Zweck an. Dieser besteht bei § 181 BGB darin, es zu verhindern, dass verschiedene und einander widerstreitende Interessen durch ein und dieselbe Person vertreten werden. Eine solche Gefährdungslage existiert jedoch dann nicht, wenn – wie hier – der Vertreter dem Vertretenen durch das sog. Insichgeschäft lediglich einen rechtlichen Vorteil zuwendet (vgl. auch § 107 BGB). Geht der Wortlaut insoweit mithin über den Schutzzweck von § 181 BGB hinaus, so ist diese Vorschrift folglich dahingehend teleologisch zu reduzieren, dass sie in Fällen der vorbezeichneten Art nicht eingreift. ∎

213 Hinweis

Die **teleologische Reduktion** ist das **Gegenstück zur Analogie** (Rn. 248 ff.):[374] „Während bei der Analogie der zu entscheidende Fall zwar nicht vom Wortlaut der Norm, wohl aber von deren Normzweck erfasst wird, fällt bei der [teleologischen] Reduktion der Fall zwar unter den Wortlaut, wird jedoch vom Normzweck nicht erfasst."[375] Wenngleich die teleologische Reduktion im Schrifttum häufig dem Bereich der (gesetzesimmanenten) **Rechtsfortbildung**[376] (Rn. 228 ff.) zugeordnet wird – es handele sich um die Hinzufügung der vom Gesetzgeber „vergessenen" einschränkenden Tatbestandsmerkmale bzw. sinnvollen Ausnahmeregelung („verdeckte Regelungslücke"[377] in Gestalt einer „Ausnahmelücke"[378]); eine restriktive „Auslegung" sei wegen des eindeutigen Wortlauts nicht möglich –,[379] so ist sie abweichend von der Analogie richtigerweise doch als Unterfall der teleologischen „**Auslegung**" zu klassifizieren.[380] Denn „der Wortlaut einer Vorschrift stellt zwar die äußerste Grenze einer ausdehnenden Auslegung dar, er ist jedoch einer mit Hilfe der üblichen Methoden vorgenommenen einschränkenden Auslegung zugänglich." Nicht nur die Systematik und die Historie, sondern ebenfalls der Sinn und Zweck des Gesetzes können hiernach also dazu führen, den von des-

---

373 Nach BGHZ 56, 97; 59, 236; 94, 232; *Beaucamp/Treder*, Methoden, Rn. 292; *Muthorst*, Grundlagen, § 8 Rn. 11, 23, 33; *Schmalz*, Methodenlehre, Rn. 405 ff.
374 *Beaucamp/Treder*, Methoden, Rn. 290; *Muthorst*, Grundlagen, § 8 Rn. 34 mit dem Hinweis, dass „**Ungleiches [...] ungleich behandelt werden**" muss, vgl. Art. 3 Abs. 1 GG. Hierzu siehe *Wienbracke*, Einführung in die Grundrechte, 2013, Rn. 533 m.w.N.
375 *Schmalz*, Methodenlehre, Rn. 402. Vgl. auch *Beaucamp/Treder*, Methoden, Rn. 290: Während der Gesetzgeber im Fall einer **Analogie** „**zu wenig geregelt**" hat, hat er im Anwendungsbereich einer **teleologischen Reduktion** „**zu viel geregelt**"; *Muthorst*, Grundlagen, § 8 Rn. 32.
376 *Sauer*, in: Krüper, Grundlagen des Rechts, § 9 Rn. 36: „**Gesetzeskorrektur**" (Rn. 225).
377 BVerfGE 88, 145 (167) m.w.N., das in Bezug auf die „teleologische Reduktion" allerdings gerade nicht von Rechtsfortbildung spricht, sondern diese vielmehr als „anerkannten Auslegungsgrunds[a]tz" bezeichnet.
378 *Kramer*, Juristische Methodenlehre, 3. Auflage 2010, S. 189. Vgl. auch *Vogel*, Methodik, S. 134 f.
379 *Beaucamp/Treder*, Methoden, Rn. 290 f.; *Schmalz*, Methodenlehre, Rn. 402; *Schwacke*, Methodik, S. 140; *Zippelius*, Methodenlehre, S. 56.
380 Siehe *Bitter/Rauhut*, JuS 2009, S. 289 (294 f.), allerdings mit abweichender Begründung, und vgl. *Larenz/Canaris*, Methodenlehre, S. 211; *Röhl/Röhl*, Allgemeine Rechtslehre, 3. Auflage 2008, S. 621; *Schoch*, Übungen im Öffentlichen Recht I, 2000, S. 73 f. Aus den nachfolgend genannten Gründen kann insoweit auch keinesfalls etwa von einer „gewissen methodischen Nachlässigkeit" die Rede sein, so aber *Schmalz*, Methodenlehre, Rn. 236.

3. Übungsfall

„Der renitente BuPrä"[432]

Zur Abwehr der vom internationalen Terrorismus für die Bundesrepublik Deutschland ausgehenden Gefahren erlässt der Bundestag in nur zwei Lesungen ein Terror-Abwehr-Gesetz (TAG). Art. 1 TAG stattet das Bundeskriminalpolizeiamt in Fällen, in denen eine länderübergreifende Gefahr vorliegt, mit bestimmten präventiven Befugnissen aus. Durch Art. 2 TAG wird das StGB dahingehend geändert, dass die Begehung gewisser Straftaten nunmehr auch mit der Todesstrafe geahndet werden kann, sofern im konkreten Fall ein terroristischer Hintergrund vorliegt.

Nach ordnungsgemäßer Gegenzeichnung wird das TAG dem Bundespräsidenten A zur Ausfertigung zugeleitet, der diese allerdings verweigert. Zur Begründung führt A aus, dass nach seiner Auffassung allein die Länder, nicht aber der Bund, für das Polizeirecht zuständig seien (Art. 1 TAG) und im Übrigen Gesetze auf Bundesebene stets in drei – und nicht wie hier geschehen in lediglich zwei – Lesungen verabschiedet werden müssten. Zudem liege die inhaltliche Unvereinbarkeit von Art. 2 TAG mit dem Grundgesetz klar auf der Hand. Darüber hinaus sei die Wiedereinführung der Todesstrafe aber auch kriminalpolitisch verfehlt.

Bundeskanzler B hält die Weigerung des A, das TAG auszufertigen, für verfassungswidrig. Ist diese Einschätzung zutreffend?

Lösung

Die Weigerung des A, das TAG auszufertigen, könnte wegen Verstoßes gegen Art. 82 Abs. 1 S. 1 GG verfassungswidrig sein, wonach die Gesetze vom Bundespräsidenten nach – hier laut Sachverhalt in ordnungsgemäßer Weise erfolgter – Gegenzeichnung ausgefertigt „werden". Allerdings bezieht sich diese Rechtsfolge nur auf solche Gesetze, welche die in Art. 82 Abs. 1 S. 1 GG genannte weitere tatbestandliche Voraussetzung erfüllen, nämlich die „nach den Vorschriften dieses Grundgesetzes zustande gekommen" sind. Ob dies auf das jeweilige Gesetz zutrifft, vermag denknotwendig erst nach Durchführung einer entsprechenden Prüfung beurteilt zu werden. Damit steht dem Bundespräsidenten das Recht zu, die ihm zur Ausfertigung zugeleiteten Gesetze daraufhin zu überprüfen, ob sie jeweils den tatbestandlichen Anforderungen von Art. 82 Abs. 1 S. 1 GG genügen.

A. Bedenken bzgl. Gesetzgebungskompetenz und -verfahren

Vorliegend hat Bundespräsident A seine Weigerung, das TAG auszufertigen, u.a. mit der angeblich fehlenden Gesetzgebungskompetenz des Bundes sowie der Verabschiedung dieses Gesetzes durch den Bundestag in nur zwei Lesungen begründet. Diese Argumentation hat vor Art. 82 Abs. 1 S. 1 GG nur dann Bestand, wenn (1) sich das hiernach bestehende Prüfungsrecht des Bundespräsident (s.o.) speziell auf die Einhaltung der Vorschriften über die Gesetzgebungskompetenz und das Gesetzgebungsverfahren bezieht (sog. formelles Prüfungsrecht) und (2) im konkreten Fall zumindest gegen eine dieser Vorschriften verstoßen wurde.

---

[432] Nach *Brauner/Stollmann/Weiß*, Fälle und Lösungen zum Staatsrecht, 7. Auflage 2003, S. 136 ff.; *Brüning/Suerbaum*, Examensfälle zum Öffentlichen Recht, 2005, S. 245 ff.; *Degenhart*, Staatsrecht I, 28. Auflage 2012, Rn. 730 ff.; ders., Klausurenkurs im Staatsrecht I, 2. Auflage 2011, Rn. 399 ff.; *Gröpl*, Staatsrecht I, 4. Auflage 2012, Rn. 1270 ff.; *Hebeler*, 40 Probleme aus dem Staatsrecht, 3. Auflage 2011, S. 179 ff.; *Höfling*, Fälle zum Staatsorganisationsrecht, 4. Auflage 2009, S. 27 ff.; *Kirchhof*, in: Heimann/Kirchhof/Waldhoff, Verfassungsrecht und Verfassungsprozessrecht, 2. Auflage 2010, S. 1 ff.; *Ipsen*, Staatsrecht I, 24. Auflage 2012, Rn. 494 ff.; *Maurer*, Staatsrecht I, 6. Auflage 2010, § 17 Rn. 82 ff.; *Morlok/Michael*, Staatsorganisationsrecht, 2013, Rn. 866 ff.; *Nolte/Tams*, JuS 2006, S. 1088; *Otto*, Klausuren aus dem Staatsorganisationsrecht, 2012, S. 189 ff.; *Papier/Krönke*, Grundkurs Öffentliches Recht I, 2012, Rn. 316 ff.; *Schoch*, Übungen im Öffentlichen Recht I, 2000, S. 137 ff., jeweils m.w.N.

I. Formelles Prüfungsrecht des Bundespräsidenten

1. Gesetzgebungsverfahren

Bereits der Wortlaut von Art. 82 Abs. 1 S. 1 GG („zustande gekommen") legt nahe, dass sich das Prüfungsrecht des Bundespräsidenten jedenfalls auf die Einhaltung von denjenigen Vorschriften des Grundgesetzes bezieht, die das Verfahren des Zustandekommens von Gesetzen regeln. Des Weiteren streitet für diese Deutung, dass dieselbe Formulierung im unmittelbaren normativen Umfeld von Art. 82 Abs. 1 S. 1 GG ebenfalls in diesem verfahrensrechtlichen Sinn verwendet wird, siehe Art. 78 GG („Ein vom Bundestage beschlossenes Gesetz *kommt zustande*, wenn [...]"). Ein aus Art. 82 Abs. 1 S. 1 GG folgendes Recht des Bundespräsidenten zur Prüfung, ob die ihm zur Ausfertigung zugeleiteten Gesetze gemäß den grundgesetzlichen Vorschriften betreffend das Gesetzgebungsverfahren zustande gekommen sind, ist somit zu bejahen und wird denn auch allgemein anerkannt.

Ob im hiesigen Fall ein Verstoß gegen eine dieser das Gesetzgebungsverfahren regelnden Vorschriften vorliegt, ist allerdings fraglich. Zwar schreibt § 78 Abs. 1 S. 1 der Geschäftsordnung des Deutschen Bundestages (GOBT) – vorbehaltlich eines abweichenden Beschlusses nach § 126 GOBT – die Behandlung von Gesetzentwürfen ausdrücklich „in drei Beratungen" vor. Doch kommt es auf die Einhaltung dieser Bestimmung im Rahmen von Art. 82 Abs. 1 S. 1 GG nicht an. Die GOBT gehört nämlich nicht zu den danach allein maßgeblichen „Vorschriften dieses Grundgesetzes"; vielmehr steht sie diesem als bundesrechtliche Satzung im Rang nach (BVerfGE 1, 144 [148]). Das Grundgesetz aber besagt in Art. 77 Abs. 1 S. 1 GG „lediglich, dass der Bundestag die Gesetze beschließt; eine Beratung der Gesetzesentwürfe in drei Lesungen ist weder ausdrücklich vorgeschrieben noch ist sie Verfassungsgewohnheitsrecht noch gehört sie zu den unabdingbaren Grundsätzen der demokratischen rechtsstaatlichen Ordnung" i.S.v. Art. 20 GG (BVerfGE 29, 221 [234]).

Also verstößt die Verabschiedung des TAG durch den Bundestag in nur zwei Lesungen nicht gegen eine das Gesetzgebungsverfahren regelnde Vorschrift des Grundgesetzes.

2. Gesetzgebungskompetenz

Aus der systematischen Stellung von Art. 82 GG am Ende des mit „Die Gesetzgebung des Bundes" überschriebenen VII. Abschnitts des Grundgesetzes könnte allerdings zu folgern sein, dass sich das Prüfungsrecht des Bundespräsidenten auf sämtliche vorstehenden Vorschriften innerhalb dieses Abschnitts bezieht – also neben denjenigen zum Gesetzgebungsverfahren auch noch auf diejenigen betreffend die Gesetzgebungskompetenz. Für die Einbeziehung ebenfalls der Art. 70 ff. GG in den Umfang des Prüfungsrechts des Bundespräsidenten nach Art. 82 Abs. 1 S. 1 GG könnte ferner sprechen, dass die Art. 76 ff. GG das Verfahren der Gesetzgebung nur auf Bundesebene regeln, d.h. logisch das Bestehen einer entsprechenden Gesetzgebungskompetenz voraussetzen.

Einer abschließenden Stellungnahme zu dieser vereinzelt in Frage gestellten Interpretation von Art. 82 Abs. 1 S. 1 GG bedarf es hier allerdings dann nicht, wenn der Bund das TAG zuständigkeitshalber erlassen haben sollte. Dann nämlich wäre A selbst bei genereller Bejahung einer diesbezüglichen Prüfungskompetenz des Bundespräsidenten gem. Art. 82 Abs. 1 S. 1 GG mangels Vorliegens eines Verstoßes gegen die grundgesetzlichen Vorschriften zur Gesetzgebungskompetenz im konkreten Fall nicht berechtigt, unter Hinweis hierauf die Ausfertigung des TAG zu verweigern.

Art. 73 Abs. 1 Nr. 9a GG n.F. weist dem Bund explizit die – ausschließliche (Art. 71 GG) – Gesetzgebungskompetenz für die durch Art. 1 TAG geregelte „Abwehr von Gefahren des internationalen Terrorismus durch das Bundeskriminalpolizeiamt in Fällen, in denen eine länderübergreifende Gefahr vorliegt", zu, wovon namentlich die auch hier getroffene Regelung präventiver Befugnisse des Bundeskriminalpolizeiamts umfasst wird (vgl. BT-Drucks. 16/813, S. 12). Entgegen der von A vertretenen Rechtsauffassung sind die Länder nur außerhalb dieser – und weiterer – spezieller Bundeskompetenzen gem. Art. 70 Abs. 1 GG für das Polizeirecht zuständig. Für die durch Art. 2 TAG mit der dortigen Anordnung der Todesstrafe vorgenommene Regelung „repressiver […] staatlicher Reaktion[…] auf Straftaten" (vgl. BVerfGE 109, 190 [212]) verfügt der Bund gem. Art. 72 Abs. 1 i.V.m. Art. 74 Abs. 1 Nr. 1 GG über die konkurrierende Gesetzgebungskompetenz.

Folglich ist das TAG auch nicht abweichend von den grundgesetzlichen Vorschriften betreffend die Gesetzgebungskompetenz erlassen worden.

II. Zwischenergebnis

Mangels Verstoßes weder gegen eine das Gesetzgebungsverfahren noch gegen eine die Gesetzgebungskompetenz betreffende Vorschrift des Grundgesetzes hat A allein auf Grundlage des ihm als Bundespräsident nach Art. 82 Abs. 1 S. 1 GG zustehenden formellen Prüfungsrechts die Ausfertigung des TAG daher nicht in verfassungsmäßiger Weise verweigert.

B. Bedenken bzgl. des Gesetzesinhalts

Die Weigerung des A, das TAG auszufertigen, könnte allerdings deshalb verfassungskonform sein, weil es seiner Ansicht nach offenkundig in Widerspruch zum Grundgesetz steht. Dann müsste (1) der Bundespräsident nach Art. 82 Abs. 1 S. 1 GG zusätzlich zum formellen Prüfungsrecht auch noch über ein solches in Bezug auf die inhaltliche Vereinbarkeit der ihm zur Ausfertigung zugeleiteten Gesetze mit dem Grundgesetz verfügen und (2) sich das jeweilige Gesetz im Sinne dieses sog. materiellen Prüfungsrechts als verfassungswidrig erweisen. Insofern von vornherein irrelevant und mithin zu verwerfen ist demgegenüber der darüber hinaus von A gegen das TAG erhobene kriminal*politische* Einwand, handelt es sich bei diesem doch nicht um einen verfassungs*rechtlichen* i.S.v. Art. 82 Abs. 1 S. 1 GG („Vorschriften dieses Grundgesetzes").

I. Materielles Prüfungsrecht des Bundespräsidenten

Die umstrittene Frage, ob Art. 82 Abs. 1 S. 1 GG dem Bundespräsidenten überhaupt ein materielles Prüfungsrecht einräumt, ist im Wege der Auslegung dieser Vorschrift anhand ihres Wortlauts, ihrer Systematik, ihrer Historie sowie ihres Telos zu beantworten.

1. Wortlaut

Zugunsten der Existenz ebenfalls eines materiellen Prüfungsrechts des Bundespräsidenten gem. Art. 82 Abs. 1 S. 1 GG lässt sich die dortige Inbezugnahme der „Vorschriften dieses Grundgesetzes" anführen, wozu einschränkungslos dessen sämtliche Normen gehören (z.B. die Grundrechte der Art. 1 bis 19 GG, die Staatsstrukturprinzipien des Art. 20 GG etc.). Demgegenüber könnte die nachfolgende Formulierung „zustande gekommen" – zumal in Anbetracht des Sprachgebrauchs in Art. 78 GG (s.o. „A.I.1.") – dahingehend zu verstehen sein, dass das Prüfungsrecht nach Art. 82 Abs. 1 S. 1 GG auf diejenigen Verfassungsbestimmungen beschränkt ist, die das Zustandekommen von Gesetzen regeln (nur formelles, nicht hingegen auch materielles Prüfungsrecht).

Scheint der nicht eindeutige Wortlaut von Art. 82 Abs. 1 S. 1 GG damit allenfalls gegen denn für ein materielles Prüfungsrecht des Bundespräsidenten zu sprechen, so könnte dessen nach dieser Vorschrift unstreitig bestehendes formelles Prüfungsrecht (s.o. „A.I.") allerdings dann als Grundlage für die Weigerung der Ausfertigung eines allein materiell verfassungswidrigen Gesetzes dienen, wenn der materielle Verfassungsverstoß zugleich die formelle Verfassungswidrigkeit des betreffenden Gesetzes zur Folge hätte. So wurde denn auch unter der Geltung der Weimarer Reichsverfassung (WRV) argumentiert, dass jedes materiell verfassungswidrige Gesetz ein verfassungsänderndes Gesetz sei, das als solches besonderen formellen Voraussetzungen genügen musste (qualifizierte Mehrheit gem. Art. 76 WRV). Wurden diese nicht eingehalten, führte das zur formellen Verfassungswidrigkeit des materiell verfassungswidrigen Gesetzes. Im Anwendungsbereich des Grundgesetzes ist eine solche Sichtweise richtigerweise freilich nicht mehr haltbar, ist danach doch gerade nicht jedes materiell verfassungswidrige Gesetz automatisch ein verfassungsänderndes. Vielmehr verlangt Art. 79 Abs. 1 S. 1 GG für jede Änderung des Grundgesetzes die ausdrückliche Änderung bzw. Ergänzung von dessen Wortlaut.

2. Systematik

Allerdings könnte Art. 82 Abs. 1 S. 1 GG ein materielles Prüfungsrecht des Bundespräsidenten aufgrund des systematischen Zusammenhangs mit Art. 56 GG zu entnehmen sein. Danach schwört der Bundespräsident bei Amtsantritt, „das Grundgesetz [zu] wahren", wozu die Ausfertigung eines materiell verfassungswidrigen Gesetzes auf den ersten Blick in diametralem Gegensatz zu stehen scheint. Bei Lichte besehen erweist sich diese Argumentation allerdings als zirkelschlussartig und damit nicht stichhaltig. Denn zur Wahrung des Grundgesetzes ist der Bundespräsident nur innerhalb seiner ihm durch dieses zugewiesenen Kompetenzen verpflichtet. Ob zu diesen auch die Überprüfung von Gesetzen auf ihre materielle Verfassungsmäßigkeit hin gehört, ist jedoch gerade die Frage. Art. 56 GG enthält hierauf aber keine Antwort. Denn der Amtseid selbst begründet keine Rechte des Bundespräsidenten, sondern dient allein dazu, ihn zur Wahrung seiner sich aus anderweitigen Verfassungsbestimmungen ergebenden Kompetenzen anzuhalten.

Aus denselben Erwägungen heraus vermag auch der mitunter anzutreffende Hinweis auf den gleichfalls nicht kompetenzbegründend wirkenden, sondern entsprechende Kompetenzen vielmehr ebenfalls lediglich voraussetzenden Art. 61 Abs. 1 S. 1 GG nicht zu überzeugen, wonach „der Bundestag oder der Bundesrat […] den Bundespräsidenten wegen vorsätzlicher Verletzung des Grundgesetzes […] vor dem Bundesverfassungsgericht anklagen" können.

Zudem lassen sich auch aus den übrigen, die Rechtsstellung des Bundespräsidenten prägenden Verfassungsbestimmungen keine Hinweise für die Auslegung von Art. 82 Abs. 1 S. 1 GG gewinnen. Wenngleich diesem danach primär eine bloß repräsentative Funktion zugewiesen ist (vgl. etwa Art. 59 Abs. 1 S. 1 GG), so belegen doch namentlich Art. 63 Abs. 4 S. 3 und Art. 68 Abs. 1 S. 1 GG, dass der Bundespräsident mitunter durchaus über selbstständige Entscheidungsbefugnisse verfügt.

Sprechen die bisher angestellten systematischen Überlegungen damit nicht für ein materielles Prüfungsrecht des Bundespräsidenten gem. Art. 82 Abs. 1 S. 1 GG, so könnten Art. 100 Abs. 1 und Art. 93 Abs. 1 Nr. 2 GG einem solchen sogar entgegenstehen. Wird in diesen Vorschriften nämlich das Recht zur Prüfung der materiellen Verfassungsmäßigkeit von Gesetzen dem Bundesverfassungsgericht zugewiesen, so könnte hieraus im Umkehrschluss zu folgern sein, dass eine solche Normenkontrolle anderen Verfassungsorganen – wie eben dem Bundespräsidenten – verwehrt ist. Überzeugend ist allerdings auch dieser Begründungsgang nicht, räumt Art. 100 Abs. 1 GG dem Bundesverfassungsgericht ein Verwerfungsmonopol bzgl. nachkonstitutioneller Gesetze im formellen Sinn doch allein im Verhältnis zu anderen Gerichten ein. Zudem werden von den beiden vorgenannten Verfassungsnormen jeweils nur bereits in Kraft getretene bzw. zumindest verkündete Gesetze erfasst, wohingegen vorliegend das materielle Prüfungsrecht des Bundespräsidenten gerade im Rahmen der Ausfertigung, d.h. noch vor der Verkündung (siehe Art. 82 Abs. 1 S. 1 GG), in Frage steht. Die Kompetenz des Bundesverfassungsgerichts zur Kontrolle von Gesetzen nach ihrer Verkündung vermag der Bundespräsident auch keinesfalls etwa dadurch endgültig auszuhöhlen, dass er seiner Meinung nach materiell verfassungswidrige Gesetze gar nicht erst ausfertigt und damit bereits an ihrer Entstehung hindert. Denn eine solche Weigerung ist der Überprüfung im Wege des Organstreitverfahrens zugänglich, worüber bei Vorliegen der in §§ 63 ff. BVerfGG genannten Voraussetzungen eben gerade das Bundesverfassungsgericht entscheidet, siehe Art. 93 Abs. 1 Nr. 1 GG, § 13 Nr. 5 BVerfGG.

Erweist sich die anhand der vorstehenden Spezialnormen durchgeführte systematische Interpretation von Art. 82 Abs. 1 S. 1 GG im Hinblick auf die hier interessierende Fragestellung mithin als unergiebig, so könnte sich Abweichendes allerdings aus der allgemeinen Vorschrift des Art. 20 Abs. 3 GG ergeben, wonach alle drei Staatsgewalten – also u.a. auch der Bundespräsident – an das Grundgesetz gebunden sind (speziell in Bezug auf die

Grundrechte siehe Art. 1 Abs. 3 GG).[433] Mit dieser Vorgabe würde es nun aber in der Tat nicht in Einklang stehen, wenn der Bundespräsident ein materiell verfassungswidriges Gesetz ausfertigen würde, handelt es sich bei der Gesetzesausfertigung doch insbesondere nicht um einen bloß „technische[n] Teil" des Gesetzgebungsverfahrens" (BVerfGE 34, 9 [23]). Da Art. 20 Abs. 3 GG im Gegensatz zu Art. 56 und Art. 61 Abs. 1 S. 1 GG (s.o.) selbst Vorgaben in Bezug auf den Inhalt der jeweiligen Staatstätigkeit macht und nicht lediglich auf eine anderweitig begründete Verfassungsbindung Bezug nimmt, handelt es sich bei der vorstehenden Argumentation richtigerweise auch nicht etwa um einen Zirkelschluss.

Wäre hiernach somit ein materielles Prüfungsrecht des Bundespräsidenten gem. Art. 82 Abs. 1 S. 1 GG zu bejahen, so könnte dies allerdings in Widerspruch zum Gewaltenteilungsprinzip des Art 20 Abs. 2 S. 2 GG stehen. Danach wird die Gesetzgebung durch „besondere Organe", d.h. v.a. Bundestag und Bundesrat (vgl. Art. 77 f. GG), ausgeübt. Diese aber sind ihrerseits ebenfalls gem. Art. 20 Abs. 3 GG an die verfassungsmäßige Ordnung gebunden und bringen durch den Beschluss des nach erfolgter Gegenzeichnung (Art. 58 S. 1 GG) dem Bundespräsidenten zur Ausfertigung gem. Art. 82 Abs. 1 S. 1 GG zugeleiteten Gesetzes gerade zum Ausdruck, dass dieses ihrer Meinung nach materiell verfassungskonform sei.

Teilt der Bundespräsident diese Auffassung jedoch nicht und verweigert daher – wie hier – die Gesetzesausfertigung, so stellt sich damit letztlich die (Kompetenz-)Frage, wessen Ansicht die maßgebliche ist. Wäre dies diejenige des Bundespräsidenten, so besäße dieser damit eine Art Vetorecht, da ein von Bundestag und Bundesrat beschlossenes Gesetz ohne Ausfertigung (und Verkündung) durch den Bundespräsidenten nicht in Kraft treten, d.h. (rechts-)wirksam, werden kann, vgl. Art. 82 GG. Die Anerkennung einer derart starken Machtposition des Bundespräsidenten im Gesetzgebungsverfahren gegenüber den beiden vorgenannten Verfassungsorganen ist aber als systemwidrig abzulehnen. Denn die politische Verantwortung für den Gesetzesinhalt trägt nicht der Bundespräsident, sondern – gemeinsam mit dem Bundesrat (vgl. Art. 77 f. GG) und der Bundesregierung (vgl. Art. 82 Abs. 1 S. 1 i.V.m. Art. 58 S. 1 GG) – der unmittelbar demokratisch legitimierte Bundestag (vgl. Art. 20 Abs. 1, Art. 38 Abs. 1 GG). Daher ist es sachgerecht, der Beurteilung der materiellen Verfassungsmäßigkeit eines Gesetzes namentlich durch den Bundestag den Vorrang gegenüber derjenigen seitens des Bundespräsidenten einzuräumen.

Hielte man an dieser sog. Einschätzungsprärogative allerdings uneingeschränkt fest, so wäre der Bundespräsident selbst im Fall eines offenkundig materiell verfassungswidrigen Gesetzes zu dessen Ausfertigung nach Art. 82 Abs. 1 S. 1 GG verpflichtet. „Sehenden Auges" an einem klar erkennbaren Verfassungsverstoß mitzuwirken, ist dem Bundespräsidenten als Staatsoberhaupt aber nicht zuzumuten. Um ein solches Ergebnis zu vermeiden, gleichzeitig aber einen Widerspruch zur politischen Verantwortung für den Gesetzesinhalt allein von Parlament und Regierung (s.o.) weitestmöglich zu vermeiden, ist Art. 82 Abs. 1 S. 1 GG folglich richtigerweise dahingehend auszulegen, dass deren Bekunden, ein Gesetz sei verfassungsgemäß, für den Bundespräsidenten nur im Grundsatz bindend ist, nicht aber auch dann, wenn diese Einschätzung evident unzutreffend ist.

3. Historie

Nicht nur für ein im Sinne der vorstehenden Evidenzkontrolle reduziertes, sondern vielmehr für ein ebenfalls in materieller Hinsicht uneingeschränktes Prüfungsrecht des Bundespräsidenten, scheint demgegenüber die historische Auslegung von Art. 82 Abs. 1 S. 1 GG zu streiten. Diese Vorschrift ist in enger Anlehnung an Art. 70 WRV betreffend die Ausfertigung und Verkündung von Gesetzen durch den Reichspräsidenten formuliert, dessen materielles Prü-

---

433 Für die Gesetzgebung ergibt sich dies unmittelbar aus dem Wortlaut von Art. 20 Abs. 3 GG („verfassungsmäßige Ordnung"), für die vollziehende Gewalt und die Rechtsprechung aus deren Bindung an „Gesetz und Recht", wozu auch die Verfassung zählt, siehe *Jarass*, in: ders./Pieroth, GG, 12. Auflage 2012, Art. 20 Rn. 32, 38.

fungsrecht von der seinerzeit herrschenden Lehre anerkannt war. Hat nun aber der bundesdeutsche Verfassungsgeber vor diesem Hintergrund eine mit Art. 70 WRV nahezu wortgleiche Vorschrift in das Grundgesetz aufgenommen, so spricht dieser Umstand zunächst für eine gleichlaufende Interpretation von Art. 82 Abs. 1 S. 1 GG auch in Bezug auf den Bundespräsidenten, d.h. im Sinne des Bestehens eines materiellen Prüfungsrechts. Allerdings ist die Stellung des Bundespräsidenten unter dem Grundgesetz insgesamt schwächer ausgestaltet als diejenige des Reichspräsidenten unter der WRV (der z.B. gem. Art. 47 WRV den Oberbefehl über das Militär hatte; vgl. demgegenüber Art. 65a, Art. 115b GG), weshalb die historische Interpretation im vorliegenden Zusammenhang letztlich nicht weiterführt.

> **Hinweis**
>
> Die für die historische Auslegung relevanten Materialen stehen im Rahmen der Klausurbearbeitung regelmäßig nicht zur Verfügung, weshalb diesbezügliche Ausführungen dort grundsätzlich nicht zu leisten sind (Rn. 193). Was allerdings speziell die Frage nach dem Bestehen eines materiellen Prüfungsrechts des Bundespräsidenten betrifft, so handelt es sich hierbei um einen „staatsrechtlichen ‚Schulfall'"[434]. Auch ohne nähere Hinweise im Sachverhalt dürften daher in entsprechend gelagerten staatsorganisationsrechtlichen Fallbearbeitungen zumindest rudimentäre Kenntnisse von der Rechtsstellung des Reichspräsidenten unter der WRV im Bereich der Gesetzesausfertigung zu erwarten sein.

4. Telos

Als ergiebiger könnte sich hingegen die teleologische Auslegung von Art. 82 Abs. 1 S. 1 GG erweisen. Der Sinn und Zweck der darin vorgesehenen Gesetzesausfertigung, d.h. der Herstellung einer Urschrift des jeweiligen Gesetzes im Wege der Unterzeichnung einer entsprechenden Urkunde durch den Bundespräsidenten mit seinem Namen, besteht zunächst u.a. darin, die wörtliche Übereinstimmung dieser Urschrift mit dem vom Parlament beschlossenen Gesetzestext zu bescheinigen. Allerdings erschöpft sich der Telos von Art. 82 Abs. 1 S. 1 GG nicht in dieser staatsnotariellen Beurkundungsfunktion, obliegt dem Staatsoberhaupt „Bundespräsident" mit der „Ausfertigung" der Gesetze doch mehr als deren bloße Abzeichnung. Im Gegensatz zu der nach der Ausfertigung beginnenden rein „bürokratisch-technische[n] Phase", nämlich der „Verfügung, in welche Nummer des Gesetzblattes das Gesetz aufgenommen werden soll, de[m] Satz, [der] Druckfehlerkorrektur, de[m] Druck des Gesetzes und [dem] Ausliefern des Gesetzblattes", handelt es sich bei der Ausfertigung vielmehr noch um einen Teil des Gesetzgebungsverfahrens, „in dem über den Inhalt des Gesetzes und seine Verfassungsmäßigkeit reflektiert und entschieden wird" (BVerfGE 34, 9 [23]) – was ein entsprechendes materielles Prüfungsrecht des Bundespräsidenten denknotwendig bedingt.

Allerdings darf nicht verkannt werden, dass die Gesetzesausfertigung (und -verkündung) damit zwar immerhin, zugleich aber auch nur der „letzte Akt" (BVerfGE 34, 9 [23]) im Gesetzgebungsverfahren ist und in ihrem Rahmen eine Einwirkung auf die inhaltliche Ausgestaltung des Gesetzes nicht mehr möglich ist. Der Bundespräsident verfügt einzig über die Alternativen „ausfertigen" oder „nicht ausfertigen"; schon die Möglichkeit einer nur teilweisen Ausfertigung steht ihm nicht offen. Vielmehr liegt der Schwerpunkt des Gesetzesgebungsverfahrens im Beschluss des Bundestags nach Art. 77 Abs. 1 S. 1 GG.

Nach dem Gebot der „praktischen Konkordanz"[435] ist dieser Konflikt derart aufzulösen, dass das gemäß den vorstehenden teleologischen Überlegungen an sich bestehende materielle Prüfungsrecht des Bundespräsidenten nach Art. 82 Abs. 1 S. 1 GG in einen möglichst schonenden Ausgleich

---

434 *Ipsen*, Staatsrecht I, 24. Auflage 2012, Rn. 497.

435 Hierzu vgl. in Bezug auf Grundrechtskollisionen *Hesse*, Grundzüge des Verfassungsrechts, 20. Auflage 1999, Rn. 317 f.

gebracht wird mit der primären Verantwortlichkeit des Bundestags für den Gesetzesinhalt. Gerecht wird diesem Postulat letztlich allein eine solche Auslegung von Art. 82 Abs. 1 S. 1 GG, die ein materielles Prüfungsrecht des Bundespräsidenten einerseits zwar dem Grunde nach anerkennt, dieses andererseits aber inhaltlich auf offenkundige Verfassungsverstöße beschränkt.

II. Evidente materielle Verfassungswidrigkeit des TAG

Gelangen die systematische und die teleologische Auslegung von Art. 82 Abs. 1 S. 1 GG damit jeweils übereinstimmend zu dem Ergebnis, dass der Bundespräsident hiernach zusätzlich zu einem umfassenden formellen Prüfungsrecht (s.o. „A.I.") auch noch über ein auf Fälle evidenter Verfassungswidrigkeit bezogenes materielles Prüfungsrecht verfügt – der nicht eindeutige Wortlaut von Art. 82 Abs. 1 S. 1 GG steht diesem Resultat nicht entgegen; die historische Auslegung hat sich insofern als unergiebig erwiesen –, so hat A die Ausfertigung des TAG nur dann in verfassungsgemäßer Weise verweigert, wenn dieses Gesetz an einem entsprechenden Fehler leidet.

Art. 2 TAG sieht vor, dass bei Verwirklichung bestimmter Straftaten die Todesstrafe verhängt werden kann. Demgegenüber heißt es in Art. 102 GG ausdrücklich, dass „die Todesstrafe […] abgeschafft" ist. Dieser inhaltliche Widerspruch von Art. 2 TAG zur materiellen Verfassungsbestimmung des Art. 102 GG ist auch ohne Weiteres erkennbar.

Verstößt der Inhalt des TAG mithin offenkundig gegen materielles Verfassungsrecht, so ist die Weigerung des A, das TAG nach Art. 82 Abs. 1 S. 1 GG auszufertigen, daher nicht verfassungswidrig.

> **Hinweis**
>
> Eine andere Rechtsauffassung (nur formelles Prüfungsrecht des Bundespräsidenten nach Art. 82 Abs. 1 S. 1 GG), die im vorliegenden Fall zu einem abweichenden Ergebnis führen würde (die Weigerung der Ausfertigung des TAG durch A wäre mangels formeller Verfassungswidrigkeit zu Unrecht erfolgt, s.o. „A.II."), ist bei entsprechender Argumentation ebenfalls vertretbar. Insoweit wäre allerdings zusätzlich noch zu prüfen, ob ein materielles Prüfungsrecht des Bundespräsidenten nicht mittlerweile kraft Verfassungsgewohnheitsrechts anzuerkennen ist. Sofern die Existenz eines solchen Rechts – auf welcher Grundlage auch immer – im Ergebnis dagegen bejaht wird, bedarf es zur Lösung des hiesigen Falles keines näheren Eingehens mehr auf die im Schrifttum ihrerseits umstrittene Frage, ob dieses inhaltlich wirklich auf eine Evidenzkontrolle beschränkt (s.o. „B.I.2. und 4.") oder nicht vielmehr doch umfassend ist. Denn vorliegend sind sogar die Voraussetzungen der insoweit strengsten Auffassung erfüllt (offenkundige materielle Verfassungswidrigkeit des TAG, s.o. „B.II.").

Zusammenfassung

Die sich im Rahmen der Rechtsanwendung stellende Frage, ob der konkret-individuelle Sachverhalt von einer bestimmten (abstrakt-generellen) Gesetzesvorschrift erfasst wird, vermag nur dann zutreffend beantwortet zu werden, wenn die Bedeutung jedes einzelnen der in dieser verwendeten Merkmale bestimmt ist. Das ist das **Ziel der Auslegung**, wobei im Einzelnen umstritten ist, ob insoweit auf den historischen Willen des Gesetzgebers (**subjektive Theorie**) oder das Gesetz selbst (**objektive Theorie**) abzustellen ist. Das Bundesverfassungsgericht vertritt eine vermittelnde Auffassung, indem es den in der betreffenden Gesetzesvorschrift zum Ausdruck gebrachten Willen des Gesetzgebers für maßgeblich erklärt (**Andeutungstheorie**).

Sofern für den jeweiligen Gesetzesbegriff keine Legaldefinition vorhanden ist, hat sich der Rechtsanwender als **Mittel der Auslegung** der vier klassischen Kriterien von Grammatik, Systematik, Historie und Telos zu bedienen.

Im Rahmen der **grammatischen Auslegung** geht es darum, die Bedeutung des Gesetzes anhand seines **Wortlaut**s zu ermitteln. Dabei ist primär auf denjenigen Sprachgebrauch abzustellen, den das betreffende Gesetz dem auszulegenden Begriff beimisst. Existiert kein solcher, so ist hilfsweise auf den allgemeinen juristischen Sprachgebrauch und nur subsidiär auf den allgemeinen Sprachgebrauch zu rekurrieren, wie er in den anerkannten Wörterbüchern der deutschen Sprache (z.B. *Duden*) mitgeteilt wird.

Die **systematische Auslegung**smethode basiert auf der Erkenntnis, dass keine Rechtsnorm für sich alleine steht, sondern Teil einer einheitlichen Rechtsordnung ist. Daher können sich nicht nur aus dem Regelungszusammenhang, in dem sich eine Gesetzesvorschrift befindet (z.B. Stellung in einem bestimmten Gesetzesabschnitt), Anhaltspunkte für ihre Auslegung ergeben (**äußere Systematik**). Vielmehr gilt es auch, inhaltliche (Wertungs-)Widersprüche zwischen den einzelnen Rechtsnormen zu vermeiden (**innere Systematik**). Diese sind daher nach Möglichkeit so auszulegen, dass sie weder in Widerspruch zu höherrangigen Vorschriften (z.B. des Verfassungs-, Europarechts) stehen (**verfassungs-** bzw. **europarechtskonforme Auslegung**), noch mit gleichrangigen Vorschriften in Konflikt geraten.

Um den Willen des Gesetzgebers, den dieser mit der auszulegenden Vorschrift verfolgt hat, zu ermitteln, fragt die **historische Auslegung** zum einen nach deren Entstehungsgeschichte und bemüht als Erkenntnisquelle hierfür die **Gesetzesmaterialien** (z.B. Bundestags-Drucksachen). Zum anderen betrachtet sie das geschichtliche Umfeld im Zeitpunkt des Normerlasses, um den Normtext besser zu verstehen und den historischen Normzweck im Fall etwaiger zwischenzeitlicher Änderungen der sozialen, politischen, wirtschaftlichen etc. Verhältnisse an die aktuellen Gegebenheiten im Zeitpunkt der Normanwendung ggf. anzupassen.

Da hinter jeder gesetzlichen Regelung eine entsprechende Interessenbewertung durch den Gesetzgeber steht, ist nach der **teleologischen Auslegungsmethode** diejenige Gesetzesinterpretation vorzuziehen, die der in der betreffenden Rechtsnorm zum Ausdruck kommenden legislativen Interessenbewertung am ehesten entspricht. Der hiernach mithin zu ermittelnde **Sinn und Zweck des Gesetzes** (*ratio legis*) kann in der Verfolgung eines spezifischen Ziels bestehen, aber auch allgemeiner Natur sein; teilweise verfolgt der Gesetzgeber mit derselben Vorschrift mehrere, gelegentlich sogar einander widersprechende Ziele.

Darüber hinaus existieren mit dem **Erst-recht-Schluss** (*argumentum a fortiori*) in seinen beiden Ausprägungen (*argumentum a minore ad maius*) und (*argumentum a maiore ad minus*) sowie dem **Umkehrschluss** (*argumentum e contrario*) und der **teleologischen Reduktion** noch weitere typische juristische Argumentationsmuster. Während diese hier als Unterfälle der systematischen bzw. teleologischen Auslegung identifiziert wurden, sind sie nach a.A. dem Bereich der Rechtsfortbildung zuzuordnen.

Führt die Anwendung der vier klassischen Auslegungskriterien auf dieselbe Rechtsnorm zu jeweils unterschiedlichen Ergebnissen, so stellt sich die Frage nach deren Verhältnis zueinander. Insofern gilt zum einen, dass der **Wortlaut** nicht nur Ausgangspunkt, sondern zugleich **Grenze der Auslegung** ist, jenseits dessen die Rechtsfortbildung beginnt. Innerhalb dieser Wortlautgrenze bemisst sich nach den drei anderen Auslegungskriterien, ob die jeweilige Vorschrift extensiv (weit) oder restriktiv (eng) zu interpretieren ist. Zum anderen darf der Rechtsanwender (z.B. Richter) aufgrund seiner Bindung an die bestehenden Gesetze (z.B. Art. 97 Abs. 1 GG) nicht seine eigenen rechtspolitischen Vorstellungen an die Stelle derjenigen des **Gesetzgeber**s setzen, sondern hat vielmehr dessen Regelungskonzeption möglichst zuverlässig nachzuvollziehen – weshalb das von diesem mit der jeweiligen Vorschrift verfolgte **Ziel** weder verfehlt noch verfälscht werden darf. Schließlich gebietet es der Respekt vor dem Gesetzgeber, eine Rechtsnorm im Rahmen der systemtischen Auslegung möglichst so zu interpretieren, dass sie **nicht** wegen **Verstoß**es **gegen höherrangiges** (z.B. Verfassungs-, Europa-)**Recht** unwirksam bzw. unanwendbar ist. Im Übrigen sind die Auslegungsmethoden dagegen untereinander **gleichrangig**.

3. Teil
Rechtsfortbildung

228 Führt die Suche nach einer im konkreten Fall einschlägigen Vorschrift zu keinem Ergebnis bzw. wird der zu würdigende Sachverhalt nach sorgfältiger Auslegung des (nur) auf den ersten Blick als einschlägig erscheinenden Rechtssatzes anhand der vier juristischen Auslegungskriterien letztlich doch nicht von diesem erfasst, so ist dieses „**Schweigen" des Gesetzes** grundsätzlich zu respektieren:[1] Macht A gegen B einen bestimmten Anspruch geltend, ist aber keine entsprechende gesetzliche Anspruchsgrundlage vorhanden oder liegen deren Voraussetzungen im Verhältnis zwischen A und B nicht vor, so steht damit A der gegenüber B geltend gemachte Anspruch eben nicht zu; eine gleichwohl erhobene Klage müsste das Gericht abweisen.[2]

229 Ließe sich unter Inkaufnahme auch solcher Ergebnisse mithin jeder Fall allein nach Maßgabe des geschriebenen Rechts lösen,[3] so kann sich das auf dieser Grundlage – dem Wortlaut des Gesetzes als Grenze der Auslegung (Rn. 150, 215) – erzielte Resultat des Bestehens einer Gesetzeslücke mit der Folge einer negativen Antwort auf die betreffende Rechtsfrage (z.B. A hat keinen Anspruch gegen B) allerdings nicht nur gemessen an den insofern irrelevanten persönlichen (gesellschaftspolitischen, wirtschaftlichen, ideologischen etc.) Gerechtigkeitsvorstellungen des Einzelnen, sondern auch nach der in diesem Zusammenhang allein beachtlichen juristischen Wertung als unbillig, inkonsequent bzw. „**ungerecht**" erweisen.[4]

230
> **Hinweis**
>
> Ob ein bestimmter Sachverhalt vom Gesetz nicht geregelt wird, d.h. dieses insoweit lückenhaft ist, lässt sich erst nach dessen Auslegung beantworten.[5] Die Lückenschließung im Wege der richterlichen Rechtsfortbildung kommt deshalb erst dann in Betracht, wenn zuvor sämtliche Methoden der Gesetzesauslegung ausgeschöpft wurden (**Vorrang der Auslegung vor der Rechtsfortbildung** bzw. Subsidiarität der Rechtsfortbildung gegenüber der Auslegung).[6] M.a.W.: „Rechtsfortbildung beginnt dort, wo die Auslegung endet, d.h. die Wortlautgrenze markiert den Übergang zwischen Auslegung und Rechtsfortbildung."[7]

---

1 *Beaucamp/Treder*, Methoden, Rn. 245; *Horn*, Einführung in die Rechtswissenschaft und Rechtsphilosophie, 5. Auflage 2011, Rn. 174 f. mit dem zutreffenden Hinweis, dass es mit diesem Befund im **Strafrecht** insoweit sein Bewenden hat, als das dortige Analogieverbot zu Lasten des Täters eingreift (Rn. 240 f.). Anders dagegen im Zivilrecht, siehe Rn. 276 und *Larenz/Canaris*, Methodenlehre, S. 199 m.w.N.

2 *Horn*, Einführung in die Rechtswissenschaft und Rechtsphilosophie, 5. Auflage 2011, Rn. 184; *Wank*, Auslegung, S. 81.

3 So zutreffend *Wank*, Auslegung, S. 81 mit dem weiteren Hinweis, dass die **Rechtsfortbildung** daher richtigerweise **nicht schon aufgrund des Rechtsverweigerungsverbots** (Rn. 214) geboten ist. **A.A.** statt vieler *Rüthers/Fischer/Birk*, Rechtstheorie, Rn. 823 a.E.: „Das Rechtsverweigerungsverbot rechtfertigt […] die normsetzende Tätigkeit der Gerichte im Lückenbereich". I.d.S. wohl auch BVerfGE 34, 269 (292). Vermittelnd *Muthorst*, Grundlagen, § 8 Rn. 17.

4 *Larenz/Canaris*, Methodenlehre, S. 193; *Schwacke*, Methodik, S. 121, 123; *Tettinger/Mann*, Einführung, Rn. 256; *Zippelius*, Methodenlehre, S. 53, 55, 67 f. Zum Aspekt der „**Gerechtigkeit**" siehe auch Rn. 11, 236, 248, 268, 271 ff.

5 *Schwacke*, Methodik, S. 121; *Wank*, Auslegung, S. 81. Vgl. auch *Muthorst*, Grundlagen, § 8 Rn. 5.

6 *Muthorst*, Grundlagen, § 8 Rn. 10; *Schmalz*, Methodenlehre, Rn. 377; *Schwacke*, Methodik, S. 80, 121.

7 *Sauer*, in: Krüper, Grundlagen des Rechts, § 9 Rn. 35. **A.A.** *Wank*, Auslegung, S. 82: „Die **Grenze der Auslegung** ist erreicht, wenn die Interpretation des vorliegenden Rechtssatzes nicht mehr vom **Zweck der Vorschrift** gedeckt ist" (Hervorhebungen d.d. Verf.).

Grundsätzliche Zulässigkeit der Rechtsfortbildung 3 A

- zum einen auf das „‚Ob' der Lückenfüllung":⁴⁰ Eine richterliche Lückenausfüllung kommt von vornherein insoweit nicht in Betracht, als ein ausdrückliches **Verbot** der Rechtsfortbildung besteht (z.B. nach § 3 OWiG, § 1 StGB bzw. Art. 103 Abs. 2 GG).⁴¹ Zudem „dürfen durch Richterrecht keine Eingriffstatbestände geschaffen werden, soweit nach der Verfassung ein strenger Gesetzesvorbehalt⁴² für solche Eingriffe besteht" (z.B. nach Art. 104 Abs. 1 S. 1 GG, der als Grundlage für Freiheitsentziehungen ein förmliches Gesetz [Rn. 12] verlangt).⁴³   **240**

Beispiel⁴⁴ Gem. § 242 Abs. 1 StGB wird bestraft, wer eine „fremde bewegliche Sache" einem anderen in der Absicht wegnimmt, die Sache sich oder einem Dritten rechtswidrig zuzueignen. Dabei sind unter dem Begriff „Sache" alle körperlichen Gegenstände zu verstehen, vgl. § 90 BGB. An der nach dieser Auslegung mithin notwendigen Körperlichkeit fehlt es in Bezug auf elektrischen Strom, weshalb das Reichsgericht den Elektrizitätsdiebstahl nicht als gem. § 242 Abs. 1 StGB strafbares Verhalten ansah. Auch eine entsprechende Anwendung dieser Vorschrift war dem Gericht durch § 2 Abs. 1 RStGB 1871 (heute: § 1 StGB, Art 103 Abs. 2 GG) verwehrt. Vor diesem Hintergrund hat der Gesetzgeber nachfolgend eigens den Straftatbestand der „Entziehung elektrischer Energie" (§ 248c Abs. 1 StGB) normiert. ■   **241**

Generell gilt, dass eine Rechtsfortbildung zu Lasten des Bürgers strengeren Voraussetzungen unterliegt als eine solche, die zu dessen Gunsten erfolgt.⁴⁵ Namentlich das Analogieverbot des Art. 103 Abs. 2 GG „soll einerseits sicherstellen, dass der Normadressat vorhersehen kann, welches Verhalten mit Strafe oder Buße bedroht ist, und andererseits gewährleisten, dass der Gesetzgeber und nicht erst die Gerichte über die Strafbarkeit oder Ahndbarkeit entscheiden. Daher schließt Art. 103 Abs. 2 GG jede Rechtsanwendung aus, die über den Inhalt einer gesetzlichen Sanktionsnorm hinausgeht,"⁴⁶ nicht dagegen auch eine **Rechtsfortbildung zugunsten** des Täters (z.B. analoge Anwendung der Rücktrittsvorschrift des § 31 StGB auf vergleichbare Fälle wie etwa § 234a Abs. 3 StGB, für die eine entsprechende Regelung nicht existiert);⁴⁷   **242**

---

40 *Muthorst*, Grundlagen, § 8 Rn. 20.
41 *Schwacke*, Methodik, S. 124. **Art. 103 Abs. 2 GG** gilt nicht nur für das **Strafrecht i.e.S.**, sondern auch für die Ahndung von **Ordnungswidrigkeiten** und **Disziplinarstrafen**, siehe BVerfGE 87, 399 (411); 116, 69 (82 f.), jeweils m.w.N. Umgekehrt ist die Rechtsfortbildung bei Vorliegen einer **bewussten Lücke** (Rn. 260) erkennbar erlaubt. Im Fall einer **unbewussten Lücke** (Rn. 260) hat sich der Gesetzgeber dagegen „weder zur Erlaubnis noch zum Verbot der Rechtsfortbildung Gedanken gemacht". Zum Ganzen siehe *Wank*, Auslegung, S. 82 f. Namentlich aufgrund dieser z.T. bestehenden Verbote der Rechtsfortbildung ist deren Abgrenzung zur (noch erlaubten) Gesetzesauslegung erforderlich, siehe *Röhl/Röhl*, Allgemeine Rechtslehre, 3. Auflage 2008, S. 636 a.E. und vgl. Rn. 233.
42 Hierzu siehe im Skript „Allgemeines Verwaltungsrecht", Rn. 14 f.; *Wienbracke*, Einführung in die Grundrechte, Rn. 150 ff., jeweils m.w.N.
43 *Zippelius*, Methodenlehre, S. 54 a.E. Vgl. auch BVerfGE 116, 69 (83) m.w.N. Näher zu dem aus **Art. 104 Abs. 1 S. 1 GG** folgenden **Analogieverbot** siehe BVerfGE 83, 24 (31 f.). Speziell zum **Steuerrecht** siehe BVerfGE 69, 188 (203 ff.); *Englisch*, in: Tipke/Lang, Steuerrecht, 21. Auflage 2013, § 5 Rn. 81 ff. m.w.N.; *Röhl/Röhl*, Allgemeine Rechtslehre, 3. Auflage 2008, S. 637 sowie zum **gesamten Öffentlichen Recht** *Beaucamp/Treder*, Methoden, Rn. 272; *Vogel*, Methodik, S. 135.
44 Nach *Röhl/Röhl*, Allgemeine Rechtslehre, 3. Auflage 2008, S. 637 unter Hinweis auf RGSt 29, 111; 32, 165.
45 *Beaucamp/Treder*, Methoden, Rn. 258 m.w.N.
46 BVerfGE 87, 399 (411) m.w.N. Zur **Auslegungsbedürftigkeit** von Vorschriften, die ein Analogieverbot statuieren, siehe *Röhl/Röhl*, Allgemeine Rechtslehre, 3. Auflage 2008, S. 637.
47 *Eser/Hecker*, in: Schönke/Schröder, StGB, 28. Auflage 2010, § 1 Rn. 30 f. unter Hinweis u.a. auf BGHSt 6, 85. Zu **§ 31 SGB I** („Rechte und Pflichten in den Sozialleistungsbereichen dieses Gesetzbuchs dürfen nur begründet, festgestellt, geändert oder aufgehoben werden, soweit ein Gesetz es vorschreibt oder zulässt") siehe *Beaucamp/Treder*, Methoden, Rn. 270 und im Skript „Allgemeines Verwaltungsrecht", Rn. 13, 19.

243 • zum anderen auf das „‚Wie' der Lückenfüllung":[48] Eine richterliche Rechtsfortbildung darf keinesfalls „unzulässig in die Kompetenzen des demokratisch legitimierten Gesetzgebers" eingreifen.[49] Hat dieser nämlich erkennbar „eine eindeutige Entscheidung getroffen, so darf der Richter diese nicht aufgrund eigener rechtspolitischer Vorstellungen verändern und durch eine judikative Lösung ersetzen, die so im Parlament nicht erreichbar gewesen wäre."[50]

> **Hinweis**
>
> „Während der mögliche Wortsinn Grenze jeder Auslegung ist, ist […] der **Wille des Gesetzgebers Grenze jeder Rechtsfortbildung**."[51]

244 Vielmehr zeichnet sich eine den verfassungsrechtlichen Anforderungen gemäße Rechtsfortbildung dadurch aus, dass sie zwar – über die Auslegung hinaus – „den Anwendungsbereich einer Norm auf einen Fall erstreckt, der von ihrem Wortlaut nicht erfaßt wird." Doch entnimmt sie allein „aus den Wertungen des Gesetzes […], ob eine Lücke besteht und in welcher Weise sie geschlossen werden soll." Unter dieser Prämisse stellt sich die Rechtsfortbildung nicht als „Äußerung unzulässiger richterlicher Eigenmacht dar, durch die der erkennbare Wille des Gesetzgebers beiseite geschoben und durch eine autark getroffene richterliche Abwägung der Interessen ersetzt wird"[52], sondern als „denkender Gehorsam"[53], mittels dessen das unvollständige Gesetz „weiter- und zu Ende gedacht" wird („Rechtsgewinnung außerhalb des vom Gesetz(geber) Gesagten, aber innerhalb des vom Gesetz(geber) Gewollten"[54], sog. „**gesetzesimmanente Rechtsfortbildung**"[55]). Sofern innerhalb dieser Grenzen mehrere Möglichkeiten der richterlichen Lückenfüllung in Betracht kommen, ist diejenige zu wählen, die sich am besten in das legislative Regelungskonzept einfügt.[56]

245 > **Hinweis**
>
> Von der hier allein behandelten gesetzesimmanenten Rechtsfortbildung (*praeter legem*[57])[58] ist die – im Rahmen der Klausurbearbeitung wohl kaum einmal relevante[59] – sog. „**gesetzesübersteigende Rechtsfortbildung**"[60] zu unterscheiden. Während Erstere dazu dient, einzelne

---

48 *Muthorst*, Grundlagen, § 8 Rn. 20.
49 BVerfGE 122, 248 (283) m.w.N. abw. Meinung *Voßkuhle, Osterloh, Di Fabio*.
50 BVerfGE 82, 6 (12) m.w.N. Dies gilt auch schon auf Ebene der Gesetzesauslegung, siehe Rn. 134.
51 *Sauer*, in: Krüper, Grundlagen des Rechts, § 9 Rn. 38 (Hervorhebungen d.d. Verf.). Siehe auch Rn. 247.
52 BVerfGE 82, 6 (12 f.).
53 Vgl. *Heck*, AcP 112 (1914), S. 1 (20). Siehe auch Rn. 131.
54 *Schwacke*, Methodik, S. 144 (im Original mit Hervorhebungen).
55 *Larenz/Canaris*, Methodenlehre, S. 187 (im Original mit Hervorhebung). Zur **gesetzesübersteigenden Rechtsfortbildung** siehe Rn. 245.
56 Zum Ganzen siehe *Muthorst*, Grundlagen, § 8 Rn. 20.
57 Lat. = „am Gesetz vorbei".
58 Vgl. BVerfGE 88, 145 (167). Die **Terminologie** ist **uneinheitlich**, siehe nur einerseits – wie hier – schon *Larenz/Canaris*, Methodenlehre, S. 252 und andererseits *Rüthers/Fischer/Birk*, Rechtstheorie, Rn. 828, die in Bezug auf die gesetzesübersteigende Rechtsfortbildung („Rechtsneubildung"; s.u.) von „Rechtsfortbildung *praeter legem*" sprechen. Wiederum anders *Vogel*, Methodik, S. 87, 96 („‚Gesetzesübersteigende' (*contra legem* erfolgende) Rechtsfortbildung" bzw. „Gesetzesberichtigung") und *Muthorst*, Grundlagen, § 8 Rn. 3: „wenn Gerichte […] die gesetzliche Regelung korrigieren (sog. „gesetzesübersteigende Rechtsfortbildung)".
59 So die Einschätzung von *Wank*, Auslegung, S. 84.
60 BGHZ 170, 187 (193) m.w.N.

Grundsätzliche Zulässigkeit der Rechtsfortbildung 3 A

Lücken innerhalb einer Regelung oder eines Gesetzes durch Fortschreibung der vorhandenen Strukturen zu schließen, bewegt sich Letztere zwar ebenfalls noch innerhalb des Rahmens der Gesamtrechtsordnung (*intra ius*), d.h. des juristisch Regelbaren (im Gegensatz zum „rechtsfreien Raum" der „innerseelischen Vorgänge" wie Gedanken, Empfindungen etc.), jedoch außerhalb des vom Gesetz(geber) Geregelten, d.h. im „gesetzesfreien Raum" (*extra legem*).[61] Da im Bereich dieser auch sog. „**Rechts-**"[62] bzw. **Gebietslücke**n"[63] (z.B. Arbeitskampfrecht[64]) eine gesetzliche Wertung vollständig fehlt, unterliegt die gegenüber der Gesetzesauslegung und der gesetzesimmanenten Rechtsfortbildung nachrangige gesetzesübersteigende Rechtsfortbildung als „Rechtsneubildung"[65], „Rechtserfindung"[66] bzw. „gesetzesvertretende[s] Richterrecht"[67] mit Blick auf die in Rn. 234 genannten staatsorganisationsrechtlichen Vorgaben besonders strikten Voraussetzungen. Namentlich ist sie nur dann zulässig, wenn sie mit Rücksicht auf die Bedürfnisse des Rechtsverkehrs (z.B. Anwartschaftsrecht), die „Natur der Sache" (z.B. Gesetzgebungszuständigkeit des Bundes für die Raumordnung des Bundesgebiets) oder ein rechtsethisches Prinzip (z.B. Anerkennung des „allgemeinen Persönlichkeitsrechts" als „sonstiges Recht" i.S.v. § 823 Abs. 1 BGB) geboten ist.[68]

246

JURIQ-Klausurtipp

247

„Genau die **Zweckargumente**, die im Rahmen der teleologischen Auslegung nicht zur Subsumierbarkeit des Sachverhalts unter die Norm führen, weil sonst die Grenze des möglichen Wortsinns der einschlägigen Norm überschritten würde, kommen hier zum Zug."[69]

---

61 Vgl. *Beaucamp/Treder*, Methoden, Rn. 248; *Larenz/Canaris*, Methodenlehre, S. 187, 192, 232, 245; *Schwacke*, Methodik, S. 122, 126, 144, jeweils m.w.N. aus der Rechtsprechung.
62 *Engisch*, Einführung in das juristische Denken, 11. Auflage 2010, S. 237.
63 *Rüthers/Fischer/Birk*, Rechtstheorie, Rn. 855.
64 *Vogel*, Methodik, S. 87, 136. Weiteres Beispiel: **Sicherungsübereignung**, siehe etwa *Muthorst*, Grundlagen, § 8 Rn. 13.
65 *Rüthers/Fischer/Birk*, Rechtstheorie, Rn. 828.
66 *Schmalz*, Methodenlehre, Rn. 420.
67 *Vogel*, Methodik, S. 136.
68 Zum Ganzen siehe *Larenz/Canaris*, Methodenlehre, S. 232 ff., 245 ff.; *Rüthers/Fischer/Birk*, Rechtstheorie, Rn. 857 f.; *Schwacke*, Methodik, S. 144 f. Weitere Beispiele bei *Beaucamp/Treder*, Methoden, Rn. 315 ff. m.w.N.
69 *Schwacke*, Methodik, S. 139 (Hervorhebung d.d. Verf.), allerdings in Bezug auf die teleologische Extension (Fn. 148 zu Rn. 274). Siehe auch Rn. 150, 215 f., 243 a.E.

B. Analogie als anerkannte Methode der Rechtsfortbildung

248 Anders als etwa das österreichische ABGB[70] und das schweizerische ZGB (siehe dessen Art. 1 Abs. 2; Rn. 233) enthält die deutsche Rechtsordnung keine ausdrückliche Regelung dazu, wie Lücken im Gesetz zu füllen sind.[71] Vielmehr ist die Antwort hierauf der juristischen Methodenlehre überlassen.[72] Eine nach deren Vorgaben „**methodisch geleitete Begründung**" ist zwingend **notwendig**, damit sich das Ergebnis der richterlichen Rechtsfortbildung „als ‚Recht' im Sinne der geltenden Rechtsordnung rechtfertigen" lässt.[73] Allgemein anerkannte Methode zur Lückenschließung ist die **Analogie**[74] (*argumentum per analogiam*).[75] Danach wird, um einen Verstoß gegen Art. 3 Abs. 1 GG, d.h. „ungerechte" Ergebnisse, zu vermeiden, die vom Gesetz (§ X) an die Erfüllung des Tatbestands A geknüpfte Rechtsfolge auf den von diesem nicht unmittelbar erfassten und auch im Übrigen gesetzlich nicht geregelten, nach juristischer Wertung jedoch vergleichbaren Sachverhalt B erstreckt.[76] Voraussetzung für eine derart entsprechende Anwendung (vgl. Rn. 108) einer Rechtsnorm, die zur Ausdehnung ihres Anwendungsbereichs führt, ist, dass[77]

249 • eine **planwidrige Unvollständigkeit** („Lückenhaftigkeit") des Gesetzes vorliegt (Rn. 253 ff.),

250 • kein **Analogieverbot** besteht (Rn. 267) und

251 • der vom Gesetz nicht erfasste Fall der gesetzlich geregelten Situation ähnlich ist, d.h. die **Interessenlage** in beiden Konstellationen im Wesentlichen **vergleichbar** ist (Rn. 268 ff.).

252
> **Hinweis**
>
> Über die Analogie hinaus werden im Schrifttum auch der **Erst-recht-Schluss**, der **Umkehrschluss** sowie die **teleologische Reduktion** als Instrumente zur Lückenschließung benannt.[78] Demgegenüber wurden diese hier – aus den o.g. Gründen (Rn. 177 ff., 184 f. und 211 ff.) – als Argumentationsmuster im Rahmen der Gesetzesauslegung identifiziert.

---

70 Siehe § 7 öster. ABGB: „Läßt sich ein Rechtsfall weder aus den Worten, noch aus dem natürlichen Sinne eines Gesetzes entscheiden, so muß auf ähnliche, in den Gesetzen bestimmt entschiedene Fälle, und auf die Gründe anderer damit verwandten Gesetze Rücksicht genommen werden. Bleibt der Rechtsfall noch zweifelhaft; so muß solcher mit Hinsicht auf die sorgfältig gesammelten und reiflich erwogenen Umstände nach den natürlichen Rechtsgrundsätzen entschieden werden".

71 *Rüthers/Fischer/Birk*, Rechtstheorie, Rn. 878; *Schwacke*, Methodik, S. 129.

72 *Schmalz*, Methodenlehre, Rn. 375.

73 *Larenz/Canaris*, Methodenlehre, S. 190 (Hervorhebungen d. d. Verf.). Siehe auch Rn. 233.

74 Von griech. „Analogon" = „etwas, das einem anderen ähnlich ist".

75 *Horn*, Einführung in die Rechtswissenschaft und Rechtsphilosophie, 5. Auflage 2011, Rn. 187; *Tettinger/Mann*, Einführung, Rn. 257; *Wank*, Auslegung, S. 85. Bei der „**gesetzlich angeordnete[n] Analogie**" (z.B. § 90a S. 3 BGB) handelt es sich dagegen nicht um eine Analogie i.S.d. Methodenlehre, sondern der Sache nach um eine Verweisung (Fn. 57 in Rn. 108), siehe *Schmalz*, Methodenlehre, Rn. 379 (Hervorhebungen im Original).

76 Vgl. *Beaucamp/Treder*, Methoden, Rn. 261 f.; *Butzer/Epping*, Arbeitstechnik, S. 50 f.; *Muthorst*, Grundlagen, § 8 Rn. 22; *Schmalz*, Methodenlehre, Rn. 380 f., der zutreffend darauf hinweist, dass „das **Ergebnis der positiv verlaufenen Analogie** [...] **ein allgemeiner** [Rechts-]**Satz** [Rn. 233] sein" muss (Rn. 393). „Unzulässig wäre [daher], die Entscheidung auf Überlegungen zu stützen, die nur für den konkret-individuellen Fall gelten" (Hervorhebungen im Original); *Schwacke*, Methodik, S. 130 ff., 135. Siehe auch Rn. 229, 236.

77 *Horn*, Einführung in die Rechtswissenschaft und Rechtsphilosophie, 5. Auflage 2011, Rn. 186. Zum gesamten Folgenden siehe statt vieler *Beaucamp/Treder*, Methoden, Rn. 265 m.w.N.; *Butzer/Epping*, Arbeitstechnik, S. 51; *Muthorst*, Grundlagen, § 7, Rn. 60, § 8 Rn. 24; *Schwacke*, Methodik, S. 133; *Zippelius*, Methodenlehre, S. 55.

78 Statt vieler siehe nur *Wank*, Auslegung, S. 44, 85 ff.

I. Planwidrige Unvollständigkeit des Gesetzes

Als Instrument der Rechtsfortbildung setzt die Analogie zunächst voraus, dass das Gesetz unvollständig ist, d.h. eine Lücke aufweist.[79] Eine solche liegt zum einen dann vor, wenn eine vorhandene Vorschrift in sich unvollständig ist, sog. **Normlücke** (z.B. fehlt in § 904 S. 2 BGB eine Regelung zum Schuldner des Schadensersatzanspruchs).[80] Zum anderen kann sich – wie vergleichsweise häufiger der Fall – die Unvollständigkeit des Gesetzes auch daraus ergeben, dass es überhaupt keine Regelung (weder positiv noch negativ) enthält, die in ihrer unmittelbaren Anwendung den konkreten, rechtlich regelungsfähigen und -bedürftigen Sachverhalt erfasst, sog. **Regelungslücke** (so z.B. enthielt das BGB bis zum Inkrafttreten der §§ 311 Abs. 2, 241 Abs. 2, 280 Abs. 1 BGB n.F. keine Vorschriften zur *culpa in contrahendo*).[81]

253

Die Existenz einer derartigen Lücke im Gesetz ist allerdings nur notwendige, nicht dagegen auch hinreichende Bedingung für einen Analogieschluss.[82] Vielmehr setzt dieser zusätzlich zum Vorhandensein einer Norm- oder Regelungslücke noch voraus, dass diese jeweils auch planwidrig ist.[83] Denn falls der Gesetzgeber sich bewusst gegen die rechtliche Normierung bestimmter Lebenssachverhalte entschieden hat (sog. **beredtes Schweigen**; z.B. fehlende Unterhaltspflicht unter Geschwistern, vgl. §§ 1589, 1601 BGB), dann hat der gesetzesgebundene Rechtsanwender (Art. 20 Abs. 3, Art. 97 Abs. 1 GG) diese Entscheidung zu respektieren (*argumentum e silentio*[84]) und darf sich nicht unter Berufung auf eigene rechtspolitische Vorstellungen über sie hinwegsetzen.[85] „Rechtspolitische Wünsche […] stellen […] keine Rechtslücken [i.S.d. juristischen Methodik] dar."[86] Ist insofern also von vornherein kein Raum für eine Rechtsfortbildung vorhanden, so würde eine gleichwohl erfolgende Analogie gegen das Gesetz verstoßen (*contra legem*).[87]

254

Beispiel[88] Nach § 808 Abs. 1 ZPO darf die Zwangsvollstreckung wegen einer Geldforderung in körperliche Sachen grundsätzlich nur dann betrieben werden, wenn diese sich im Gewahrsam des Schuldners befinden. Allerdings gilt für die Durchführung der Zwangsvollstreckung allein der Schuldner als Gewahrsamsinhaber und Besitzer, sofern zugunsten der Gläubiger eines Ehemannes oder der Gläubiger einer Ehefrau gem. § 1362 BGB vermutet wird, dass der Schuldner Eigentümer der beweglichen Sache ist, siehe § 739 Abs. 1 ZPO. § 1362 Abs. 1 S. 1 BGB bestimmt, dass zugunsten der Gläubiger des Mannes und der Gläubiger der Frau vermutet wird, dass die im Besitz eines Ehegatten oder beider Ehegat-

255

---

79 Vgl. *Schmalz*, Methodenlehre, Rn. 383; *Vogel*, Methodik, S. 133.
80 *Larenz/Canaris*, Methodenlehre, S. 193 unter Hinweis auf *Zitelmann*, Lücken im Recht, 1903, S. 27 ff., der nur insoweit – nicht aber auch in Bezug auf Regelungslucken (s.u.) als „**unechte**" Lücken – von „**echten**" Lücken spricht; *Muthorst*, Grundlagen, § 8 Rn. 10; *Rüthers/Fischer/Birk*, Rechtstheorie, Rn. 847; *Schwacke*, Methodik, S. 127. *Zippelius*, Methodenlehre, S. 52 verwendet insoweit die Bezeichnung „**Formulierungslücke**".
81 Vgl. *Schmalz*, Methodenlehre, Rn. 384; *Schwacke*, Methodik, S. 126 f. Zu **Rechts-/Gebietslücken** siehe Rn. 245.
82 Vgl. *Schmalz*, Methodenlehre, Rn. 385.
83 BVerfGE 116, 69 (83); *Beaucamp/Treder*, Methoden, Rn. 274, jeweils m.w.N. Vgl. auch *Muthorst*, Grundlagen, § 8 Rn. 9.
84 Lat. = „Schlussfolgerung aus dem Schweigen", vgl. *Butzer/Epping*, Arbeitstechnik, S. 52. Hierzu siehe auch schon Fn. 286 zu Rn. 185.
85 *Beaucamp/Treder*, Methoden, Rn. 276 f.; *Larenz/Canaris*, Methodenlehre, S. 191, 194 f.; *Muthorst*, Grundlagen, § 8 Rn. 18; *Rüthers/Fischer/Birk*, Rechtstheorie, Rn. 838; *Schwacke*, Methodik, S. 126. Siehe auch Rn. 239 ff.
86 *Beaucamp/Treder*, Methoden, Rn. 276 m.w.N.
87 *Schwacke*, Methodik, S. 126. Siehe auch Rn. 225.
88 Nach BGHZ 170, 187 m.w.N. Dort auch zu verfassungsrechtlichen Aspekten (**Art. 6 Abs. 1 GG**).

ten befindlichen beweglichen Sachen dem Schuldner gehören. Mit dieser Regelung will der Gesetzgeber den Gläubigern von Eheleuten den Zugriff auf deren Vermögen erleichtern, da der gemeinsame Haushalt die eindeutige Zuordnung der einzelnen Gegenstände zum Eigentum des Mannes oder der Frau häufig erschwert.

Auch wenn sich die Situation in Bezug auf die Partner einer nichtehelichen Lebensgemeinschaft ähnlich darstellen sollte, so findet § 1362 Abs. 1 S. 1 BGB auf diese gleichwohl keine entsprechende Anwendung. Denn es fehlt an der für eine solche Analogie notwendigen planwidrigen Regelungslücke. Wie sich aus dem Folgenden ergibt, hat sich der Gesetzgeber nämlich bewusst dagegen entschieden, § 1362 Abs. 1 S. 1 BGB auf nichteheliche Lebensgemeinschaften auszudehnen. So hat die von der Justizministerkonferenz durch Beschluss vom 15.12.1988 eingesetzte Arbeitsgruppe zur Überarbeitung des Zwangsvollstreckungsrechts zwar noch ausdrücklich vorgeschlagen, die Eigentumsvermutung des § 1362 Abs. 1 S. 1 BGB auf nichteheliche Lebensgemeinschaften zu erstrecken; § 1362 BGB sollte um einen Absatz 3 mit dem Wortlaut „Diese Vorschriften gelten für eheähnliche Gemeinschaften entsprechend" ergänzt werden. Der auf den Ergebnissen dieser Arbeitsgruppe beruhende Entwurf, der am 17.12.1997 (BGBl. I S. 3039) Gesetz geworden ist, enthielt diese Erweiterung jedoch gerade nicht mehr. Zur Begründung hieß es: „Die in der vollstreckungsrechtlichen Literatur vielfach befürwortete Erstreckung der Eigentums- und Gewahrsamsvermutung (§ 1362 BGB, § 739 ZPO) auf nichteheliche Lebensgemeinschaften ist – abweichend von den Vorschlägen der Arbeitsgruppe […] – im Gesetzentwurf nicht enthalten. Diese Thematik soll gegebenenfalls im Zusammenhang mit anderen Fragen aus dem Bereich der nichtehelichen Lebensgemeinschaft aufgegriffen werden" (BT-Drucks. 13/341, S. 12). Auch beim nachfolgenden Erlass des Gesetzes zur Beendigung der Diskriminierung gleichgeschlechtlicher Gemeinschaften hat der Gesetzgeber davon abgesehen, die Ergebnisse der vorgenannten Arbeitsgruppe aufzugreifen. ∎

256 **Hinweis**

Häufig wird nicht sauber zwischen der **Unvollständigkeit des Gesetzes** und der **Planwidrigkeit dieser „Lücke"** unterschieden, sondern der Begriff „Lücke" als das Fehlen einer Regelung definiert, „die bei vollständiger Verwirklichung der Regelungsabsicht des Gesetzesgebers in der Normierung hätte enthalten sein sollen."[89] Hiernach sei „eine Gesetzeslücke […] eine ‚planwidrige Unvollständigkeit' des Gesetzes"[90] bzw. begründe umgekehrt „die bewusste Nicht-Regelung […] keine Regelungslücke."[91] Zutreffend dagegen BGHZ 170, 187 (191) m.w.N.: „Eine Analogie setzt […] voraus, dass das Gesetz eine […]Lücke enthält […]. Die[se] Unvollständigkeit des Gesetzes muss ‚planwidrig' sein."[92]

---

89 So etwa *Schwacke*, Methodik, S. 125. I.d.S. ebenfalls *Butzer/Epping*, Arbeitstechnik, S. 51; *Röhl/Röhl*, Allgemeine Rechtslehre, 3. Auflage 2008, S. 633; *Wank*, Auslegung, S. 82.
90 *Larenz/Canaris*, Methodenlehre, S. 194.
91 *Tettinger/Mann*, Einführung, Rn. 257.
92 I.d.S. auch *Beaucamp/Treder*, Methoden, Rn. 274; *Bitter/Rauhut*, JuS 2009, S. 289 (297); *Muthorst*, Grundlagen, § 8 Rn. 18; *Sauer*, in: Krüper, Grundlagen des Rechts, § 9 Rn. 39 f.; *Schmalz*, Methodenlehre, Rn. 384 f.; *Vogel*, Methodik, S. 133. Allein **in sprachlicher Hinsicht** mögen Zweifel berechtigt sein, auch bei Vorliegen einer vom Gesetzgeber mit Bedacht gelassenen Lücke (Rn. 260) von eben einer solchen zu sprechen, siehe *Muthorst*, Grundlagen, § 8 Rn. 8. Hierzu auch *Schwacke*, Methodik, S. 125 f., der insoweit von „geplante[n] Aussparungen im Gesetz" spricht.

Planwidrige Unvollständigkeit des Gesetzes 3 B I

Ob die Unvollständigkeit des Gesetzes planwidrig oder i.S.e. beredten Schweigens plangemäß ist, bemisst sich anhand der dem Gesetz zugrunde liegenden Regelungsabsicht, d.h. dem tatsächlichen oder mutmaßlichen Willen des Gesetzgebers.[93] „Es ist zu fragen, ob das Gesetz, gemessen an seiner *eigenen* Regelungsabsicht, planwidrig unvollständig ist",[94] d.h. „ein Gesetz ist ‚lückenhaft' oder unvollständig immer nur im Hinblick auf die von ihm erstrebte […] Regelung."[95] (Nur) Soweit der gesetzliche „Ist-Zustand" hinter diesem „Soll-Zustand" zurückbleibt, ist die **Lücke** im Gesetz **planwidrig** („Stück offengelassener Gesetzgebung"[96]).[97] Daraus folgt: Die Planwidrigkeit namentlich einer Regelungslücke vermag nur derjenige mit Recht zu konstatieren, der den Wertungsplan des Gesetzes erkennt.[98] Dieser wiederum „ist aus ihm selbst im Wege der […] Auslegung zu erschließen."[99] Erhebt das Gesetz – wie im deutschen Recht regelmäßig der Fall – den Anspruch auf eine umfassende Kodifikation, fehlt tatsächlich aber ein Baustein in dem vom Gesetzgeber errichteten System („Gewebe"), so ist die erste Voraussetzung der Analogie gegeben (Planwidrigkeit der Gesetzeslücke als „Eingangstor zur richterlichen Gesetzgebung"[100]).[101] Letztlich handelt es sich bei einer derartigen Feststellung, dass nämlich das Gesetz eine Regelung nicht enthält, die es enthalten sollte, um eine wertende – und keine tatsächliche oder logische – Schlussfolgerung.[102]

257

> **JURIQ-Klausurtipp**
>
> „Wenn Sie bei der Prüfung eines Sachverhalts feststellen, dass das Gesetz keine Normen für die Lösung des Falles bereithält […], müssen [Sie in einem zweiten Schritt] **prüfen, ob** es sich um eine **planwidrige** Lücke handelt, die einen Analogieschluss ermöglicht, **oder** um eine **planmäßige Lücke**, die einen Analogieschluss ausschließt", wobei i.d.R. von der fehlenden Planmäßigkeit einer Lücke auf ihre Planwidrigkeit geschlossen werden kann.[103] M.a.W.: Im Fall einer Gesetzeslücke kommt grundsätzlich eine der zwei folgenden Alternativen in Betracht, welche die Frage, wie auf das Schweigen des Gesetzes zu reagieren ist, in gegenläufiger Richtung beantworten:[104] Ergibt die Auslegung der vorhandenen Vorschrift, dass

258

---

93 *Larenz/Canaris*, Methodenlehre, S. 194; *Sauer*, in: Krüper, Grundlagen des Rechts, § 9 Rn. 40.
94 BGHZ 170, 187 (191) m.w.N. (Hervorhebung d.d. Verf.).
95 *Larenz/Canaris*, Methodenlehre, S. 196. *Wank*, Auslegung, S. 83, prüft insoweit, ob die vorhandene Regelung **Art. 3 Abs. 1 GG** genügt. Zur Verortung des allgemeinen Gleichheitssatzes in der Analogieprüfung siehe noch Rn. 268.
96 *Wank*, Auslegung, S. 82. Zur Formulierung siehe bereits *Hedemann*, Die Flucht in die Generalklauseln, 1933, S. 58, beide allerdings in Bezug auf unbestimmte Rechtsbegriffe bzw. Generalklauseln.
97 *Beaucamp/Treder*, Methoden, Rn. 275 m.w.N.
98 *Rüthers/Fischer/Birk*, Rechtstheorie, Rn. 833. Dort (Rn. 868 ff. m.w.N.) auch zur Frage, ob es für die Feststellung der Planwidrigkeit der Lücke auf den **Zeitpunkt des Gesetzeserlasses oder** denjenigen **der Gesetzesanwendung** ankommt sowie zur diesbzgl. Bedeutung der verschiedenen **Auslegungstheorien** (Rn. 128).
99 BGHZ 170, 187 (191) m.w.N. Ebenso *Schmalz*, Methodenlehre, Rn. 387; *Schwacke*, Methodik, S. 126 a.E., jeweils unter Hinweis auf die systematische, historische und teleologische Auslegung.
100 *Rüthers/Fischer/Birk*, Rechtstheorie, Rn. 839. Siehe auch Rn. 20, 232.
101 *Röhl/Röhl*, Allgemeine Rechtslehre, 3. Auflage 2008, S. 633 ff. unter Hinweis auf die „ganz andere" Sicht des **Common Law**. Vgl. auch *Larenz/Canaris*, Methodenlehre, S. 197: „Die Vorstellung eines Rechtsplanes paßt im Grunde nur für eine weitgehend kodifizierte Rechtsordnung". Siehe auch Rn. 10, 235.
102 *Larenz/Canaris*, Methodenlehre, S. 195.
103 *Beaucamp/Treder*, Methoden, Rn. 274, 278 (Hervorhebungen d.d. Verf.).
104 *Beaucamp/Treder*, Methoden, Rn. 274; *Horn*, Einführung in die Rechtswissenschaft und Rechtsphilosophie, 5. Auflage 2011, Rn. 187; *Tettinger/Mann*, Einführung, Rn. 262. Siehe auch Rn. 228.

- diese abschließend ist, d.h. ausschließlich („nur") die von ihr unmittelbar erfassten Fälle in einem bestimmten Sinn regelt, so folgt hieraus im **Umkehrschluss** (*argumentum e contrario*), dass sie für alle anderen Sachverhaltskonstellationen gerade nicht gilt, mögen diese den vom Gesetz erfassten auch noch so ähnlich sein. Derartige Rechtssätze sind der Analogie nicht fähig,[105] da die hierfür notwendige Planwidrigkeit der Regelungslücke bei Gelingen des Umkehrschlusses gerade nicht besteht.[106] Insbesondere bei einer im Gesetz enthaltenen **Aufzählung** (*Enumeration*) ist daher durch Auslegung zu ermitteln, ob diese bloß beispielhaft und damit analogiefähig ist (so z.B. Art. 5 Abs. 1 S. 1 GG: Recht zur Meinungsäußerung „in Wort, Schrift und Bild", weshalb etwa auch „neue Medien" erfasst werden[107]) oder aber eine abschließende Regelung trifft mit der Folge, dass der Gesetzgeber eine Erstreckung dieser Vorschrift auf andere als die in ihr genannten Fälle gerade nicht wollte (so z.B. § 253 Abs. 1 BGB, wonach wegen eines Schadens, der nicht Vermögensschaden ist, „nur" in den durch das Gesetz bestimmten Fällen Entschädigung gefordert werden kann);[108]
- der dortigen Regelung bestimmter Fälle nicht zugleich die (stillschweigende) Entscheidung des Gesetzgebers entnommen werden kann, dass dieser alle sonstigen, vergleichbaren Sachverhalte bewusst ohne Rechtsfolge lassen wollte (kein beredtes Schweigen; Rn. 254), so ist der Weg für die **Prüfung der** weiteren Voraussetzungen des **Analogieschlusses** frei.[109]

Ist die „Wahl zwischen Analogie und Umkehrschluss"[110] aus rechtsmethodischer Sicht mithin keineswegs eine freie, die in das Belieben des Einzelnen gestellt wäre,[111] so steht die in der Rechtspraxis mitunter zu beobachtende „Lückensuche"[112] hiermit insoweit nicht in Einklang, als sie einzig dazu dient, vorhandene gesetzliche Wertungen auszuhebeln.[113]

259

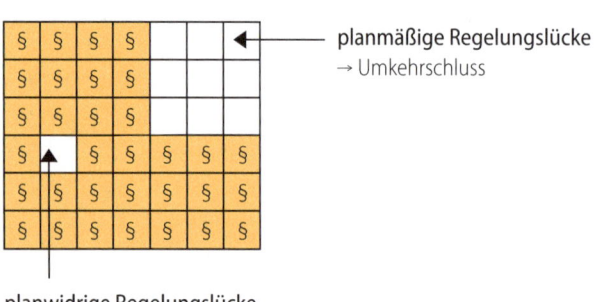

planmäßige Regelungslücke
→ Umkehrschluss

planwidrige Regelungslücke
→ ggf. Analogieschluss

---

105 Zum Ganzen siehe *Butzer/Epping*, Arbeitstechnik, S. 53.
106 Vgl. *Schmalz*, Methodenlehre, Rn. 399 a.E. Siehe auch Rn. 184 f.
107 Hierzu siehe *Wienbracke*, Einführung in die Grundrechte, 2013, Rn. 379 m.w.N.
108 *Röhl/Röhl*, Allgemeine Rechtslehre, 3. Auflage 2008, S. 633; *Schwacke*, Methodik, S. 124. *Wank*, Auslegung, S. 82 behandelt diesen Gesichtspunkt bei der Frage, ob eine Rechtsfortbildung erlaubt ist (Rn. 240 f.); i.d.S. auch *Oetker*, in: MüKo, BGB, 6. Auflage 2012, § 253 Rn. 7 m.w.N. („**Analogieverbot**"). Siehe auch das **Beispiel** in Rn. 151.
109 Vgl. *Rüthers/Fischer/Birk*, Rechtstheorie, Rn. 873; *Schmalz*, Methodenlehre, Rn. 386.
110 *Röhl/Röhl*, Allgemeine Rechtslehre, 3. Auflage 2008, S. 633.
111 Vgl. hingegen *Horn*, Einführung in die Rechtswissenschaft und Rechtsphilosophie, 5. Auflage 2011, Rn. 184, der darauf abstellt, ob „eine vom Gesetz [...] nicht vorgesehene Rechtsfolge [...] **wünschenswert**" ist (Hervorhebung d. d. Verf.).
112 BVerfGE 82, 6 (12).
113 Vgl. *Rüthers/Fischer/Birk*, Rechtstheorie, Rn. 830, 875, 883. Siehe auch Rn. 243.

Planwidrige Unvollständigkeit des Gesetzes 3 B I

Der Grund dafür, dass das Gesetz eine planwidrige Lücke enthält, kann darin bestehen, dass

- diese bereits zum Zeitpunkt seines Erlasses existierte (**anfängliche** bzw. primäre **Lücke**). Dies wiederum kann zum einen darauf zurückzuführen sein, dass der Gesetzgeber aufgrund unzureichender Vorarbeiten bestimmte Sachverhalte, die nach seinem Regelungsplan normativ an sich zu erfassen wären, schlichtweg übersehen hat oder sie irrtümlich als bereits von ihm geregelt betrachtet, sog. **unbewusste** Lücken (z.B. glaubte der Gesetzgeber des BGB von 1900, mit den Vorschriften zur Unmöglichkeit und zum Verzug sowie zur Mängelhaftung alle denkbaren Arten von Leistungsstörungen erfasst zu haben, hatte dabei aber sonstige Störungen i.S. u.a. der sog. positiven Vertragsverletzung übersehen, siehe nunmehr § 280 Abs. 1 BGB n.F.). Zum anderen ist aber auch denkbar, dass der Normgeber zwar erkannt hat, dass eine bestimmte Sachfrage regelungsbedürftig ist, er aufgrund fehlender eigener Regelungswillig- (zunächst Abwarten der weiteren Entwicklung) oder -fähigkeit (Fehlen eines ausgereiften und/oder politisch mehrheitsfähigen Regelungskonzepts) ihre Klärung jedoch gleichwohl **bewusst** offen gelassen hat (z.B. Arbeitskampfrecht), um – was dann regelmäßig in den Gesetzesmaterialien zum Ausdruck kommt – die Lösung des betreffenden Problems der Rechtsprechung zu überlassen. Der Sache nach wird hierdurch die „Gesetzgebungsbefugnis" an die Gerichte delegiert;[114]

260

Beispiel[115] Unter den in § 490 Abs. 2 BGB genannten Voraussetzungen ist der Darlehensnehmer zur vorzeitigen Kündigung des Darlehensvertrags berechtigt. Jedoch hat er in diesem Fall „dem Darlehensgeber denjenigen Schaden zu ersetzen, der diesem aus der vorzeitigen Kündigung entsteht (Vorfälligkeitsentschädigung)", § 490 Abs. 2 S. 3 BGB. „Deren Berechnungsgrundsätze werden […] der Rechtsprechung überlassen, da diese in ihren Verästelungen und Details einer gesetzlichen Kodifikation nicht zugänglich sind und auch für eventuelle Änderungen im Hinblick auf strukturelle Änderungen in den äußeren wirtschaftlichen Bedingungen offen sein müssen. Dem wäre eine Festschreibung im Gesetz abträglich", siehe BT-Drucks. 14/6040, S. 255 sowie ferner BT-Drucks. 17/11751, S. 11: „Eine genaue Berechnung der Vorfälligkeitsentschädigung wurde […] bewusst nicht im Gesetzestext geregelt, sondern der Rechtsprechung überlassen. Damit wurde es der Rechtspraxis ermöglicht, auf geänderte Umstände flexibel zu reagieren und zu einer höheren Einzelfallgerechtigkeit beizutragen." ■

261

> **Hinweis**
>
> Während der Gesetzgeber im Fall eines **beredten Schweigens** bestimmte Sachverhalte bewusst überhaupt keiner rechtlichen Regelung (durch niemanden) unterwerfen will (Rn. 254), geht er bei einer **bewussten Lücke** sehr wohl von einem Regelungsbedarf aus, wobei er die Erarbeitung der diesbezüglichen Rechtsregeln allerdings der Rechtsprechung überlässt.[116]

262

---

114 Zum Ganzen siehe *Beaucamp/Treder*, Methoden, Rn. 278; *Larenz/Canaris*, Methodenlehre, S. 199 f.; *Muthorst*, Grundlagen, § 8 Rn. 6; *Röhl/Röhl*, Allgemeine Rechtslehre, 3. Auflage 2008, S. 633 f.; *Rüthers/Fischer/Birk*, Rechtstheorie, Rn. 852 f., 860; *Tettinger/Mann*, Einführung, Rn. 257; *Vogel*, Methodik, S. 133 f. Kritisch zu Letzterem *Schwacke*, Methodik, S. 128 a.E. *Bitter/Rauhut*, JuS 2009, S. 289 (298) verneinen im Fall von **bewussten Lücke**n deren **Planwidrigkeit**, bejahen gleichwohl auch insoweit die Zulässigkeit der Rechtsfortbildung.
115 Nach BT-Drucks. 14/6040, S. 255; 17/11751, S. 11.
116 Vgl. *Beaucamp/Treder*, Methoden, Rn. 278; *Muthorst*, Grundlagen, § 8 Rn. 8 f.; *Schwacke*, Methodik, S. 126; *Tettinger/Mann*, Einführung, Rn. 257.

263 • Gesetze „in einem Umfeld sozialer Verhältnisse und gesellschaftspolitischer Anschauungen" stehen.[117] Haben sich diese tatsächlichen (sozialen, politischen, ökonomischen, technischen, kulturellen) oder rechtlichen Verhältnisse im Zeitraum zwischen dem Erlass eines Gesetzes und seiner Anwendung gravierend geändert und vermag dieser Wandel auch nicht im Wege der Auslegung adäquat berücksichtigt zu werden (Rn. 195 f.), so kann dies dazu führen, dass „eine bis dahin eindeutige und vollständige Regelung lückenhaft, ergänzungsbedürftig und zugleich ergänzungsfähig" wird, sog. **nachträgliche** bzw. sekundäre (unbewusste) **Lücke**, die für den historischen Gesetzgeber nicht vorhersehbar war.[118] Dies ist häufiger der Fall als ein legislativer „Fehler".[119]

264 **Beispiel**[120] Bei Inkrafttreten der VwGO im Jahr 1960 wurden Parkverbotszeichen überwiegend noch als Rechtsnormen qualifiziert, deren sofortige Befolgungspflicht unbestritten war. Nachfolgend setzte sich allerdings die Auffassung durch, wonach es sich bei den durch Verkehrszeichen getroffenen Anordnungen um Verwaltungsakte in Form der Allgemeinverfügung (vgl. § 35 S. 2 Var. 3 VwVfG) handelt – mit der Folge, dass ein(e) hiergegen gerichtete(r) Widerspruch bzw. Anfechtungsklage an sich gem. § 80 Abs. 1 VwGO aufschiebende Wirkung hätte, d.h. vom betreffenden Verkehrsteilnehmer zunächst nicht beachtet werden müsste. Diese Konsequenz war vom VwGO-Gesetzgeber auf Grundlage der vormals herrschenden Ansicht betreffend die Rechtsnatur von Verkehrszeichen nicht absehbar, weshalb er für diese auch keine spezielle Regelung in § 80 Abs. 2 VwGO (Ausnahmen vom Grundsatz der aufschiebenden Wirkung) getroffen hat. Vielmehr hat die gewandelte rechtstheoretische Einordnung der Verkehrszeichen zur Entstehung einer (nachträglichen, unbewussten) Gesetzeslücke geführt, die nach h.M. aufgrund der „Funktionsgleichheit" bzw. „wechselseitigen Vertauschbarkeit" von verkehrsregelnden Verkehrszeichen mit „unaufschiebbaren Anordnungen und Maßnahmen von Polizeivollzugsbeamten" i.S.v. § 80 Abs. 2 S. 1 Nr. 2 VwGO durch eine analoge Anwendung dieser Vorschrift im Wege der richterlichen Rechtsfortbildung geschlossen wird – trotz der Eingangsformulierung von § 80 Abs. 2 S. 1 VwGO: „Die aufschiebende Wirkung entfällt *nur*". ∎

265 **Hinweis**

Zusätzlich zu den vorstehend aufgeführten Lückenarten wird in der Literatur regelmäßig noch weiter zwischen **offenen** und **verdeckten Lücken** differenziert.[121] Während bei Ersteren ein bestimmter Fall vom Wortlaut des Gesetzes nicht erfasst wird, obwohl er nach dessen Telos

---

117 BVerfGE 82, 6 (12). Siehe auch Rn. 130, 194.
118 BVerfGE 82, 6 (12). Siehe ferner *Rüthers/Fischer/Birk*, Rechtstheorie, Rn. 861 ff.; *Schwacke*, Methodik, S. 125, 129; *Tettinger/Mann*, Einführung, Rn. 257; *Wank*, Auslegung, S. 83. Vgl. auch BVerfGE 34, 269 (288): „Mit zunehmendem zeitlichen Abstand zwischen Gesetzesbefehl und richterlicher Einzelfallentscheidung [wächst] notwendig die Freiheit des Richters zur schöpferischen Fortbildung des Rechts". Siehe auch Rn. 194 f.
119 *Schwacke*, Methodik, S. 125.
120 Nach BVerfG, NJW 1965, S. 2395; BVerwGE 27, 181; BVerwG, NJW 1978, S. 656; OVG Münster, NJW 1969, S. 765; OLG Stuttgart, NJW 1964, S. 782 m.w.N.; *Beaucamp/Treder*, Methoden, Rn. 286; *Schmalz*, Methodenlehre, Rn. 398; *Schwacke*, Methodik, S. 135 f. Siehe auch im Skript „Verwaltungsprozessrecht", Rn. 272 ff., 284.
121 Siehe etwa *Muthorst*, Grundlagen, § 8 Rn. 11 ff.; *Schwacke*, Methodik, S. 128. *Schmalz*, Methodenlehre, Rn. 383 zufolge sei diese Differenzierung „**ohne Bedeutung**". Ferner siehe *Rüthers/Fischer/Birk*, Rechtstheorie, Rn. 845 zu **Kollisionslücken** („Widersprechen sich zwei Vorschriften in der Weise, dass derselbe Sachverhalt unter beide subsumiert werden kann und dadurch unterschiedliche Rechtsfolgen ausgelöst werden, so liegt eine ‚Kollisionslücke' vor") und vgl. Rn. 34. Zur Terminologie siehe *Canaris*, Die Feststellung von Lücken im Gesetz, 1964, S. 65 m.w.N.